教育部人文社会科学重点研究基地北京外国语大
北京外国语大学国家语言能力发展研究中心

王文斌　徐　浩　主编

2023

中国外语教育年度报告

外语教学与研究出版社
FOREIGN LANGUAGE TEACHING AND RESEARCH PRESS
北京 BEIJING

图书在版编目（CIP）数据

2023 中国外语教育年度报告 / 王文斌，徐浩主编． --- 北京 ：外语教学与研究出版社，2024.6（2024.8 重印）． -- ISBN 978 7-5213-5300-6

I. H09

中国国家版本馆 CIP 数据核字第 2024F5Z069 号

2023 中国外语教育年度报告

2023 ZHONGGUO WAIYU JIAOYU NIANDU BAOGAO

出 版 人　王　芳
责任编辑　段长城
责任校对　赵　倩
封面设计　孙敬沂　彩奇风
出版发行　外语教学与研究出版社
社　　址　北京市西三环北路 19 号（100089）
网　　址　https://www.fltrp.com
印　　刷　北京盛通印刷股份有限公司
开　　本　650×980　1/16
印　　张　20
字　　数　318 千字
版　　次　2024 年 6 月第 1 版
印　　次　2024 年 8 月第 3 次印刷
书　　号　ISBN 978-7-5213-5300-6
定　　价　85.90 元

如有图书采购需求，图书内容或印刷装订等问题，侵权、盗版书籍等线索，请拨打以下电话或关注官方服务号：
客服电话：400 898 7008
官方服务号：微信搜索并关注公众号"外研社官方服务号"
外研社购书网址：https://fltrp.tmall.com

物料号：353000001

编委会

主任：吴一安　教授（北京外国语大学）

顾问：刘润清　教授（北京外国语大学）

　　　文秋芳　教授（北京外国语大学）

委员（按姓氏音序）：

　　　傅　荣　教授（北京外国语大学）

　　　龚亚夫　研究员（中国教育科学研究院）

　　　梁茂成　教授（北京航空航天大学）

　　　刘黛琳　教授（国家开放大学）

　　　陆经生　教授（上海外国语大学）

　　　隋　然　教授（首都师范大学）

　　　王　蔷　教授（北京师范大学）

　　　徐一平　教授（北京外国语大学）

　　　殷桐生　教授（北京外国语大学）

主编：王文斌　徐浩

目　录

第一章　总报告 1

第二章　高等外语教育教学 8

　第一节　英语 8

　第二节　俄语 34

　第三节　德语 43

　第四节　法语 50

　第五节　西班牙语 63

　第六节　阿拉伯语 71

　第七节　日语 96

　第八节　朝鲜语 111

　第九节　欧洲非通用语 120

第三章　基础外语教育教学 131

　第一节　基础英语 131

　第二节　基础日语 140

　第三节　基础德语 150

第四章　职业外语教育教学 160

　第一节　公共英语 160

　第二节　英语专业 180

　第三节　非通用语专业 195

第五章　外语教师教育与发展 203

　第一节　高校外语教师 203

　第二节　基础外语教师 213

　第三节　职业外语教师 223

第六章　信息技术与外语教育教学 236

　第一节　信息技术应用 236

　第二节　网络外语学历教育教学 245

附录　2023 年度重要成果 257

目 录

第一章　绪论 1

第二章　高等外语教育教学 5

第一节　　　　 8

第二节　　　　 34

第三节　　　　 43

第四节　　　　 54

第五节　　　　 63

第六节　　　　 71

第七节　　　　 96

第八节　　　　 111

第九节　　　　 120

第三章　　　　 127

第一节　　　　 131

第二节　　　　 150

第三节　　　　 56

第四章　　　　 160

第一节　　　　 156

第二节　　　　 180

第五节　　　　 95

第五章　外国教育与发展 203

第一节　　　　 203

第二节　　　　 213

第三节　　　　 226

第六章　　　　 236

第一节　　　　 238

第二节　　　　 245

附录　2023　　　　 257

第一章　　总报告 [1]

在全球化日益深化的今天，外语教育的重要性愈发凸显。为了更深入地探索外语教育的内涵与发展，我们需要从多个维度展开更加深入的探讨。首先，本章聚焦基础外语教育中的本土概念研究，挖掘和弘扬本土教育资源的独特价值。其次，针对多语种国家外语能力建设，本章分析其在提升国家整体语言实力中的关键作用，同时探讨外语教育学的学科建构与未来发展愿景，以期为该学科的成熟与完善提供理论支持。最后，随着数智技术的飞速发展，外语教师教育正面临前所未有的挑战与机遇，本章也将探讨数智时代外语教师教育的新模式与新路径。通过这四个方面的综合讨论，我们期望能为外语教育的持续创新与发展贡献新的思路与启示。

一、重视对基础外语教育本土概念的研究

在当前基础外语教育核心素养课标 [1][2][3][4][5][6][7][8][9] 的框架下，多个核心概念和重要理念均凸显出鲜明的本土特色。诸如单元整体教学、教学评一体化等概念和理念，不仅是教育理论的创新，更是对我国基础外语教学中存在问题的直接回应。它们源于实践，旨在解决我国外语教学中的实际问题，体现了我国外语教育工作者的深入思考和积极探索。

以单元整体教学为例，顾名思义，该教学理念强调将整个教学单元视为一个有机整体进行教学设计与实践。这一理念正是针对过往外语教学中容易出现的课时碎片化问题而提出。在过去，教师长期使用以课时为基础的教材，每一课时内容相对独立，教师往往只需按照教材编排逐课教学。然而，随着新教材体系的引入，教学内容开始以单元为单位进行组织，这就要求教师具备整体设计和实施单元教学的能力。在实践中，一些教师习惯于传统的课时教学模式，对新教材体系下的单元教学感到困惑。为了适应新教材，他

1　本章作者：王文斌、徐浩，北京外国语大学。

们尝试将单元内容划分为若干课时进行教学，但这种做法往往导致教学内容碎片化，缺乏整体性和连贯性。正是基于这样的背景，单元整体教学理念应运而生，它强调教师应从整体上把握教学单元的目标、内容和方法，确保教学的连贯性和完整性。单元整体教学不仅要求教师对整个单元的教学内容有深入的理解和掌握，还要求其能够根据学生的实际情况和教学目标，灵活地设计教学活动，使学生在学习过程中形成系统的知识结构和能力体系。这一理念的提出，对于提高外语教学的质量和效果具有重要意义。

同样值得关注的还有"教学评一体化"理念。这一理念强调教学、学习和评价之间的紧密联系，旨在确保教学目标的实现与学生学习成果的评价相一致。通过将评价融入教学过程，教师可以更准确地了解学生的学习情况，及时调整教学策略，从而实现教学的最优化。

这些本土概念的形成与发展，与我国的教育实践紧密相连。它们不仅是我国教育工作者对外语教学规律的深入探索，也是对我国学生外语学习特点的精准把握。因此，我们不能脱离具体的历史语境来单纯看待这些概念及其倡导。相反，我们应当进一步加强研究，深入探讨这些本土概念在实际教学中的应用与效果，以期为解决我国外语教学中面临的困难和问题提供更多有益的启示。在全球化日益深入的今天，基础外语教育的重要性不言而喻。而本土概念的提出与发展，正是我国基础外语教育不断创新和进步的体现。我们应当珍视这些来自实践的教育理念，不断深入研究，使其更好地服务我国的外语教育事业。

二、多语种国家外语能力建设

国家语言能力，简而言之，是一个国家在处理国内外语言事务、满足国家发展需求时所展现出的语言能力[10]。对于我国而言，这种能力的核心组成部分之一即为国家外语能力，特别是多语种外语能力。之所以强调"多语种"，是因为在全球化的今天，单一的或少数几种外语能力已无法满足我国与世界各国交流与合作的需求。只有构建起多元化的外语能力体系，我们才能在国际舞台上更加灵活自如。

近年来，学界对于建设多语种国家外语能力的呼声日益高涨，不少学者从语言政策、语言治理及教育规划等多重角度进行了深入探讨[11][12][13]。然而，这一领域仍存在两大突出问题亟待解决。其一，现有的研究往往侧重语种布局本身，忽略了多语种学习者在学习过程中的特性与需求。其二，对于多语种外语能力建设的成效，尚缺乏一套系统、科学的评价体系。

在多语种外语能力建设中，我们必须认识到，外语能力的最终来源是学习者本身。他们并非被动的知识容器，而是在社会中不断发展与成长的个体。因此，我们不能仅仅从专业设置和课程建设的角度来规划外语教育，而应更加关注学习者的实际需求和习得过程[14][15]。这意味着，我们需要深入研究学习者在多语种学习过程中的挑战与机遇，以便为他们提供更加个性化和更有针对性的教学方案。总之，将焦点从单一的语种布局转移到学习者本身，这是一个重要的转变。传统上，外语教育往往只关注教授的语言种类和课程内容，忽视了学生的实际需求和学习过程。然而，每名学生都是独一无二的个体，他们有不同的学习方式和速度，以及不同的语言学习需求和动机。因此，将学习者置于外语能力建设的中心，根据他们的特性和需求进行个性化的教学，将大大提高教学效果和学习者的满意度。

同时，为了确保多语种外语能力建设的有效性，我们必须建立一套全面、科学的评价体系。这一体系不仅应涵盖教学水平，更应注重对学习成果的评估。具体来说，我们需要明确界定各个语种的学习标准和能力要求，以便准确判断学习者是否达到了预期的学习目标。此外，我们还应关注学习者在实际运用外语时的表现，即他们是否能够在各种实际场景中灵活运用所学语言。换言之，评价是衡量教学效果和学习成果的重要手段，它可以帮助我们了解学习者的进步和学习过程中存在的问题，以便及时调整教学策略和教学方法。通过科学、客观的评价体系，我们可以更准确地评估多语种外语能力建设的实际效果，从而作出更有效的决策。

综上所述，多语种国家外语能力建设是一项复杂而系统的工程[14]，它要求我们不仅要关注语种布局和教育资源分配，更要关注学习者的实际需求和习得过程，以及科学评价体系的建立。只有这样，我们才能确保外语教育的质量和效果，从而真正提升我国的国家外语能力，为国家的长远发展奠定坚实的基础。在未来的研究中，我们期待看到更多关于多语种外语能力建设的深入探讨和实践创新，以共同推动我国语言教育事业的进步与发展。

三、外语教育学的学科建构与愿景

外语教育学作为一个专门探讨外语教育理论与实践的学科领域，近年来在王文斌教授的倡导下得到了广泛的关注和研究[15][16]。王文斌教授及其研究团队不仅深入探讨了外语教育学的理论基础，还积极推动了一系列相关研究和实践活动，为我国外语教育的发展注入了新的活力。

外语教育学对我国外语学科的建设具有重大意义。首先，外语教育作为我国外语学科实践的最大现实基础，其重要性和规模不言而喻。无论是从教师数量还是学生人数来看，外语教育都占据了举足轻重的地位。然而，在我国整体的学科布局中，外语教育学作为二级学科被包含在外国语言文学或教育学一级学科之内，这导致其学科凸显度较低，不利于其长期发展。此外，我国有着独特的外语教育诉求和特点，这要求我们致力于建构中国外语教育的自主知识体系，而非一味模仿或依赖国外的理论和模式。因此，外语教育学的建立和发展，不仅关乎学科自身的成长，更是对我国外语教育实践的重要指导和支撑。从这个角度来看，外语教育学的重大战略意义不言而喻。

展望未来，外语教育学有着广阔的发展空间，但也面临挑战，需要我们用更具学术战略的眼光来把握发展方向。首先，我们需要进一步完善外语教育学既体系化又问题导向的学科内涵。任何学科的成熟都需要一个体系化的结构来组织和指导知识与理论的发展。对于外语教育学而言，由于其强烈的实践性质，保持鲜明的问题导向同样重要。如何协调并推进体系化建设与问题导向，将是外语教育学学科建设的一项重要且富有挑战性的任务。换言之，体系化是任何学科成熟和稳固的基础，它能够帮助我们全面、系统地理解外语教育学的各个方面。同时，问题导向确保学科研究与实践紧密相连，使外语教育学不只停留在理论层面，而是能够切实解决现实中的教育问题。这种双向的、互补的发展模式对于外语教育学的长远发展和实践应用至关重要。

其次，外语教育学应更加注重将理论成果转化为实践。为实现这一目标，我们需要加强对现实问题和现状的科学描述，开展更多基础性的调查和研究工作。同时，推进转化方法与策略的研究也至关重要，因为理论成果并不会自然而然地转化为实践的改善，其中的机制和规律需要深入研究和探索。学术研究容易陷入纯理论的探讨，而忽视了其实际应用价值。加强对问题和现状的科学描述，以及推进转化方法与策略的研究，都是非常重要且有针对性的措施。这不仅能增强外语教育学的实用性，还能促进学科内部的创新和进步。

最后，外语教育学应广泛借鉴世界范围内的有益经验，并积极团结更多地区的外语教育专家，而不仅仅局限于英美学者。通过与全球学者的交流和合作，我们可以丰富和拓展外语教育学的理论和实践，推动其向更加全面和深入的方向发展。在全球化的今天，封闭的研究方式已经无法满足学科发展的需要。通过借鉴世界各地的先进经验和做法，我们可以更快地找到适合我国外语教育的最佳路径。同时，团结更多地区的外语教育专家，不仅可以拓宽我们的视野，还能促进国际交流与合作，共同推动外语教育学的发展。

四、数智时代的外语教师教育

数智时代指的是以数字化、网络化和智能化为主要特征的新时代。随着信息技术的迅猛发展，大数据、云计算、人工智能等先进技术正在深刻改变着人类社会的各个领域。教育领域同样受到了这一波科技浪潮的洗礼，传统的教学模式和教育理念正面临着前所未有的挑战和变革。数智化对教育领域的影响是深远的。首先，它改变了教学资源的获取和分配方式，使得优质教育资源能够更广泛地共享。其次，数智化推动了教学方式的创新，如在线教育、混合式教学等新型教学模式应运而生。对于教师教育而言，数智化不仅影响了教师的职前培养，如师范生和全日制教育硕士的培养模式，还深刻影响了教师的职后教育，如教师的继续教育和专业发展。

在数智时代，外语教师教育的核心目标并未改变，依然是促进外语教师的专业学习和发展。无论技术如何进步，工具如何更新，这一核心目标始终是探索和研究的归宿。因此，评价数智化外语教师教育的成效，关键在于是否真正促进了教师的发展。在师范生和全日制教育硕士的培养中，可以通过数智技术来丰富课程建设，如引入虚拟现实和增强现实技术，让学生在模拟的外语环境中进行实践练习。在教学方法上，可以利用大数据和人工智能技术，对学生的学习情况进行分析，提供个性化的学习方案。实习实践方面，可以利用远程协作工具，让学生与国外的学校或机构进行合作，增强跨文化交流的能力。在教研和培训中，可以利用数智技术进行远程教研，打破地域限制，让更多的教师参与其中；同时，可以利用智能化的培训模式，如基于AI的在线课程推荐系统，为教师提供个性化的培训方案。在人机互动方面，可以利用智能助手等工具，帮助教师处理日常教学任务，提高工作效率。教材教学上，可以利用大数据技术，对海量的教学资源进行筛选和整合，为教师提供更丰富、更贴合实际的教学材料。

在数智时代，提升外语教师的数字素养至关重要[17]。首先，教师需要不断更新自己的知识结构，掌握与数字技术相关的基本知识和技能。其次，教师需要提升利用数智技术进行教学设计、实施和评价的能力。最后，教师还应具备利用数智技术进行教育研究的能力，如数据挖掘、学习分析等，以更好地指导教学实践。

综上所述，数智时代给外语教师教育带来了新的机遇和挑战。我们需要紧紧抓住这一时代的契机，不断探索和创新，以提升外语教师的专业素养和数字能力，为培养更多优秀的外语人才贡献力量。

---

[1] 中华人民共和国教育部，2022，《义务教育英语课程标准（2022年版）》[S]。北京：北京师范大学出版社。

[2] 中华人民共和国教育部，2022，《义务教育日语课程标准（2022 年版）》[S]。北京：北京师范大学出版社。

[3] 中华人民共和国教育部，2022，《义务教育俄语课程标准（2022 年版）》[S]。北京：北京师范大学出版社。

[4] 中华人民共和国教育部，2020，《普通高中英语课程标准（2017 年版 2020 年修订）》[S]。北京：人民教育出版社。

[5] 中华人民共和国教育部，2020，《普通高中日语课程标准（2017 年版 2020 年修订）》[S]。北京：人民教育出版社。

[6] 中华人民共和国教育部，2020，《普通高中俄语课程标准（2017 年版 2020 年修订）》[S]。北京：人民教育出版社。

[7] 中华人民共和国教育部，2020，《普通高中德语课程标准（2017 年版 2020 年修订）》[S]。北京：人民教育出版社。

[8] 中华人民共和国教育部，2020，《普通高中法语课程标准（2017 年版 2020 年修订）》[S]。北京：人民教育出版社。

[9] 中华人民共和国教育部，2020，《普通高中西班牙语课程标准（2017 年版 2020 年修订）》[S]。北京：人民教育出版社。

[10] 文秋芳，2022，国家语言能力研究展望 [J]，《语言战略研究》（5）：7-8。

[11] 张天伟，2023，外语教育学框架下的外语教育政策研究：能动性与客观世界视角 [J]，《外语教学》（3）：65-71。

[12] 沈骑、赵丹，2020，全球治理视域下的国家语言能力规划 [J]，《云南师范大学学报（哲学社会科学版）》（3）：47-53。

[13] 徐浩，2022，我国高校外语专业教育习得规划的设计、布局与教学问题 [J]，《外语教学》（1）：62-68。

[14] 王文斌，2021，关于"十三五"期间的外国语言学及外语教育教学研究 [J]，《外语学刊》（2）：1-15。

[15] 王文斌、李民，2017，论外语教育学的学科建构 [J]，《外语教学与研究》（5）：732-742。

[16] 李民、王文斌，2019，试论外语教育学学科体系 [J]，《中国外语》（5）：23-30。

[17] 中华人民共和国教育部，2022，教育部关于发布《教师数字素养》教育行业标准的通知 [OL]，http://www.moe.gov.cn/srcsite/A16/s3342/202302/t20230214_1044634.html（2023 年 12 月 22 日读取）。

第二章　高等外语教育教学

第一节　英语

一、大学英语[1]

1. 学术会议

2023 年，大学外语学术团体、院校、教育部高等学校大学外语教学指导委员会（简称"大外教指委"）以及国内各大外语类出版社、高校、学术团体等组织主办了多场大学英语相关的学术会议。详见表 2.1（以举办时间为序）。

表 2.1　大学英语相关学术会议

时间	会议名称	会议主题	主办、承办单位
2023 年 3 月 16—18 日	第十二届全国大学英语院长 / 系主任高级论坛（线上＋线下，三亚）	新思想·高质量·共同体	大外教指委、上海外国语大学、三亚学院、上海外语教育出版社
2023 年 3 月 25—26 日	第七届全国高等学校外语教育改革与发展高端论坛（线上＋线下，北京）	大道致远知行合一	北京外国语大学、教育部高等学校外国语言文学类专业教学指导委员会（简称"教育部外指委"）、大外教指委、中国高等教育学会外语教学研究分会、外语教学与研究出版社等
2023 年 4 月 7—9 日	第二届中国跨文化教育与国际传播能力建设高端论坛		上海外国语大学、国家语委科研基地中国外语战略研究中心、上海外国语大学跨文化研究中心、上海外语教育出版社

（待续）

1　本部分作者：王海啸、王文宇，南京大学。

（续表）

时间	会议名称	会议主题	主办、承办单位
2023 年 4 月 7—10 日	新时代大学英语教学改革与人才培养高端研讨会（2023 年）		大外教指委、高等教育出版社、桂林理工大学
2023 年 5 月 12 日	2023 年全国高校大学英语教学改革与发展研讨会（线上＋线下，昆明）	创新课程教学设计，提升思政育人成效	外语教学与研究出版社、云南大学
2023 年 7 月 19 日	教育部虚拟教研室外语类学科协作组启动会（线上）	构建高校外语教师教研新体系	教育部虚拟教研室外语类学科协作组、暨南大学
2023 年 7 月 27—30 日	2023 国际英语教育中国大会	中国新发展世界新机遇——开创英语教育开放合作新局面	中国日报社、上海外国语大学、澳门特别行政区政府教育及青年发展局、21 世纪英语教育传媒、澳门城市大学
2023 年 7 月 29 日—8 月 1 日	2023 大学外语课程设计与教师发展研讨会		清华大学出版社
2023 年 9 月 15—17 日	教育部虚拟教研室外语类学科协作组全体大会	建设外语教师教学质量文化	教育部虚拟教研室外语类学科协作组、暨南大学
2023 年 9 月 22 日	第五届中国外语教材研究高端论坛（线上＋线下，北京）	数字化外语教材建设与研究：挑战与机遇	北京外国语大学中国外语教材研究中心、北京外国语大学英语学院、教材处、外语教学与研究出版社
2023 年 9 月 23—24 日	外语教育学首届高端论坛		北京外国语大学中国外语与教育研究中心、外语教育学专业委员会（筹）、外语教学与研究出版社

（待续）

（续表）

时间	会议名称	会议主题	主办、承办单位
2023 年 10 月 13—15 日	第十届中国英语教学国际研讨会（线上＋线下，成都）	推进数字化转型，创新英语教育	中国英汉语比较研究会英语教学研究分会、四川大学
2023 年 10 月 27—30 日	第五届全国医学语言与翻译学术研讨会暨第六届全国医学英语教学与学术研讨会		南方医科大学、复旦新学术、复旦大学出版社
2023 年 12 月 17 日	第九届"创新外语教育在中国"学术论坛暨"多语种教学改革虚拟教研室"学术研讨会（线上＋线下，北京）	云共同体成员学习发展评估研究	北京外国语大学中国外语与教育研究中心、外语教学与研究出版社、《外语教育研究前沿》编辑部

2. 重要赛事

2023 年度国内举办的大型大学英语相关赛事见表 2.2（以举办时间为序）。

表 2.2　大学英语相关赛事

时间	赛事名称	主办、承办单位
2022 年 10 月— 2023 年 6 月	第 25 届"外研社·国才杯"全国大学生英语辩论赛	北京外国语大学、外语教学与研究出版社、北京外国语大学中国外语测评中心、北京外研在线数字科技有限公司
2022 年 12 月— 2023 年 9 月	2023 年"高教社杯"大学生"用外语讲好中国故事"优秀短视频全国交流活动	南京大学、高等教育出版社

（待续）

（续表）

时间	赛事名称	主办、承办单位
2023 年 2 月 24—26 日	第五届"外教社杯"全国高校学生跨文化能力大赛全国决赛和总决赛	上海外国语大学、上海外语教育出版社
2023 年 2—8 月	2023 年全国大学生英语竞赛	国际英语外语教师协会中国英语外语教师协会、全国高等学校大学外语教学研究会（简称"大研会"）、英语辅导报社、《考试与评价》杂志社
2023 年 3 月 3—5 日	第十三届"外教社杯"全国高校外语教学大赛（大学英语组）全国决赛、总决赛	上海外国语大学、上海外语教育出版社
2023 年 3—5 月	第三届"外教社·词达人杯"全国大学生英语词汇能力大赛	上海外国语大学中国外语战略研究中心、上海外国语大学中国外语教材与教法研究中心、上海外语教育出版社
2023 年 3—8 月	第 28 届"21 世纪杯"全国英语演讲比赛	21 世纪英语教育传媒
2023 年 3—8 月	第三届"外研社·国才杯"国际传播力短视频大赛	外语教学与研究出版社
2023 年 3—10 月	2023 年外语微课优秀作品征集与交流活动	高等教育出版社、全国高校教师网络培训中心、《中国外语》编辑部
2023 年 3—12 月	2023 年外研社"教学之星"大赛	北京外国语大学中国外语与教育研究中心、北京外国语大学中国外语教材研究中心、北京外国语大学中国外语测评中心、外语教学与研究出版社、北京外研在线数字科技有限公司
2023 年 4—6 月	2023 百万同题英文写作大赛	大研会、中国高校英语写作教学联盟、批改网

（待续）

（续表）

时间	赛事名称	主办、承办单位
2023 年 5—7 月	第六届中国大学生五分钟科研演讲（英语）大赛	同济大学
2023 年 5—9 月	第二届大学生模拟国际学术会议英语汇报大赛	南京大学、江苏省高等学校外国语教学研究会
2023 年 5—10 月	2023 年全国高校外语课程思政教学案例大赛	外语教学与研究出版社
2023 年 5—11 月	2023 年外语课程思政优秀教学案例征集与交流活动	高等教育出版社、全国高校教师网络培训中心、《中国外语》编辑部
2023 年 5—12 月	第六届"外教社杯"全国高校学生跨文化能力大赛	上海外国语大学、上海外语教育出版社
2023 年 5—12 月	2023"外研社·国才杯""理解当代中国"全国大学生外语能力大赛	北京外国语大学、外语教学与研究出版社
2023 年 10—12 月	2023"批改网杯"全国大学生英语写作大赛	大研会、中国高校英语写作教学联盟、批改网

3. 重要学科信息

为深入推进高等教育数字化战略行动，有效发挥新型基层教学组织协同优势，推动虚拟教研室建设走深走实，教育部虚拟教研室建设专家组决定组建虚拟教研室学科协作组。外语类学科协作组由暨南大学赵雯教授负责，截至 2023 年底，共建成 32 个虚拟教研室，其中 9 个是大学英语类或包含大学英语的虚拟教研室。经过一年多建设，2023 年共有 3 个虚拟教研室获评典型虚拟教研室，分别是北京外国语大学文秋芳教授主持的"多语种教学改革虚拟教研室"，南京大学王海啸教授主持的"项目式大学英语教学模式改革虚拟教研室"，以及电子科技大学胡杰辉教授主持的"大学外语课程群虚拟教研室"；共有 3 个项目获评典型教研方法，分别是暨南大学赵雯教授负责的"泛在互联的大学英语教师实践共同体建设"，浙江大学梁君英教授负责的"东西联动、共建共享，构建大学英语发展新形态"，以及上海交通大学常辉教授负责的"上海交通大学英语水平考试全国联考"。北京外国语大学文秋芳教授负责的"POA 理论框架知识图谱"入选典型教研成果名单。

外语教学与研究出版社于 2023 年 2—10 月期间，运用线上与线下相结合的方式，在全国 23 个省、自治区、直辖市累计开展 26 次"理解当代中国"系列教材教学研讨会，吸引了 3.9 万余人次。外语教学与研究出版社组织的"2023 年暑期全国高校外语教学研究与教师发展系列研修班"，以"强国、强教、强师"为主题，包含 39 期活动，吸引了 27 万余人次参研。多语种教学改革虚拟教研室暨第二期"产出导向法"云共同体参与成员包括促研团队和学员团队，共有来自全国近 130 所学校的 400 余位教师。上海外语教育出版社围绕教师教学科研素养、跨文化能力教学研赛体系构建、外语课堂教学评价等主题组织了十余次研修班。高等教育出版社于 2023 年 6 月举办了 3 期外语课程思政教学设计系列讲座；于 2023 年暑期举办了历时 18 天的系列研修活动，共 10 期，包括 4 期线上活动和 6 期线下活动；组织了 50 余场专家报告。高等教育出版社还联合教育部虚拟教研室外语类学科协作组举办了 3 期外语微课制作与应用系列讲座，联合教育部项目式大学英语教学模式改革虚拟教研室推出 PBLL-C 谈"教"论"道"系列培训第四期"项目式外语教学中的课程思政设计"。

4. 重要考试

1）全国大学英语四、六级考试[1]

自 1987 年起正式实施的全国大学英语四、六级考试是教育部主管的一项全国性考试，其目的是对大学生的实际英语能力进行客观、准确的评价，为大学英语教学提供服务。2023 年，全国大学英语四、六级考试按常规在

---

1 感谢全国大学英语四、六级考试委员会金艳教授等为本部分内容提供相关信息。

6月与12月举行。2023 年 6 月，全国大学英语四级考试的总人数为 603 万，全国大学英语六级考试的总人数为 463 万；2023 年 12 月，全国大学英语四级考试的总人数为 753 万，全国大学英语六级考试的总人数为 499 万。考生群体包括研究生、本科生和专科生，其中本科生为考生主体。2023 年 5 月进行的全国大学英语四、六级口语考试总人数为 10.6 万；11 月进行的全国大学英语四、六级口语考试总人数为 22 万。表 2.3 和表 2.4 为参加 2023 年 6 月和 12 月全国大学英语四、六级考试（笔试）的本科生人数及各分项平均分和总分平均分。

表2.3 2023 年 6 月全国大学英语四、六级考试概况（本科生）

考次	级别	人数	听力	阅读	翻译和写作	总分
2023 年 6 月	四级	4,516,518	127	144	126	398
2023 年 6 月	六级	3,350,008	117	151	113	383

表2.4 2023 年 12 月全国大学英语四、六级考试概况（本科生）

考次	级别	人数	听力	阅读	翻译和写作	总分
2023 年 12 月	四级	5,687,713	126	144	126	398
2023 年 12 月	六级	3,679,317	120	150	113	384

全国大学英语四、六级口语考试均采用机考，每年 5 月和 11 月举行。表 2.5 和表 2.6 为参加 2023 年 5 月和 11 月全国大学英语四、六级口语考试的考点数、考生人数及得分情况。

表2.5 2023 年 5 月全国大学英语四、六级口语考试概况

考次	级别	考点数	人数	成绩			
				优秀	良好	合格	不合格
2023 年 5 月	四级口试	589	61,726	3714	33,642	22,610	1760
2023 年 5 月	六级口试	581	44,343	2582	21,209	20,204	348

表 2.6　2023 年 11 月全国大学英语四、六级口语考试概况

考次	级别	考点数	人数	成绩			
				优秀	良好	合格	不合格
2023 年 11 月	四级口试	675	178,066	10,407	104,343	59,838	3478
2023 年 11 月	六级口试	657	43,381	3763	20,311	18,275	1032

2）国际人才英语考试

由北京外国语大学中国外语测评中心研发的国际人才英语考试（简称"国才考试"）于 2016 年首次举行，之后一般每年举行两次，分别在 5 月和 11 月的第二个周末。2023 年上半年考试于 5 月 13—14 日以集中机考和居家网考相结合的形式举行，其中以集中机考形式参考的考生分布在全国 27 个省、自治区、直辖市的 128 个考点；下半年考试于 11 月 11 日以集中机考和居家网考相结合的形式举行，其中以集中机考形式参考的考生分布在全国 26 个省、自治区、直辖市的 140 个考点。此外，2023 年 7 月增加了一场国才考试，考试形式为居家网考。2023 年的考试时间与科目见表 2.7。

表 2.7　2023 年国才考试时间与科目

日期	考试时间	科目
2023 年 5 月 13 日（周六）	09:00—10:30	国才初级
	09:00—10:40	国才高级
	14:00—15:50	国才中级
	14:00—16:50	国才高端
2023 年 5 月 14 日（周日）	09:00—12:00	国才高翻（笔译）
	14:00—14:30	国才高翻（交传）
	15:00—15:30	国才高翻（同传）
2023 年 7 月 22 日（周六）	09:00—10:30	国才初级
	09:00—10:40	国才高级
	14:00—15:50	国才中级

（待续）

（续表）

日期	考试时间	科目
2023 年 11 月 11 日（周六）	09:00—10:30	国才初级
	09:00—10:40	国才高级
	14:00—15:50	国才中级

5. 教材、专著出版及应用软件开发

2023 年，外语教学与研究出版社持续提升教材质量，打造精品教材体系，出版了《新视野大学英语（第四版）读写教程》《新标准大学英语（第三版）综合教程》《大学英语听说教程（第二版）》，深入落实课程思政，助力提升学生国际传播能力，更好地服务新时期国家发展战略，满足人才培养要求；相继推出了《英语通识阅读教程》（文学篇、心理篇）、《国际人才英语教程 高级》、《军事英语听说教程（新版）》、《机械工程英语》等专门用途英语教材，服务"四新"建设。此外，为推进教育数字化转型，外语教学与研究出版社还推出了《全球胜任力英语教程》新形态教材、《数字时代职场英语教程》系列数字教材，为院校打造智慧教学生态提供有力支持。上海外语教育出版社出版了《全新版大学进阶英语综合教程（第二版）》《全新版大学高阶英语视听说智慧教程》《全新版大学高阶英语长篇阅读智慧教程》；还推出了"新目标大学英语系列教材（第二版）"，包括《阅读教程》（1—2）和《长篇阅读》。除此之外，上海外语教育出版社还出版了《大学跨文化英语视听说教程 4》、《中国文化英语综合教程》（上、下册）、《领航大学英语综合教程》、"新编研究生英语系列教材"（包括《跨文化交际（第二版）》和《学术英语视听说》）。高等教育出版社出版了"大学英语写作一流课程系列教材"，包括《大学英语过程写作》和《国际交流实用英文写作》。清华大学出版社出版了《新时代大学英语（第二版）》（1—4 册），分为"视听说"和"读写译"两个独立子系列，以及"新医科英语系列教材"。南京大学出版社出版了《新时代大学进阶英语综合教程（第 3 版）》（1—4 册）、《新时代大学

进阶英语视听说教程（第 3 版）》（1—4 册）、《新时代大学进阶英语长篇阅读（第 2 版）》（1—4 册）。

在数字化教学平台建设和应用方面，外语教学与研究出版社开发的 Unipus 智慧教学解决方案、iTEST 智能测评云平台、iWrite 英语写作教学与评阅系统等融入人工智能、大数据、云计算等多种技术，继续助力大学英语教学以及相关赛事。上海外语教育出版社的 WE 外语智慧教育平台持续更新教学资源，新增了 1500 余条各类教学资源。WE Learn 智慧教学系统、WE Test 智能测试系统、"词达人"英语词汇智慧学习平台持续改进，注册用户数显著增长。

2023 年，外语教学与研究出版社出版的《新一代大学英语（提高篇）综合教程 2》（智慧版）与《新一代大学英语（基础篇）视听说教程 2》获评山东省第二批普通高等教育一流教材；《能源学术英语综合教程》（1—2 册）获评北京高校"优质本科教材课件"；《新一代大学英语（基础篇）综合教程 2》《新航向大学英语教程 2》获评陕西省优秀教材一等奖。

6. 主要动态

1）全要素推进外语教育课程思政建设

大外教指委在 2022 年完成《大学外语课程思政教学指南》研制的基础上，在 2023 年继续联合教育部网培中心或其他学术团体、出版社组织或参与组织多场大学英语教师课程思政教学研讨或培训，包括组织建设课程思政示范课程，将优秀思政课程进行数字化转化。根据教育部的工作安排，2024 年还将推出一批课程思政教学研究项目，将党的创新理论和新时代伟大变革有机融入大学英语课程。在教材建设与教学评估上，2024 年将启动编写《理解当代中国：大学英语综合教程》，总结提升全国大学英语四、六级考试等教学测评体系的思政功能，进一步推进大学英语教学的"三进"建设。在教学竞赛上，由北京外国语大学主办，外语教学与研究出版社承办的"全国大学生外语能力大赛"在 2023 年正式更名为"'外研社·国才杯''理解当代中国'全国大学生外语能力大赛"，这大幅度拓宽了校赛、省赛和国赛的参与面，增加了奖励人数，起到了很好的以赛促教、以赛促学、以赛育人的作用。包括外语教学与研究出版社、高等教育出版社、上海外语教育出版社等在内的国内各大出版社继续举办外语课程思政优秀教学案例征集与交流活动、"用外语讲好中国故事"优秀短视频作品征集活动等。

2）加快推进大学英语数字化转型与大学英语教师数字素养提升

习近平总书记在中共中央政治局第五次集体学习时强调："教育数字化是我国开辟教育发展新赛道和塑造教育发展新优势的重要突破口。"在国家智慧教育公共服务平台于2022年上线之后，已经有数百门大学英语类课程被该平台收录。为推动大学英语数字化转型，外语教学与研究出版社、上海外语教育出版社等积极推出智慧版大学英语教材，将人工智能融入数字化大学英语学习系统。三个大学英语类虚拟教研室获评典型虚拟教研室，三个项目获评典型教研方法，一项成果获评典型教研成果。进入2024年，教育部将加快构建"人工智能＋教育"新生态，启动了"人工智能＋高等教育"教材建设和"典型应用场景案例"遴选工作，一批大学英语类教材与应用案例获得了学校的申报推荐。在教师数字素养提升方面，随着2022年底《教师数字素养》教育行业标准的发布，大学英语教师的数字素养内涵与标准研究，以及相关的培训、测评也必将成为大学英语教学界的重点之一。

3）进一步探索大学英语如何融入"四新"建设

"推进新工科、新医科、新农科、新文科建设"的"四新"建设是近年来引领中国高等教育改革创新的标志性举措之一。大学英语教学作为新文科建设的一部分，首先应该做好"理解当代中国"的教育，用外语讲述中华文明故事、红色革命故事、改革开放故事、马克思主义中国化故事。同时，大学英语也应以语言为载体，以专业为依托，将大学外语教育与新工科、新医科、新农科、新文科建设有机结合，为国家和社会培养高水平、实战型人才。近年来，我国部分高校，尤其是以工科、农科、医科为特色的高校在探索将大学英语与"四新"建设相融合方面，已经总结出一些有益或有效的路径，包括借鉴、运用专业学科内容与方法改进大学英语教学，或构建大学英语服务"四新"建设的新体系、新方法与新路径。

7. 部分论文文献信息 [1]

范烨、孙庆祥、季佩英，2023，"四新"建设背景下专门用途英语课程跨学科合作教学模式探究——以复旦大学学术英语（医学）课程为例 [J]，《外语界》(5)：8-15。

何莲珍，2023，服务高教强国建设，重构大学外语课程体系 [J]，《外语界》(5)：2-7。

胡杰辉，2023，新工科背景下的大学外语课程建设理念与策略 [J]，《中国外语》(5)：4-10。

胡杰辉、张铁夫，2023，中国高校外语教师数字素养的信念与实践研究 [J]，《外语与外语教学》(5)：73-85。

刘建达，2023，新时代基于形成性评价理念的大学英语教材建设——以《领航大学英语》为例 [J]，《外语界》(3)：2-8。

马洁、任学柱，2023，新文科建设中高校外语教师专业身份建构研究 [J]，《外语界》(5)：73-80。

秦丽莉、赵迎旭、高洋、王永亮，2023，社会文化理论指导的大学英语课程思政教学有效性研究路径 [J]，《解放军外国语学院学报》(1)：78-86。

王宗华、肖飞，2023，面向新工科的校本特色大学英语课程体系建设：框架设计与内容拓展 [J]，《外语界》(5)：16-22。

文秋芳，2023，构建大学外语教材编写理论体系 [J]，《外国语》(6)：2-11。

张军、刘艳红，2023，十二套"国家级规划"大学英语教材中思辨元素的特征分析 [J]，《外语教育研究前沿》(4)：73-81。

---

1 请于本书附录查看相关文献的详细摘要。

二、英语专业 [1]

本部分概述 2023 年我国高校英语专业发展情况，剖析学者关注的热点问题，摘录部分论文文献信息。年度情况概述包括与英语专业发展相关的国家政策和学术活动。热点问题包括：1）外语学科国别与区域研究；2）外语课程思政研究；3）外语教育与智能技术研究；4）外语与国际传播研究。部分论文来源于外国语言文学类 CSSCI 期刊和北大核心期刊。

1. 年度情况概述

1）英语专业相关政策

（1）教育部第二批国家级一流本科课程认定结果公布

为贯彻落实习近平总书记关于教育的重要论述和全国教育大会精神，落实新时代全国高等学校本科教育工作会议要求，教育部于 2019 年发布了《教育部关于一流本科课程建设的实施意见》[1]，并于 2021 年开展了第二批国家级一流本科课程认定工作。经过申报推荐、专家评议与公示，教育部于 2023 年 5 月公布了第二批国家级一流本科课程，共计 5750 门，其中英语相关课程有 144 门，包括线上课程 38 门，虚拟仿真实验教学课程 1 门，线上线下混合式课程 64 门，线下课程 41 门。[2] 教育部呼吁各级教育机构继续全面贯彻党的二十大精神，促进一流本科课程建设与数字化教学融合，推动优质课程资源共享，支持智慧教育平台发展。

（2）教育部高校师范类专业认证及中期审核名单公布

为贯彻落实党的十九大精神，培养高素质教师队伍，按照国家教育事业发展"十三五"规划工作要求，推进教师教育质量保障体系建设，提高师范类专业人才培养质量，教育部于 2017 年印发了《普通高等学校师范类专业认证实施办法（暂行）》。[3] 据此，教育部开展了 2023 年普通高等学校

---

1 本部分作者：陈则航、朱佩琦，北京师范大学。

师范类专业认证及中期审核工作。经高校申请、教育评估机构组织专家考查、普通高等学校师范类专业认证专家委员会审定，湖南师范大学英语专业通过第三级认证，江西师范大学等53所高校的英语专业通过第二级认证。此外，北京师范大学等12所高校的英语专业通过师范类专业认证中期审核。[4]

（3）教育部国家级教学成果奖获奖项目公布

在全国开展教学成果奖励活动是加快建设教育强国、落实立德树人根本任务的重要举措。2023年7月，教育部公布了2022年国家级教学成果奖获奖项目，共计1998项成果，其中高等教育英语相关教学成果共11项。北京外国语大学张剑教授等申报的"新时代英语专业创新人才培养模式的探索与实践"等8项成果获得高等教育（本科）国家级教学成果二等奖。北京航空航天大学郑飞教授等申报的"以提升国际学术交流能力为导向的博士学术英语写作课程探索与实践"等3项成果获得高等教育（研究生）国家级教学成果二等奖。[5]

2）学术活动

（1）教育部高等学校外国语言文学类专业教学指导委员会英语专业教学指导分委员会全体委员会议暨全国高校外语学院院长/系主任论坛

2023年4月14—16日，由教育部外指委英语专业教学指导分委员会主办，湖南师范大学承办，高等教育出版社、上海外语教育出版社、外语教学与研究出版社协办的"教育部高等学校外国语言文学类专业教学指导委员会英语专业教学指导分委员会全体委员会议暨全国高校外语学院院长/系主任论坛"在长沙举行。教育部外指委英语专业教学指导分委员会全体委员、国内知名专家、上百所高校及相关出版社负责人，共计400余人参会。论坛包括主旨发言和平行论坛等形式，与会学者围绕国际传播能力建设、英语类专业课程思政等话题进行深入探讨。[6]

（2）中国外国文学学会英国文学研究会第十四届年会暨学术研讨会

2023年5月13—14日，由中国外国文学学会英国文学研究会主办，中南大学外国语学院承办，《外国文学》编辑部、湖南师范大学《外国语言与文化》编辑部、《外语与翻译》编辑部协办的"中国外国文学学会英国文学研究会第十四届年会暨学术研讨会"在中南大学举行，吸引了来自国内外100多所高校和科研单位的300多位英国文学研究者参会。研讨会的主题是"英国文学与英帝国的兴衰"，包括4场主旨发言和17个分会场讨论。[7]

（3）第六届全国应用型本科院校英语类专业教学改革与发展论坛

2023年5月26—28日，由教育部外指委、上海市外文学会、全国应用型本科院校英语类专业教学联盟、上海海关学院、外语教学与研究出版社共同主办的"第六届全国应用型本科院校英语类专业教学改革与发展论坛"在上海举行。该论坛围绕应用型本科院校在新时代背景下的新教改、新形态、新质量，聚焦英语类专业人才培养模式、课程思政、产教融合与协同育人路径、实践教学体系建构等议题，邀请教育部外指委委员、国内高校外语教学专家、应用型本科院校外语院系负责人等作主旨报告，并设置分论坛，就"英语类专业课程思政与课程育人实践"和"产教融合背景下英语类专业的协同育人路径"两个议题分组讨论。[8]

（4）全国翻译专业学位研究生教育2023年年会

2023年6月10日，由全国翻译专业学位研究生教育指导委员会和中国学位与研究生教育学会翻译专业学位工作委员会主办，湖南师范大学承办的"全国翻译专业学位研究生教育2023年年会"在长沙举行。600余位教育部外指委委员和全国各翻译专业院校代表出席会议，围绕"翻译专业学位研究生教育服务国家战略发展和战略传播"这一主题，共同探讨翻译学科和专业学位建设的未来发展方向。[9]

（5）2023国际英语教育中国大会

2023年7月27—30日，由中国日报社、上海外国语大学、澳门特别行政区政府教育及青年发展局联合主办，21世纪英语教育传媒和澳门城市大学联合承办的"2023国际英语教育中国大会"在澳门举行。来自20多个国家和地区的 1600 多位专家学者和英语教师以线上或线下方式参会。会议的主题是"中国新发展 世界新机遇——开创英语教育开放合作新局面",包括 9 场主旨报告、24 场平行会议、专题发言、微论坛、工作坊、课例展示、论文发言、海报张贴和国际英语教育创新展示活动等。[10][11]

（6）第十届中国英语教学国际研讨会

2023 年 10 月 13—15 日,由中国英汉语比较研究会英语教学研究分会主办,四川大学承办,外语教学与研究出版社、四川省普通本科高等学校外国语言文学类专业教学指导委员会、四川省高等教育学会高校外语专委会和外语语言训练省级实验教学示范中心（四川大学）协办的"第十届中国英语教学国际研讨会"在成都举行。来自国内外的 300 余位英语教育专家学者和教育从业者线下参会,超过 1.5 万人次在线参会。研讨会的主题是"推进数字化转型,创新英语教育",包括 6 场主旨报告、13 场专题研讨、分组发言与海报展示。[12]

（7）第十届全国外语教师教育与发展学术研讨会

2023 年 11 月 3—5 日,由中国英汉语比较研究会外语教师教育与发展专业委员会主办,上海师范大学外国语学院和上海外语教育出版社联合承办,外语教学与研究出版社协办的"第十届全国外语教师教育与发展学术研讨会"在上海举行,吸引了来自海内外的多位学者和 400 余位高校教师、中小学教师、教研员、教育工作者和研究生参会。研讨会的主题是"数智时代中国外语教师教育与发展理论与实践创新研究",包括 5 场主旨发言、4 场特色发言、45 场专题研讨、团队展示、教学展示、分组发言、圆桌讨论和研究生论坛。[13]

（8）英语类专业创新发展研讨会暨 2023 年北京高校英语类专业群两委会联席会

2023 年 12 月 2 日,由北京交通大学语言与传播学院主办、外语教学与研究出版社协办的"英语类专业创新发展研讨会暨 2023 年北京高校英语类专业群两委会联席会"以线上线下相结合的形式在北京举行。会议的主题为

"主动应对经济社会和技术发展新挑战，着力打造英语类专业竞争力"，其中圆桌论坛围绕"外语专业大有可为"展开，采用线上、线下联动的形式，展现了精彩而热烈的交流讨论。会议直面时代变革对英语类专业人才培养提出的新挑战，聚焦外语类专业创新发展，为提高人才培养质量和专业竞争力提供有效途径。线上累计 7000 余人次观看了会议直播。[14]

（9）第九届全国英语演讲与写作教学学术研讨会

2023 年 12 月 9—10 日，由外交学院英语系、外语教学与研究出版社主办的"第九届全国英语演讲与写作教学学术研讨会"在北京举行。研讨会聚焦"服务国际传播人才培养的英语演讲及写作教学与研究"这一主题，设置主旨报告、专题报告、教学示范、分论坛研讨等环节。参会教师就国际传播人才培养、课程改革路径探索、先进教学经验交流、学术科研方法创新等话题展开了深入探讨。本届研讨会主题前沿、视角多元、成果显著，再次展示了广大英语演讲与写作教师对英语教育教学改革与创新的不懈追求和探索。[15]

（10）第五届中国高校外语学科发展联盟年会暨外语学科高质量发展研讨会

2023 年 12 月 22—23 日，由上海外国语大学和中国高校外语学科发展联盟主办，上海外语教育出版社协办的"第五届中国高校外语学科发展联盟年会暨外语学科高质量发展研讨会"在上海举行。近百所知名院校的外语学科专家学者相聚云端，600 余名师生在线参会，围绕"教育强国建设背景下的外语学科高质量发展"这一主题，进行了 9 场主旨发言和 4 个分论坛研讨，共同探究新时代外语学科的新发展议题。[16]

2. 热点问题剖析

根据外国语言文学类核心期刊在 2023 年刊发的文章，外语界学者讨论的热点话题包括"外语学科国别与区域研究""外语课程思政研究""外语教育与智能技术研究"和"外语与国际传播研究"。

1）外语学科国别与区域研究

2022 年 9 月，国务院学位委员会和教育部发布了《研究生教育学科专业目录（2022 年)》及《研究生教育学科专业目录管理办法》，将"区域国别学"设为交叉学科门类的一级学科。[17] 这在外语界引起了极大反响，因其与"外国语言文学"一级学科（简称"外语学科"）下的二级学科"国别与区域研究"近乎一致，对外语学科产生了重大影响。由此，外语学科的"国别与区域研究"有无保留必要、如何保持其独立性等问题成为外语界面临的重大学术问题，引起了学者的广泛讨论。[18]

2023 年，《外语教学与研究》《外语教学》《外语学刊》《外语教育研究前沿》《外语研究》和《西安外国语大学学报》设立了区域国别研究专题，学者们就外语学科的国别与区域研究 [18][19][20]、中国式现代化视域下的区域国别研究 [21][22]，以及特定国别或区域的研究 [23][24] 展开了讨论。外语学科主导的国别与区域研究，其核心在于语言文化与国际政治的有机融合，具有多语种、跨文化和多学科等优势。[18] 然而，该领域仍面临着巨大挑战，包括概念不清晰、内涵与定位未明确、研究内容未确定、研究队伍分散、评价机制不完善、人才培养体系不完备等问题。[19][20] 未来应着重建设外语学科的国别与区域研究差异性，以确保其具有合法性与独立性。[18]

2）外语课程思政研究

随着教育部在 2018 年颁布《普通高等学校本科专业类教学质量国家标准》[25]，在 2020 年颁布《高等学校课程思政建设指导纲要》[26]，全面推进课程思政建设成为落实立德树人根本任务的战略举措，外语课程思政研究自此全面铺开。以往研究集中在两个层面：一是宏观层面关于价值、内涵、目标和体系的阐释；二是微观层面关于内容、路径和方法的探讨，呈现出实践转向、视角多元和定性研究居多的特点。[27]

2023 年，《外语教学》《外语电化教学》《外语学刊》和《外语研究》设立了外语课程思政研究专题。在研究主题上，学者们围绕宏观实现路径 [28][29][30]、教材思政建设 [31][32]、具体教学模式 [33][34]、不同类型课程中的思

政实践 [35][36][37]、思政课程效果评估 [38][39] 和教师课程思政教学胜任力 [27][40] 等展开研究。在研究视角上，学者们主要采用社会文化理论 [39]、活动理论 [40]、内容语言融合理念 [41] 和生态给养理论 [42] 等。在研究方法上，学者们主要以阐释和定性研究为主，鲜见定量研究。[28][42] 整体来看，理论探索多于实证研究，宏观研究多于微观研究。未来可以进一步丰富研究视角和方法，着重关注英语教师的课程思政教学胜任力和多种类型课程中的思政研究。[43]

3）外语教育与智能技术研究

2018 年，教育部发布《教育信息化 2.0 行动计划》，将教育信息化作为教育系统性变革的内生变量。[44]2020 年，教育部颁布《新文科建设宣言》，指出新文科建设应注重学科协同发展和多学科交叉。[45] 外语学科积极探索智能技术与外语教育的结合，尤其是人工智能等新兴技术。

2023 年，《外语与外语教学》《外语教学》《外语界》《外语电化教学》和《外语学刊》开设相关专栏，聚焦技术赋能外语教育，涵盖语料库、眼动追踪、虚拟现实、机器翻译、自动评估、ChatGPT、云共同体等的应用。其中，ChatGPT 和云共同体是新兴热点，前者是 OpenAI 于 2022 年末推出的人工智能聊天机器人，后者是基于产出导向法的线上虚拟教研室。

智能技术在外语教育中扮演着重要角色。语料库工具广泛应用于翻译学、语言特征、形象建构、译者特征分析等领域，相关研究还包括研究路径探索及语料库研制等 [46][47][48][49][50][51]。眼动追踪技术主要用于探究翻译和语言学习的认知过程 [52][53]。虚拟现实技术主要应用于外语学习和教学模式构建领域 [54][55]。机器翻译技术关注机器翻译质量、人机协作翻译、人机翻译对比及使用伦理等 [56][57][58][59]。自动评估技术主要用于写作和口语测评及评估质量研究 [60][61][62]。ChatGPT 关注外语教学、辅助翻译及使用伦理等议题 [63][64][65]。云共同体研究覆盖学习评价、身份认同和认知互动等九个方面 [66][67][68]。这些技术的应用极大促进了外语学科发展，未来应该进一步关注提高教师的信息化教学能力，以更好地发挥智能技术对外语教育的积极作用。[69]

4）外语与国际传播研究

2022 年，习近平总书记在党的二十大报告中强调要"讲好中国故事、传播好中国声音，展现可信、可爱、可敬的中国形象"[70]。我国一直高度重视国际传播能力建设，而外语是传播中国故事和声音的纽带，在国际传播中具有基础性和全局性地位。[71]

2023 年，《外语教学与研究》《外语教育研究前沿》和《外语电化教学》等 10 本外国语言文学类核心期刊设立了相关专栏，针对中华优秀文化传播和外语人才国际传播能力培养展开讨论。中华优秀文化传播主要涉及典籍、文学、电影、民族历史和政治话语的外译，以及当代中国系列教材的开发等方面 [72][73][74][75][76][77]。

在此基础上，学者们深入探讨了形象建构、翻译策略和传播效果等议题 [73][74][76]。外语人才国际传播能力包括高级写作能力、对外翻译能力以及跨文化沟通能力。[74] 当前提高大学生中华文化传播意识和能力的路径主要有课程思政和教材文化呈现研究等 [78][79]，未来可以探索更多实现路径，如学科融合和师生学术共同体建设等，进一步培养学生的国际传播能力，以便使其更好地在国际传播中讲好"中国故事"，实现文明互鉴的目标。[80]

3. 部分论文文献信息

本部分针对"外语学科国别与区域研究""外语课程思政研究""外语教育与智能技术研究"和"外语与国际传播研究"四个研究热点，从核心期刊中选取了影响力大、创新性强的四篇论文，摘录题目、作者、期刊名、期号、页码范围等信息，详细摘要请见本书附录。

郭英剑，2023，外语学科的国别与区域研究：概念、内涵、定位与内容 [J]，《外语教育研究前沿》（1）：23-29。

苗兴伟，2023，外语课程思政视域下价值引领的实践路径 [J]，《外语与外语教学》（6）：20-27。

王欣，2023，外语专业人才的国际传播能力内涵与培养路径 [J]，《外语教学理论与实践》（3）：1-8。

文秋芳、毕争，2023，云共同体教师学习形成性评估框架与应用 [J]，《外语界》(2)：8-15。

[1] 中华人民共和国教育部，2019，教育部关于一流本科课程建设的实施意见 [OL]，http://www.moe.gov.cn/srcsite/A08/s7056/201910/t20191031_406269.html（2024年3月5日读取）。

[2] 中华人民共和国教育部，2023，教育部关于公布第二批国家级一流本科课程认定结果的通知 [OL]，http://www.moe.gov.cn/srcsite/A08/s7056/202306/t20230612_1063839.html（2024年3月5日读取）。

[3] 中华人民共和国教育部，2017，教育部关于印发《普通高等学校师范类专业认证实施办法（暂行）》的通知 [OL]，http://www.moe.gov.cn/srcsite/A10/s7011/201711/t20171106_318535.html（2024年3月5日读取）。

[4] 中华人民共和国教育部，2023，教育部办公厅关于公布2023年通过普通高等学校师范类专业认证专业名单及中期审核专业名单的通知 [OL]，http://www.moe.gov.cn/srcsite/A10/s7058/202310/t20231024_1087232.html（2024年3月5日读取）。

[5] 中华人民共和国教育部，2023，教育部关于批准2022年国家级教学成果奖获奖项目的决定 [OL]，http://www.moe.gov.cn/srcsite/A10/s7000/202307/t20230724_1070571.html（2024年3月5日读取）。

[6] 湖南师范大学，2023，教育部英指委全体委员会议暨院长论坛在长沙召开 [OL]，https://www.hunnu.edu.cn/info/1012/15720.htm（2024年3月5日读取）。

[7] 中南大学外国语学院，2023，中国外国文学学会英国文学研究会第十四届年会暨学术研讨会在我校顺利召开 [OL]，https://sfl.csu.edu.cn/info/1131/4919.htm（2024年3月5日读取）。

[8] 上海海关学院，2023，第六届全国应用型本科院校英语类专业教学改革与发展论坛在我校举办 [OL]，https://www.shcc.edu.cn/2023/0531/c1302a57460/page.htm（2024年3月5日读取）。

[9] 中国翻译协会，2023，全国翻译专业学位研究生教育2023年年会在长沙召开 [OL]，http://www.tac-online.org.cn/index.php?m=content&c=index_wap&a=show&catid=395&id=4686（2024年3月5日读取）。

[10] 2023国际英语教育中国大会，2023，以开放聚合之力 以共享创发展之径——2023国际英语教育中国大会圆满闭幕 [OL]，https://tesol.i21st.cn/2023/30367.html（2024年3月5日读取）。

[11]　中国日报网，2023，2023 国际英语教育中国大会在澳门开幕 [OL]，https:// cn.chinadaily.com.cn/a/202307/28/WS64c35b27a3109d7585e46e8d.html（2024 年 3 月 5 日读取）。

[12]　中国英汉语比较研究会英语教学研究分会，2023，推进数字化转型，创新英语教育——第十届中国英语教学国际研讨会成功召开 [OL]，http://www.celea.org. cn/article/472（2024 年 3 月 5 日读取）。

[13]　上海师范大学，2023，第十届全国外语教师教育与发展学术研讨会在我校举行 [OL]，https://www.shnu.edu.cn/24/c0/c278a795840/page.htm（2024 年 3 月 5 日读取）。

[14]　北京交通大学新闻网，2023，英语类专业创新发展研讨会暨 2023 年北京市高校英语类专业群两委会联席会成功举办 [OL]，http://news.bjtu.edu.cn/ info/1044/46859.htm（2024 年 3 月 5 日读取）。

[15]　外交学院，2023，外交学院和外研社成功举办"第九届全国英语演讲与写作教学学术研讨会" [OL]，https://www.cfau.edu.cn/col2982/col2986/96b9ef29a0464d90 90944ac1762c6947.htm（2024 年 3 月 5 日读取）。

[16]　上外新闻，2024，第五届中国高校外语学科发展联盟年会暨外语学科高质量发展研讨会召开 [OL]，https://news.shisu.edu.cn/research-/1/20240102/1363.html（2024 年 3 月 5 日读取）。

[17]　中华人民共和国教育部，2023，国务院学位委员会 教育部关于印发《研究生教育学科专业目录（2022 年）》《研究生教育学科专业目录管理办法》的通知 [OL]，http://www.moe.gov.cn/srcsite/A22/moe_833/202209/t20220914_660828.html （2024 年 3 月 5 日读取）。

[18]　郭英剑，2023，外语学科的国别与区域研究：概念、内涵、定位与内容 [J]，《外语教育研究前沿》（1）：23-29。

[19]　杨庆龙，2023，当前外语学科下国别与区域研究面临的问题及其对策 [J]，《外语教学理论与实践》（3）：26-33。

[20]　彭青龙，2023，外语学科区域国别学人才培养与科学研究面临的挑战、机遇和定位 [J]，《外语教学理论与实践》（1）：9-17。

[21]　谭方正，2023，中国式现代化视域下的高校区域国别研究 [J]，《中国外语》（4）：104-107。

[22]　陈杰、劳凌玲，2023，中国区域国别学学科构建的理论探索述评——写在区域国别学成为一级学科周年之际 [J]，《外语学刊》（5）：6-15。

[23]　庞玮，2023，国别区域学视域下我国印度研究的发展脉络与主题谱系 [J]，《西安外国语大学学报》（1）：111-117。

[24] 王波，2023，区域国别学框架内的美国学：概念建构及研究路径 [J]，《外语研究》(4)：94-98。

[25] 中华人民共和国教育部，2018，教育部发布我国高等教育领域首个教学质量国家标准 [OL]，http://www.moe.gov.cn/jyb_xwfb/xw_fbh/moe_2069/xwfbh_2018n/xwfb_20180130/sfcl/201801/t20180130_325920.html（2024 年 3 月 5 日读取）。

[26] 中华人民共和国教育部，2020，教育部关于印发《高等学校课程思政建设指导纲要》的通知 [OL]，http://www.moe.gov.cn/srcsite/A08/s7056/202006/t20200603_462437.html（2024 年 3 月 5 日读取）。

[27] 王晓慧、刘晓峰，2023，高校外语教师课程思政胜任力：多维结构与测量 [J]，《外语研究》(2)：55-61，73。

[28] 苗兴伟，2023，外语课程思政视域下价值引领的实践路径 [J]，《外语与外语教学》(6)：20-27。

[29] 刘正光、郭应平、施卓廷，2023，主题统领二次开发实现课程思政、思辨能力与语言能力三位一体培养新目标 [J]，《外语教学》(4)：56-62。

[30] 陆丹云、赵冉，2023，从国家意识到批判性跨文化素养——教育语言学视阈下外语课程思政内涵式发展研究 [J]，《外语界》(3)：63-70。

[31] 肖维青、赵璧，2023，课程思政背景下的大学英语教材内容重构实践——以"大学英语课程思政数字资源包"建设项目为例 [J]，《外语界》(1)：57-65。

[32] 徐锦芬、刘文波，2023，大中小学外语教材思政内容一体化建设研究 [J]，《外语界》(3)：16-22。

[33] 王俊菊、卢萍，2023，CLIL 理念下外语课程思政教学设计：原则与路径 [J]，《外语与外语教学》(6)：9-19。

[34] 莫俊华、毕鹏，2023，英语专业课程思政的 TLR 教学模式探究——以《综合英语》课程为例 [J]，《外语研究》(2)：62-66。

[35] 周丽敏、王亚敏、邢振江，2023，旅游英语翻译课程思政的价值旨趣及其实践路径 [J]，《上海翻译》(2)：55-60。

[36] 王颖，2023，区域国别课程在英语专业思政建设中的实施路径研究 [J]，《外语学刊》(4)：61-66。

[37] 刘岩冬、许宏晨、刘雯婷，2023，英语写作课程思政引导性合作探究实施效果行动研究 [J]，《外语学刊》(4)：75-81。

[38] 周丽敏、祁占勇，2023，大学外语课程思政教学评价量表开发研究 [J]，《外语界》(3)：71-77。

[39] 秦丽莉、赵迎旭、高洋、王永亮，2023，社会文化理论指导的大学英语课程思政教学有效性研究路径 [J]，《解放军外国语学院学报》(1)：78-86。

[40] 韩佶颖、黄书晗、薛琳，2023，大学英语教师课程思政建设的矛盾分析与化解策略——基于活动理论的质性研究 [J]，《外语界》(5)：81-88。

[41] 王梅，2023，内容语言融合视阈下英语专业大学生课程思政建设行动研究 [J]，《外语教学》(4)：69-74。

[42] 秦丽莉、姜伟、王永亮，2023，基于生态给养理论的外语教材评估框架构建——以课程思政元素的多模态内容为例 [J]，《外语界》(6)：23-31。

[43] 李秋东、赵海湖，2023，英语类专业课程思政研究的述评与展望——基于 CNKI 的范围综述法 [J]，《社会科学前沿》(9)：5337-5345。

[44] 中华人民共和国教育部，2018，教育部关于印发《教育信息化 2.0 行动计划》的通知 [OL]，http://www.moe.gov.cn/srcsite/A16/s3342/201804/t20180425_334188.html（2024 年 3 月 5 日读取）。

[45] 中国教育在线，2020，《新文科建设宣言》正式发布 [OL]，https://news.eol.cn/yaowen/202011/t20201103_2029763.shtml（2024 年 3 月 5 日读取）。

[46] 黄立波、王克非，2023，语料库翻译学发展阶段与前沿动向分析 [J]，《外语教学与研究》(5)：764-776。

[47] 李燕、姜亚军，2023，语料库驱动的中外学术语篇词块变异研究 [J]，《外语电化教学》(2)：56-62。

[48] 刘明，2023，语料库辅助的中国生态形象建构研究 [J]，《现代外语》(1)：83-96。

[49] 祝朝伟、李润丰，2023，基于语料库的庞德中国典籍英译译者风格探析 [J]，《外语教学》(4)：75-82。

[50] 金碧希、卫乃兴，2023，话语研究的语料库路径：方法、挑战与前景 [J]，《外语与外语教学》(1)：1-11。

[51] 刘佳，2023，数字化赋能非遗对外传播多模态语料库平台构建研究 [J]，《上海翻译》(6)：34-39。

[52] 翁羽、郑冰寒，2023，翻译过程文本输出与停顿的认知资源分配差异——基于眼动追踪与键盘记录的实证研究 [J]，《外语教学与研究》(5)：739-750。

[53] 刘雪卉、文秋芳，2023，概念化迁移的判断方法框架：基于认知对比分析的运动事件眼动研究 [J]，《外语教学与研究》(2)：212-224。

[54] 栾琳、易滟青、卢志鸿、滕飞宇、董艳，2023，虚拟现实环境对大学生英语词汇学习的有效性研究 [J]，《外语电化教学》(3)：93-99。

[55] 郭兴荣，2023，虚拟现实技术赋能海事英语线上线下融合教学模式构建研究 [J]，《外语学刊》(1)：97-104。

[56] 王金铨、牛永一，2023，计算机辅助翻译评价系统中的翻译质量评估 [J]，《上海翻译》(6)：52-57。

[57] 王律、王湘玲，2023，ChatGPT 时代机器翻译译后编辑能力培养模式研究 [J]，《外语电化教学》(4)：16-23。

[58] 梁君英、刘益光，2023，人类智能的翻译能力优势——基于语料库的人机翻译对比研究 [J]，《外语与外语教学》(3)：74-84。

[59] 吴美萱、陈宏俊，2023，人工智能时代机器翻译的伦理问题 [J]，《外语学刊》(6)：13-18。

[60] 王昕、李钦萌，2023，英语专业大学生学术英语写作线上多元反馈模式探究 [J]，《外语研究》(4)：44-50。

[61] 骆雁雁，2023，基于多特征融合的英语口语智能评价方法研究 [J]，《外语电化教学》(2)：49-55。

[62] 王伟、赵英华，2023，人机协同评分质量控制方法 [J]，《外语学刊》(4)：97-104。

[63] 张震宇、洪化清，2023，ChatGPT 支持的外语教学：赋能、问题与策略 [J]，《外语界》(2)：38-44。

[64] 耿芳、胡健，2023，人工智能辅助译后编辑新方向——基于 ChatGPT 的翻译实例研究 [J]，《中国外语》(3)：41-47。

[65] 刘成科、孔燕，2023，翻译技术伦理的本质追问及基本向度 [J]，《外语学刊》(5)：79-85。

[66] 文秋芳、毕争，2023，云共同体教师学习形成性评估框架与应用 [J]，《外语界》(2)：8-15。

[67] 张虹、孙曙光，2023，云共同体西部教师身份认同的转变类型：一项多案例研究 [J]，《外语界》(2)：30-37。

[68] 邱琳、陈浩，2023，云共同体中个体认知连接与群体认知连接互动的辩证研究 [J]，《外语界》(2)：16-22。

[69] 王亚南、王京华、韩红梅、李丽娟，2023，中国高校英语教师信息化教学能力现状调查研究 [J]，《外语界》(2)：54-61。

[70] 习近平，2022，《高举中国特色社会主义伟大旗帜 为全面建设社会主义现代化国家而团结奋斗——在中国共产党第二十次全国代表大会上的报告》[M]。北京：人民出版社。

[71] 王文斌，2023，外语教育在国际传播能力建设和文明互鉴中的新责任和新担当 [J]，《当代外语研究》(4)：5-7。

[72] 杨艳、肖辉，2023，文化适应视角下《论语》英译本海外传播效果实证研究 [J]，《外语研究》40 (6)：78-85。

[73] 陈保红、栗瑞铎、刘璐，2023，美国汉学家当代文学译介变迁与中国形象建构探析 [J]，《上海翻译》（5）：89-94。

[74] 陆建平、朱蒨雯，2023，国际传播视域下国产电影的文化元素英译策略研究——基于电影《霸王别姬》字幕两个英译本的对比分析 [J]，《外语与外语教学》（6）：134-144。

[75] 任东升、焦琳，2023，南京大屠杀真相的战时译传 [J]，《解放军外国语学院学报》（4）：1-7。

[76] 王晓莉、胡开宝，2023，"改革开放"英译在英美主流媒体的传播与接受研究 [J]，《外语教学理论与实践》（4）：84-98。

[77] 程维，2023，《理解当代中国·汉英翻译教程》的"二次开发"：原则与实践 [J]，《外语教育研究前沿》（3）：29-34。

[78] 孙曙光，2023，培养大学生中华文化传播能力的实践路径——以"用英语讲中国故事"课程为例 [J]，《外语教育研究前沿》（4）：34-40。

[79] 李加军，2023，大学通用英语教材的（跨）文化呈现研究 [J]，《外语界》（1）：66-75。

[80] 王欣，2023，外语专业人才的国际传播能力内涵与培养路径 [J]，《外语教学理论与实践》（3）：1-8。

第二节　俄语[1]

一、年度情况概述

　　2023 年是全面贯彻落实党的二十大精神的开局之年，是习近平总书记提出共建"一带一路"倡议 10 周年。外语教育在新时代建设教育强国的征程中承担了重要使命和责任，也面临着诸多挑战。2023 年，在全球数智化大背景下，各高校俄语专业主要聚焦"数智如何赋能外语教学与研究"这一议题，全面推进课程和教材建设，加快全国俄语教育改革云共同体（虚拟教研室）建设步伐，以期服务国家战略，满足社会需求。2023 年全国高校俄语专业四级水平测试和八级水平测试分别于 5 月 28 日和 3 月 25 日举行。

1. 学术会议

　　2023 年 6 月 17—18 日，由中国俄罗斯东欧中亚学会俄语教学研究分会、南开大学外国语学院、外语教学与研究出版社联合举办的"第十六届全国俄语语言与文化学术研讨会"在南开大学举行。研讨会以"新时代文化传播与全球话语——俄语语言与文化研究新路探索"为主题，吸引了来自全国 50 余所高校的 120 多位专家学者参会。[1]

　　2023 年 9 月 22—24 日，由中国外国文学学会俄罗斯文学研究分会主办、首都师范大学外国语学院承办的"'俄罗斯文学研究的中国学派'学术研讨会暨中国外国文学学会俄罗斯文学研究分会 2023 年年会"在首都师范大学举行。来自中国和俄罗斯的 200 余位专家学者和硕博士研究生共同参加了研讨会。[2]

　　2023 年 9 月 22—24 日，由黑龙江大学俄语学院、黑龙江大学俄罗斯语言文学与文化研究中心、黑龙江省俄语学会主办的"首届'汉俄翻译与中俄人文交流'国际学术研讨会"在黑龙江大学举行。来国内外 40 多所高等院校和科研机构的 90 多位代表参加了会议。[3]

1　本节作者：徐先玉，首都师范大学。

2023 年 11 月 10—12 日，由《俄罗斯文艺》编辑部主办、中国外国文学学会俄罗斯文学研究分会协办、湖南师范大学外国语学院承办的"第十一届《俄罗斯文艺》学术前沿论坛暨'俄罗斯文学研究的视野与方法'学术研讨会"在长沙举行。全国各高校俄语专业师生共计 200 余人参会，围绕"俄罗斯文学研究的视野与方法"这一话题，探讨我国俄罗斯文学研究的诸多问题。[4]

2023 年 11 月 24—26 日，由中国俄罗斯东欧中亚学会俄语教学研究分会、上海外国语大学俄罗斯东欧中亚学院主办，上海外国语大学俄罗斯研究中心、上海外国语大学哈萨克斯坦研究中心、上海外国语大学中亚研究中心承办的"第四届'跨学科视野下俄罗斯东欧中亚研究'国际学术研讨会"在上海举行。大会旨在对俄罗斯中东欧中亚地区展开多维研究，深入探讨相关地区的政治、经济、文化、社会发展等领域的热点问题，为"一带一路"倡议的未来发展提供新的思路和建议。[5]

2023 年 12 月 1—3 日，由中国俄罗斯东欧中亚学会俄语教学研究分会主办、东北师范大学承办的"'俄罗斯及中亚国别区域与翻译研究'学术研讨会"在东北师范大学举行。会议通过阳光平台现场直播，国内高校师生共计 1000 余人通过线上或线下方式参加了会议。[6]

2．专业活动

2023 年 4 月 21—23 日，由教育部外指委俄语专业教学指导分委员会、中国俄罗斯东欧中亚学会俄语教学研究分会主办，浙江大学外国语学院承办，外语教学与研究出版社、北京大学出版社、浙江大学出版社协办的"'以研促教 数智赋能：助力一流俄语专业建设'全国高校俄语专业教学研讨会"在浙江大学举行，吸引了来自全国 40 多所高校的近 80 位俄语教育工作者参会。[7]

2023 年 6 月 29—30 日，由教育部外指委俄语专业教学指导分委员会、中国俄罗斯东欧中亚学会俄语教学研究分会、北京外国语大学俄语学院、外语教学与研究出版社共同举办的"第八届全国高校俄语专业教学法学术研讨会暨《理解当代中国》俄语系列教材与课程建设高端论坛"在北京外国语大学举行。来自全国75所高校的140余位俄语教育工作者参加了会议，共同探讨新时代背景下俄语教育改革创新思路，分享教学成果与实践经验，助推俄语教育教学高质量发展。[8]

2023年7月15—16日，由中国俄罗斯东欧中亚学会俄语教学研究分会、教育部外指委俄语专业教学指导分委员会、上海外国语大学、黑龙江大学共同主办，黑龙江大学俄语学院、上海外语教育出版社承办的"第八届全国高校俄语专业院长/系主任高级论坛暨全国高校一流俄语专业建设研讨会"在黑龙江大学举行。研讨会以"新时代 新征程 新发展"为主题，吸引了来自全国80多所高校的百余位俄语专业负责人参加。[9]

2023年12月9日，由北京大学外国语学院俄罗斯语言文学系、教育部"俄语人才培养模式改革虚拟教研室"、中国俄罗斯东欧中亚学会俄语教学研究分会、北京大学出版社联合举办的"新时代俄语教育改革论坛"在北京大学举行。来自全国高校的近百位俄语语言文学专业专家学者、教师，围绕国家级一流本科专业建设、国家级一流本科课程建设、高质量外语专业教材建设、服务中国式现代化建设的俄语人才培养改革与实践、数智化时代的高校俄语教学改革和全国俄语教育改革云共同体（虚拟教研室）建设等议题进行交流，思考我国俄语专业的定位、发展与方向。[10]

2023年12月27日，2023外研社多语种"教学之星"大赛俄语组获奖名单公布。大赛主题是"外语教材的有效使用：培根铸魂 启智增慧"。大赛力求回应时代命题、服务国家战略、担当教育使命，为全国高校外语教师搭建交流新思想、新理念与新方法的学习平台，为深入实施科教兴国、人才强国、创新驱动发展战略，培养新时代社会主义建设者和接班人作出贡献。

3. 学生活动和学生赛事

1）学生学术论坛

2023年5月20日，由北京大学研究生院"研究生教育创新计划"项目支持、北京大学外国语学院主办、北京大学外国语学院研究生会承办的"第十五届北京大学外国语言文学研究生论坛"举行，吸引了来自国内外高校的200 余名硕博士研究生参加。[11]

2023 年 10 月 21—22 日，北京师范大学俄罗斯研究中心举办了"第十二届'俄罗斯学'研究生国际学术论坛——区域国别学视域下的俄罗斯学研究：现代化、秩序、话语"。该论坛宣读了 80 余篇论文，最终评选出最佳论文奖 10 名、优秀论文奖 10 名。[12]

2023 年 11 月 17—18 日，由深圳北理莫斯科大学和广东外语外贸大学共同举办的"中国俄罗斯文学教学与研究国际研讨会暨首届'大湾区'高校俄语专业学生学术论坛"在深圳和广州举行，吸引了来自国内外 17 所高校的俄语专业师生参加。[13]

2023 年 11 月 18—19 日，由黑龙江大学研究生院、俄语学院、俄罗斯语言文学与文化研究中心、西语学院、东语学院、应用外语学院，以及《外语学刊》编辑部共同主办的"2023 年全国外国语言文学研究生论坛"在黑龙江大学举行。来自国内外 107 所高校的 300 余名研究生报名参会，涉及 8 个外语语种。最终，100 余名研究生入围该论坛。[14]

2023 年 12 月 17 日，由中国人民大学外国语学院主办的"'词与世界'第十二届研究生学术论坛"举行，涵盖英语、俄语、日语、德语、法语等多个语种。

2）学生赛事

2023 年 4 月 22—23 日，由北京师范大学与莫斯科国立师范大学主办，中俄教育类高校联盟、北京师范大学俄罗斯研究中心、北京师范大学外国语言文学学院俄文系联合承办的"第八届'奔向莫斯科'俄语奥林匹克竞赛"在北京师范大学举行。来自全国各高校的 85 名选手参赛，最终 18 名选手脱颖而出。[15]

2023 年 6 月 29 日，由黑龙江省教育厅和阿穆尔州教育科学办主办，哈尔滨理工大学和俄罗斯布拉戈维申斯克（海兰泡）国立师范大学承办的"第六届'哈尔滨俄语之春'中俄大学生俄语竞赛"闭幕式在线举行。该届赛事共有来自国内外 53 所高校和 10 所中学的 63 个代表队参赛。[16]

2023 年 10 月 21—22 日，由河北省高等学校外语教学研究会主办，河北师范大学外国语学院承办的"第六届京津冀高校俄语大赛"在河北师范大学举行，吸引了来自全国 22 所高校的 140 余名学生参赛。[17]

2023 年 10 月 28—29 日，由教育部国际合作与交流司主办、北京外国语大学承办的"2023 年全国高校俄语大赛"举行，吸引了来自全国 158 所高校的 392 名青年学子参赛。大赛最终产生 3 个一等奖、19 个二等奖、38 个三等奖，获奖选手由国家留学基金管理委员会秘书处全额资助赴俄罗斯进修或攻读学位。[18]

二、热点问题剖析

2023 年，在全球数智化大背景下，各高校俄语专业主要聚焦"数智如何赋能外语教学与研究"这一议题，全面推进课程和教材建设。

2023 年 5 月，教育部发布《关于公布第二批国家级一流本科课程认定结果的通知》，将 5750 门课程认定为第二批国家级一流本科课程，包括 1095 门线上课程，472 门虚拟仿真实验教学课程，1800 门线上线下混合式课程，2076 门线下课程，307 门社会实践课程。其中，俄语专业共有 14 门课程被认定为国家级一流本科课程，包括 5 门线上课程，6 门线下课程，2 门虚拟仿真实验教学课程，1 门线上线下混合课程。具体信息如表 2.8 所示。

表 2.8　俄语专业的 13 门国家级一流本科课程

序号	课程名称	课程负责人	课程团队其他主要成员	主要建设单位	主要开课平台
1	大学通用俄语 1	武晓霞	王蓉、葛焱磊	北京航空航天大学	爱课程（MOOC）
2	跟我学俄语（1）	王永	薛冉冉、袁淼叙	浙江大学	爱课程（MOOC）
3	俄国通史三十讲	张建华		北京师范大学	爱课程（MOOC）

（待续）

（续表）

序号	课程名称	课程负责人	课程团队其他主要成员	主要建设单位	主要开课平台
4	俄罗斯文化之旅	徐琪	胡晓静、杨杰	厦门大学	爱课程（MOOC）
5	19 世纪俄罗斯文学史	高荣国	刘文飞、李兰宜、戴可可	湖南师范大学	智慧树网
6	基础俄语	田欣欣	杨蕊、冯小庆、徐佩、田雨莎	哈尔滨理工大学	
7	基础俄语	赵亮	熊友奇、金华、刘文杰、余献勤	战略支援部队信息工程大学	
8	俄罗斯文学史	杨玉波		哈尔滨师范大学	
9	基础俄语	宁琦	周海燕、单荣荣、黄颖、王彦秋	北京大学	
10	基础俄语	刘素梅		北京外国语大学	
11	俄语写作	张金忠	吴哲、张帆	哈尔滨师范大学	
12	高级俄语（5）	孟令霞	刘玉霞、孟英丽、郭明、屠静静	牡丹江师范学院	
13	俄罗斯问题研究	王树春	杨甜、梁俏、朱燕、张娜	广东外语外贸大学	
14	基础口译	杨俊	胡业爽、徐曼琳、罗朦、冯俊	四川外国语大学	

首先，加快"理解当代中国"课程建设步伐，全面推进"三进"工作纵深发展。《理解当代中国：俄语演讲教程》获评"2023 年北京高校优质本科教材课件"。"2023'外研社·国才杯''理解当代中国'全国大学生外语能力大赛"秉承"以赛促教"理念，多语种组大赛涵盖俄语、德语、法语、西班牙语、阿拉伯语、日语、意大利语、葡萄牙语 8 个语种。

其次，积极推进教材建设。为服务新形势，《东方大学俄语》启动全新改版。前版教材是"十二五"普通高等教育本科国家级规划教材，并获首届全国教材建设奖全国优秀教材（高等教育类）二等奖。此次改版更加突出思想内容和交际功能，秉承"以价值为引领、以知识为主线、以能力为目标"的编写理念，主张探索式、体验式的学习。2023年6月，《东方大学俄语（新版第2版）学生用书1》出版，配备"U校园"App，内含音频、视频等资源，其他系列也将陆续出版。此外，《俄汉—汉俄口译基础教程（上）》《俄语阅读教程》《俄语视听说教程》等一系列优质教材也已出版。

三、部分论文文献信息 [1]

刘丽芬、焦敏、黄忠廉，2023，中俄应急场域符号景观构型对比 [J]，《中国外语》（5）：47-56。

王铭玉、袁鑫，2023，新时代我国外语教材建设的使命、任务与展望 [J]，《外语界》（6）：2-6。

王钦香、韩佶颖，2023，在线学习环境与俄语学习动机和学习成效的特征及关系 [J]，《中国俄语教学》（4）：88-95。

吴梅、马琛、王炳鑫，2023，学科交叉融合背景下俄语经贸类高阶课程的改革与创新——以俄语外贸谈判课程为个案 [J]，《中国俄语教学》（3）：88-95。

赵秋野、陈美玉，2023，基于时间词联想场的汉俄语言意识和时间认知模式对比研究 [J]，《解放军外国语学院学报》（4）：93-101。

赵永华、赵家琦、Kalinina Natalia，2023，"人类命运共同体"俄文翻译与传播的话语实践研究 [J]，《中国翻译》（4）：104-111。

1　请于本书附录查看相关文献的详细摘要。

[1]　中国俄罗斯东欧中亚学会，2023，第十六届全国俄语语言与文化学术研讨会成功举办 [OL]，http://www.kaprial.org.cn/hkgk.aspx?nid=848（2024 年 3 月 26 日读取）。

[2]　首都师范大学新闻网，2023，外国语学院举办"俄罗斯文学研究的中国学派"学术研讨会 [OL]，https://news.cnu.edu.cn/jxky/6ebcca231780493484c4469bc0c32d5b.htm（2024 年 3 月 26 日读取）。

[3]　黑龙江大学新闻网，2023，我校举办首届汉俄翻译与中俄人文交流国际学术研讨会 [OL]，https://hdxw.hlju.edu.cn/info/1002/23529.htm（2024 年 3 月 26 日读取）。

[4]　湖南师范大学外国语学院，2023，第十一届《俄罗斯文艺》学术前沿论坛暨"俄罗斯文学研究的视野与方法"学术研讨会在我校召开 [OL]，https://fsc.hunnu.edu.cn/info/1025/12791.htm（2024 年 3 月 26 日读取）。

[5]　上外俄罗斯东欧中亚学院，2023，第四届"跨学科视野下俄罗斯东欧中亚研究"国际学术研讨会成功举办 [OL]，https://mp.weixin.qq.com/s?__biz=MzUzNjc2ODAyOA==&mid=2247495025&idx=1&sn=3d1e34b72f142b23738a35cd755d652b&chksm=faf39602cd841f1448fc9375783901e2aed3d76f37c85cd345919397a6d5476cbc8ac87295b3&scene=27（2024 年 3 月 26 日读取）。

[6]　东北师范大学外国语学院，2023，我院承办"俄罗斯及中亚国别区域与翻译研究"学术研讨会 [OL]，https://wy.nenu.edu.cn/info/1029/5515.htm（2024 年 3 月 26 日读取）。

[7]　中国俄罗斯东欧中亚学会，2023，"以研促教 数智赋能：助力一流俄语专业建设"全国高校俄语专业教学研讨会圆满成功！[OL]，http://www.kaprial.org.cn/hkgk.aspx?nid=841（2024 年 3 月 26 日读取）。

[8]　北京外国语大学新闻网，2023，第八届全国高校俄语专业教学法学术研讨会暨《理解当代中国》俄语系列教材与课程建设高端论坛举办 [OL]，https://news.bfsu.edu.cn/article/298958/cate/0（2024 年 3 月 26 日读取）。

[9]　外教社多语部，2023，新时代 新征程 新发展——第八届全国高校俄语专业院长 / 系主任高级论坛暨全国一流俄语专业建设研讨会在哈尔滨成功召开 [OL]，https://mp.weixin.qq.com/s?__biz=MzkwMTIwODc4OQ==&mid=2247502019&idx=1&sn=e9ff782663073710bf8d6f128171bfeb&chksm=c0bac779f7cd4e6fbaa2d736ad7e186477ec4052c032f08bab61f4737ac91ddfcee1db9dfe15&scene=27（2024 年 3 月 26 日读取）。

[10]　北京大学外国语学院，2023，新时代俄语教育改革论坛在北京大学召开 [OL]，https://sfl.pku.edu.cn/kygl/kydt/155468.htm（2024 年 3 月 26 日读取）。

[11] 北京大学外国语学院，2023，第十五届北京大学外国语言文学研究生论坛成功举办 [OL]，https://sfl.pku.edu.cn/lbtp/150103.htm（2024 年 3 月 26 日读取）。

[12] 北京师范大学新闻网，2023，[研讨] 第十二届"俄罗斯学"研究生国际学术论坛举办 [OL]，https://news.bnu.edu.cn/zx/xzdt/bf8ecc082201439c916176133f0c1edc.htm（2024 年 3 月 26 日读取）。

[13] 深圳北理莫斯科大学，2023，"新时代 新视野：中国俄罗斯文学教学与研究国际研讨会"暨首届"大湾区"高校俄语专业学生学术论坛在深圳 – 广州成功举办 [OL]，https://www.smbu.edu.cn/info/1031/82361.htm（2024 年 3 月 26 日读取）。

[14] 黑龙江大学，2023，我校举办 2023 年全国外国语言文学研究生论坛 [OL]，https://www.hlju.edu.cn/info/1043/10127.htm（2024 年 3 月 26 日读取）。

[15] 北京师范大学新闻网，2023，第八届"奔向莫斯科"俄语奥林匹克竞赛在北京师范大学举办 [OL]，https://news.bnu.edu.cn//zx/zhxw/3a502530a2c4479894e23896f57cf7fd.htm（2024 年 3 月 26 日读取）。

[16] 哈尔滨理工大学外国语学院，2023，我校成功举办第六届"哈尔滨俄语之春"中俄大学生俄语竞赛 [OL]，http://fls.hrbust.edu.cn/2023/0705/c3366a88274/page.htm（2024 年 3 月 26 日读取）。

[17] 河北师范大学外国语学院，2023，第六届京津冀高校俄语大赛在我校举办 [OL]，https://wyxy.hebtu.edu.cn/a/2023/11/07/D216783D59EB4D11A1D3DA8AF1A6DF09.html（2024 年 3 月 26 日读取）。

[18] 北京外国语大学本科招生网，2023，2023 年全国高校俄语大赛在北外举行 [OL]，https://joinus.bfsu.edu.cn/info/1036/4022.htm（2024 年 3 月 26 日读取）。

第三节 德语 [1]

2023 年，中德人员往来逐步恢复，高层之间互访频繁，人文交流丰富多彩，经贸合作继续巩固。2023 年，德国和中国双边贸易额为 2531 亿欧元，中国连续第八年成为德国最重要的贸易伙伴。2023 年，俄乌冲突等因素在一定程度上影响了中德关系，但经过中德两国新一届政府在德国柏林举行的第七轮中德政府磋商，双方对各领域的务实合作进行了统筹推进，后续合作势头稳固。中国德语教育界同仁在 2023 年也积极开展了各类线上和线下教学研讨、教师赛事、学生赛事和学术交流活动，不断推进德语教育创新和发展。

一、第七届全国高等学校外语教育改革与发展高端论坛：多语种教育论坛

2023 年 3 月 25—26 日，"第七届全国高等学校外语教育改革与发展高端论坛"以线上线下相结合的方式举行。其中，3 月 25 日下午举办的"多语种教育论坛"的主题是"'理解当代中国'多语种系列课程建设"，青岛大学綦甲福教授介绍了青岛大学外语学院德语专业翻译类课程思政建设的情况，通过优化专业课程体系和进行相关实践，提出了"一体两翼三支柱"的德语专业建设模式，即通过家国情怀和国际视野为学生插上羽翼，把知识传授、能力培养和价值塑造融入人才培养方案与课程建设的实践，并取得了良好的教学效果。[1]

二、2023 高校德语教育界线上和线下会议

1. 2023 年教育部高等学校外国语言文学类专业教学指导委员会德语专业教学指导分委员会年会

2023 年 10 月 27—29 日，"2023 年教育部高等学校外国语言文学类专业

---

1 本节作者：崔岚，外语教学与研究出版社。

教学指导委员会德语专业教学指导分委员会年会"在厦门大学举行。来自教育部外指委德语专业教学指导分委员会、全国高校德语专业、德国学术交流中心北京代表处、北京德国文化中心·歌德学院（中国）以及外语教学与研究出版社、上海外语教育出版社等机构的近百位代表参加了会议。年会主题为"德语教学与研究：新使命、新技术、新方略"。北京外国语大学贾文键教授以"各美其美，美人之美，美美与共，文化大同——《新经典德语》的文化教学理念与策略"为题，阐释了新教材的文化教学理念和策略，指出新教材在编写中注重融入世界各国优秀文化，积极践行"各美其美"，关注文化带来的正能量，充分体现"美人之美"，呈现中国和德语国家语言、文化以及人文交流场景，很好地实现了"美美与共"。浙江大学李媛教授以"数智赋能背景下的德语教学与研究新探索"为题，就数智时代下德语专业如何发展，从教学及研究方面提出思考。会议期间，与会专家围绕"新形势下德语教学与研究的新使命""新技术背景下德语教学与研究的内涵与外延"和"新文科理念下德语教学与研究的新方略"等话题展开了深入讨论。在工作汇报环节，南京大学孔德明教授、北京外国语大学寇蔻副教授分别就2023年全国高等学校德语专业四级和八级考试进行分析和总结。外语教学与研究出版社、上海外语教育出版社的代表在会议上对各自的工作进行了介绍和总结。议程最后，教育部外指委德语专业教学指导分委员会主任委员贾文键教授对德语专业教学指导分委员会2023年的工作进行了总结，并指出在新的历史起点上，德语专业一定会迎来新发展和新视域。[2]

2. 2023 年全国大学德语教学与测试工作会议

2023 年 8 月 21—23 日，"2023 年全国大学德语教学与测试工作会议"在内蒙古大学举行。来自大外教指委德语组、全国近 40 所高校、北京德国文化中心·歌德学院（中国）、外语教学与研究出版社、高等教育出版社等单位的代表参加了会议。会议主题为"大学德语教学的课程思政"。同济大学赵劲教授作了题为"大学德语课程思政的内容与方法"的报告，解读了

《高等学校课程思政建设指导纲要》，并在此基础上对大学德语课程思政的目标、内容、设计、方法与手段、教学资源、教学评价以及大学德语教师的课程思政教学能力等进行了详细分析。华中科技大学谭渊教授作了题为"课程思政与大学德语教学研究课题设计"的报告，阐述了思政元素在大学德语教改项目中的融入路径等问题。此外，清华大学余洁琼副教授的"大学德语课程思政的实现路径分析——以清华大学二外德语课程为例"、重庆移通学院侯宇晶副教授的"中外合作办学视域中的课程思政教学改革与实践——以重庆移通学院为例"、哈尔滨工程大学程慧姝老师的"以教材为基础落实德语二外课程思政"、西安理工大学杨淑玲老师的"心怀中国梦，立志做贡献"、深圳职业技术大学曹洁老师的"基于教学能力大赛的德语课程思政建设经验分享"结合各自学校的特点，从不同角度展示了课程思政在德语教学中实现的具体案例。同济大学汤春艳副教授汇报了 2023 年全国大学德语四、六级考试的数据和主观题阅卷情况。来自外语教学与研究出版社和高等教育出版社等出版社的代表也在此次会议上对各自 2023—2024 年的工作进行了总结和介绍。[3]

3. 2023 年全国德语教师发展研讨会

2023 年 3 月 3—5 日，由教育部外指委德语专业教学指导分委员会全国德语教师发展中心主办的"2023 年全国德语教师发展研讨会"在浙江大学举行，吸引了来自全国各高校的 70 余位代表参会。研讨会设置了专家讲座、工作坊、朋辈分享、项目展示及资讯拓展五个研讨板块。专家讲座环节涉及跨学科视角下的语言教育教学变革、教学设计与实践、新文科建设、语言测试等话题，全面展示了语言教育教学中学科融合的可行性以及德语教学实践中创新的可能性。工作坊环节着重探讨了基于多元数据融合分析的外语数字化学习创新研究路径。在朋辈分享环节，青年教师代表先后就数字人文、课程思政、青年教师教学竞赛、线上线下混合式教学改革项目等话题进行了分享。[4]

4. 高等学校德语专业基础阶段教学高质量发展研讨会暨《新经典德语》新书发布会

2023 年 7 月 13—14 日，"高等学校德语专业基础阶段教学高质量发展研讨会暨《新经典德语》新书发布会"在北京外国语大学举行。研讨会包括主旨报告、专题报告、圆桌论坛、教学工作坊等环节。在主旨报告环节，北京外国语大学文秋芳教授和贾文键教授分别以"外语专业教材建设的原则与方向"和"新时代—新使命—新探索—新经典：德语基础阶段教材建设的理论与实践"为题作了报告。来自全国各高校的 120 余位德语教育专家和一线教师共同探讨高校德语专业基础教学的新发展与新方向。[5]

5. 第二届德语学科区域国别研究高端学术论坛

2023 年 8 月 27 日，"第二届德语学科区域国别研究高端学术论坛"在北京外国语大学举行。该论坛由北京外国语大学德语学院、中国欧洲学会德国研究分会联合主办，旨在探讨德语学科区域国别研究的守正与创新。论坛由主题演讲、专家对谈和主题研讨三个环节组成。在主题演讲环节，专家们深入探讨了欧洲形势的新特点以及中德关系的新变化，并就中国式现代化与中欧关系提出了独到的见解。专家对谈环节围绕学术研究与咨政服务、国别研究与区域研究、教材教法与创新实践等议题，探讨了外语学科区域国别研究的守正与创新。主题研讨环节围绕"国别研究与区域研究"和"教学教法与创新实践"进行了深入交流和探讨。该论坛的召开恰逢教育部《关于实施区域国别学国家急需高层次人才培养专项的通知》发布之际，有利于进一步推动全国德语学科区域国别研究领域的建设。[6]

三、2023 年高校德语赛事

1. 教师赛事

2023 年 12 月 27 日，2023 外研社多语种"教学之星"大赛德语组获奖名单公布。大赛主题是"外语教材的有效使用：培根铸魂 启智增慧"。大赛力求回应时代命题、服务国家战略、担当教育使命，为全国高校外语教师搭建交流新思想、新理念与新方法的学习平台，为深入实施科教兴国、人才强国、创新驱动发展战略，培养新时代社会主义建设者和接班人作出应有的贡献。

2. 学生赛事

2023 年 12 月 7 日，"2023'外研社·国才杯''理解当代中国'全国大学生外语能力大赛（多语种组）"国赛第二阶段在北京举行。"2023'外研社·国才杯''理解当代中国'全国大学生外语能力大赛"基于已有 20 余年办赛历程的"外研社·国才杯"英语系列赛事发展创新，多语种组为新增组别，涵盖俄语、德语、法语、西班牙语、阿拉伯语、日语、意大利语、葡萄牙语 8 个语种。大赛以"理解中国，沟通世界"为主题，立足中国国情、放眼全球发展，引导选手理解中国之路、撰书中国之治、阐明中国之理、传递中国之声。德语组评委会主席、南京大学孔德明教授在赛后指出，选手们在比赛中用熟练的德语讲述了当今中国的发展和成就，展现了高超的德语综合能力，在翻译赛项中展现出优秀的强记和速记能力，参赛选手均能基本呈现内容，用词准确，翻译灵活到位，表达流畅。在演讲环节，各位选手言之有物，台风优秀，感染力强。针对演讲环节，孔德明教授建议，选手们要立足新时代中国大学生身份，明确演讲对象，了解受众的文化背景、年龄和兴趣点，善用事实、数据和案例，从跨文化角度激发受众的兴趣。[7]

四、2023 年中国德语教学改革探讨

2023 年，中国德语教学面临诸多挑战和机遇，外语教育正处于转型发展的关键期。德语教育教学界通过会议研讨、教学交流和实践探索等方式直面挑战，寻找破局之路，共同促进德语教育教学高质量发展。

　　挑战之一是，随着在线教学模式快速推广，外语教师队伍的数字化素养和能力建设亟须加强。德语教育界在 2023 年通过线上线下的方式召开了多场数字化教学研讨会，直面线上教学为外语教育界带来的教育方式的变化。大家普遍认为，外语工作者要充分利用"互联网 +"这一优势，整合各种教学方法，在"互联网 +"语境中建构教学模式，以激发学生学习外语的兴趣，锻炼学生的网络自主学习能力，提高外语学习效率。其中，探讨基于慕课教学的混合式教学方式成为目前最普遍的做法，可行性很高。

　　挑战之二是国际关系的变化。为实现中国德语教育教学及研究的高质量发展，我们需要回应时代需求，与其他学科进行融合。区域国别学在纳入交叉学科门类下新的一级学科后，德语教学界在 2023 年继续围绕德语学科区域国别研究的研究方法、课程设置、教材教法等进行研讨。研究者们认为高校德语学科区域国别研究者应"始于德语，不止于德语"，做好德语学科区域国别研究的范式创新，构建好中国特色区域国别研究体系。

五、部分论文文献信息 [1]

范黎坤，2023，一流本科专业建设背景下外语混合式教学初探——以"基础德语"课程为例 [J]，《黑龙江教育（理论与实践）》(7)：6-9。

齐冬冬、高磊，2023，基于慕课的外语专业课混合教学模式探索——以"德语语言学导论"为例 [J]，《德语人文研究》(1)：66-72。

---

[1]　外研社多语言，2023，专题论坛五 | 多语种教育论坛："理解当代中国"多语种系列课程建设 [OL]，https://mp.weixin.qq.com/s/6JBtaeqw1WL4geoxPgQFlQ（2024年 4 月 28 日读取）。

[2]　厦门大学外文学院，2023，教育部外指委德分委 2023 年会在外文学院成功举办 [OL]，https://cflc.xmu.edu.cn/info/1119/23553.htm（2024 年 4 月 28 日读取）。

1　请于本书附录查看相关文献的详细摘要。

[3] 内蒙古大学外国语学院，2023，2023 年全国大学德语教学及测试工作会议在我校成功举办 [OL]，https://flc.imu.edu.cn/info/1053/3136.htm（2024 年 4 月 28 日读取）。

[4] 浙江大学外国语学院，2023，2023 全国德语教师发展研讨会顺利举办 [OL]，http://www.sis.zju.edu.cn/sischinese/2023/0311/c12619a2727118/page.htm（2024 年 4 月 28 日读取）。

[5] 北京外国语大学德语学院，2023，高等学校德语专业基础阶段教学高质量发展研讨会暨《新经典德语》新书发布会在北外举行 [OL]，https://de.bfsu.edu.cn/info/1068/2802.htm（2024 年 4 月 28 日读取）。

[6] 北京外国语大学德语学院，2023，第二届德语学科区域国别研究高端学术论坛在北外召开 [OL]，https://de.bfsu.edu.cn/info/1068/2834.htm（2024 年 4 月 28 日读取）。

[7] 外研社，2023，多语青年话中华 踔厉奋发勇担当——2023"外研社·国才杯""理解当代中国"全国大学生外语能力大赛（多语种组）国赛圆满落幕 [OL]，https://ucc.fltrp.com/c/2023-12-07/521620.shtml（2024 年 4 月 28 日读取）。

第四节　法语 [1]

一、年度情况概述

根据（中国）法语教学研究会在全国 148 个高校法语教学点的调研统计，2023 年全国高校法语本科生、硕士研究生、博士研究生人数分别为 19,937 人、1097 人、113 人，其中本科生人数比往年略有下降。在职在编法语教师总数为 1357 人，其中正教授 78 人，副教授 296 人，讲师 866 人，助教 117 人，高级职称教师占比约 27.6%，该比例相对较低。从年龄段来看，31—40 岁和 41—50 岁这两个年龄段的教师人数最多，分别为 687 人和 469 人，约构成教师总数的 85.2%，21—30 岁、51—60 岁及 60 岁以上三个年龄段的教师人数分别为 87 人、84 人和 30 人，以上数据表明教师队伍年龄结构较为合理。各教学点聘用的长期外教总数为 184 人，短期外教总数为 29 人。2023 年出国交流的本科生、硕士研究生和博士研究生人数分别为 993 人、123 人和 19 人，本科生出国比例低于硕士研究生和博士研究生。

1. 重要会议

1）2023 教育部外指委法语分委员会、（中国）法语教学研究会联席会议 [1]

2023 年 11 月 3—5 日，由教育部外指委法语专业教学指导分委员会、（中国）法语教学研究会主办，浙江越秀外国语学院西方语言学院承办的"2023 教育部外指委法语分委员会、（中国）法语教学研究会联席会议"在绍兴举行。会议期间，同时举办了"'新形势下的法语人才培养：守正与创新'学术研讨会"以及"'外教社杯'第十五届全国高校法语演讲比赛"总决赛。教育部外指委法语专业教学指导分委员会委员、（中国）法语教学研究会理事、各专业点代表、教师和学生代表及嘉宾共计 190 余人参加了会议和相关活动。

1　本节作者：王海洲，上海外国语大学。

11 月 3 日晚，教育部外指委法语专业教学指导分委员会委员、（中国）法语教学研究会常务理事举行预备会议。随后，入围决赛的 12 名选手参加赛前培训并通过抽签形式确定出场顺序。11 月 4 日上午，联席会议开幕式和全体代表大会召开，浙江越秀外国语学院副校长葛金玲教授主持开幕式，浙江越秀外国语学院常务副校长魏小琳教授、教育部外指委法语专业教学指导分委员会主任委员和（中国）法语教学研究会会长曹德明教授、魁北克政府驻上海办事处主任孔以恒先生（Michel Constantin）、上海外语教育出版社孙玉社长先后致辞，祝贺会议召开。曹德明教授在致辞的同时做大会报告，详细介绍了教育部外指委法语专业教学指导分委员会、（中国）法语教学研究会一年来的工作成果以及今后的工作任务。

11 月 4 日下午，"'新形势下的法语人才培养：守正与创新'学术研讨会"召开。研讨会设置了四个分论坛，分别围绕翻译研究，文学、文化、教材研究，法语教学研究，以及区域国别研究四个研究方向，探讨新形势下法语学科发展路径、法语专业建设模式和法语人才培养的守正与创新，共有 28 位教师提交论文并参加交流。各分论坛发言踊跃，讨论热烈，取得了预期的交流效果。

会议审议通过了安徽大学、黑龙江外国语学院、济南大学、南京师范大学、厦门大学、苏州大学、武汉大学、西安外事学院和湘潭大学等 9 所高校的理事接任申请。

2）第六届"高校法语专业课程设计与教学方法"研讨会 [2]

2023 年 5 月 11—14 日，由教育部外指委法语专业教学指导分委员会、（中国）法语教学研究会主办，外语教学与研究出版社、暨南大学承办的"第六届'高校法语专业课程设计与教学方法'研讨会"在暨南大学举行。

该研讨会通过主旨报告、特邀报告、教学示范、圆桌论坛等方式提升法语教师理论素养，推进法语课程设计创新，分享课程思政教学经验，推动高校法语师资队伍建设。

在主旨报告环节，曹德明教授以"加强国际传播能力建设，培养法语专业时代新人"为题，分享了对于当今国家外语需求和法语人才培养的看法；

袁筱一教授以"新文科视域下的法语专业人才培养：目标、模式、课堂与教材"为题，分享了华东师范大学在学科建设中的经验；杨晓敏教授以"高校法语专业师资队伍的建设"为题，介绍了我国人才政策新导向和要求，以及当前高校法语专业师资队伍建设遇到的问题和挑战，并提出了自己的思考和建议；王海洲教授以"浅议专业法语测试的命题规范与评价标准"为题，从专业法语测试命题流程、命题规范、评价标准和考生作答注意事项四个方面入手，通过具体案例来分析法语专业考试命题中应注意的问题。

该研讨会还安排了五场教学设计与示范活动，分别涉及基础法语精读课程、法语演讲课程和汉法笔译课程。

"高校法语课程思政建设探索与实践"圆桌论坛邀请了广州五所高校的法语专业负责人进行分享交流，马利红、叶剑如、余珊、曾晓阳、邹琰五位系主任均对各校法语系的师资队伍、学生情况、法语教学进行了简要介绍，并就课程思政建设提出了自己的观点以及介绍了各校的具体实践。圆桌论坛既拓展了进行课程思政建设的思路，也向全国各地的法语教师展现了广州高校法语专业的魅力。

2. 主要赛事

1）"外教社杯"第十五届全国高校法语演讲比赛[3]

"第十五届全国高校法语演讲比赛"由上海外语教育出版社赞助冠名，因此从原来的"外研社杯"改为"外教社杯"。第一轮校内选拔由（中国）法语教学研究会各成员院校在 6—7 月组织；第二轮全国预赛共收到 89 份报名材料，经组委会双向盲审评分及会长批准，其中 12 名选手入围全国总决赛。该届大赛的选拔工作同国际法语教师协会亚太分会举办的"亚太地区法语演讲比赛"（Concours d'éloquence en Asie-Pacifique）选拔实现联动，按照A2、B1 和 B2 三个组别进行选拔，各组最高分选手被推荐参加亚太地区比赛。总决赛评委会由上海外国语大学曹德明、北京大学田庆生、南京大学刘成富、北京第二外国语学院方友忠、大连外国语大学王大智、广东外语外贸大学杨晓敏、西安外国语大学张平、魁北克政府驻上海办事处主任孔以恒等

8 位专家学者组成。经过激烈角逐，北京外国语大学王晓晗、上海外国语大学沈禹立荣获一等奖；中国社会科学院大学马晓萱、首都师范大学徐一村、中南财经政法大学文俊娴、浙江大学陆泓霖荣获二等奖；四川师范大学文麒麟、复旦大学徐子言、上海大学潘枢卿、河南师范大学邝孟妍、浙江越秀外国语学院陈小莉、安庆师范大学王艳艳荣获三等奖；其余参加全国预赛的选手均获得赛区优胜奖。

2）"永旺杯"第十六届多语种全国口译大赛[4]

由中国翻译协会和北京第二外国语学院联合主办，中国科学技术协会宣传文化部支持，北京市翻译协会秘书处和北京第二外国语学院中东学院共同承办的"'永旺杯'第十六届多语种全国口译大赛"于 2023 年 10 月 21 日在北京第二外国语学院落幕。

该届大赛共包含日语、法语、德语、俄语、朝鲜语（韩国语）、西班牙语、阿拉伯语 7 个语种，8 个项目。各语种赛事分为初赛、复赛和决赛三个阶段，内容涉及政治、经济、文化、科技等领域，聚焦人类命运共同体、全球治理、国际合作、数字经济、文化产业、文化遗产保护、国际传播、科教兴国、人工智能及环境保护等热点主题，在考查选手口译能力的同时，关注其跨文化沟通能力，旨在选拔出口译水平高超、知识储备丰富、能够沟通中外的国际人文交流人才。来自国内外 81 所高校的 178 名选手参加了初赛。经选拔，共有 46 所高校的 114 名选手进入复赛。最终，来自西安外国语大学、北京语言大学、外交学院、大连外国语大学、北京第二外国语学院、上海外国语大学等 6 所院校的选手分获法语交传组决赛一、二、三等奖。

3）2023"外研社·国才杯""理解当代中国"全国大学生外语能力大赛[5]

2023 年 12 月 8 日，"2023'外研社·国才杯''理解当代中国'全国大学生外语能力大赛"国赛落幕。近 2500 名选手在国赛舞台完成了一场场风采竞技，用外语诉说源远流长的中华文脉，展现举世瞩目的中国发展，尽显兼济天下的世界情怀。

大赛由北京外国语大学主办、外语教学与研究出版社承办，以"理解中国，沟通世界"为主题，分为英语组和多语种组两大组别，历经校赛、省赛、国赛三个赛段，吸引了来自 1300 多所院校的近百万名学生参赛。大赛得到了教育行政部门、高校教育专家、实务部门专家、行业企业代表等各界人士的关注和支持。

多语种组国赛综合考查口译、定题演讲、即兴演讲等能力，最终来自南京大学、外交学院和云南大学三所院校的选手分获法语组决赛冠军、亚军和季军。闭幕式设置了"多语种组冠军展示"特别环节，各语种国赛冠军用自己的参赛外语，结合学习经历与参赛所得，讲述自己理解中国、沟通世界的故事，展现当代青年的风采。

4）2023 外研社"教学之星"大赛（法语组）

2023 年 12 月 25 日，2023 外研社多语种"教学之星"大赛法语组全国决赛获奖名单公布，来自南京大学、宁波大学、广东外语外贸大学等多所院校的老师喜获奖项。大赛以"外语教材的有效使用：培根铸魂 启智增慧"为主题，力求回应时代命题、服务国家战略、担当教育使命，为全国高校外语教师搭建交流新思想、新理念与新方法的学习平台，为深入实施科教兴国、人才强国、创新驱动发展战略，培养新时代社会主义建设者和接班人作出应有的贡献。

3. 学生论坛

1）全国高校法语专业第九届博士生论坛暨第十六届硕士生论坛[6]

2023 年 5 月 7 日，由（中国）法语教学研究会和上海外国语大学法语系联合举办的"全国高校法语专业第九届博士生论坛暨第十六届硕士生论坛"在线举行。上海外国语大学法语系主任王海洲教授主持开幕式，上海外国语大学校长李岩松教授、（中国）法语教学研究会会长曹德明教授和上海外国语大学研究生院院长陈壮鹰教授等出席会议并致辞。上海外国语大学法语系党委书记忻炯俊作为嘉宾受邀参加开幕式。

论坛以"人工智能：数字变革与人类文明的未来"为主题，设有一个博士生分论坛及文学、语言学、翻译学和国别区域四个方向的硕士生分论坛，基本涵盖外国语言文学学科各个研究方向，是历年来设置分论坛数量最多的一次。

来自北京外国语大学、北京第二外国语学院、大连外国语大学、湖南师范大学、华东师范大学、南京大学、山东大学、上海外国语大学、苏州大学、武汉大学、西安外国语大学、浙江大学等 12 所高校法语专业的专家学者，以及全国各大高校法语专业硕博士研究生，共 120 余人齐聚云间，进行了深入的交流和研讨。

开幕式结束后，各研究方向的硕博士研究生进入分论坛宣读论文并接受专家的提问和点评。该论坛共有 51 篇论文入围，专家评委根据论文质量和现场问答表现评选出各组奖项，包括博士研究生组一等奖 2 名，二等奖 5 名，三等奖 5 名，硕士研究生各组获奖总计一等奖 4 名，二等奖 12 名，三等奖 23 名。

2）第三届全国法语专业本科生学术论坛暨首届全国中学生法语学术创新论坛 [7]

2023 年 6 月 17 日，由浙江大学外国语学院法语语言文化研究所、（中国）法语教学研究会和上海外语教育出版社联合主办的"第三届全国法语专业本科生学术论坛暨首届全国中学生法语学术创新论坛"在线举行。

论坛开幕式由浙江大学外国语学院副院长赵佳教授主持。浙江大学本科生院副院长、教务处处长江全元，浙江大学外国语学院党委书记罗泳江，（中国）法语教学研究会会长曹德明分别致辞。

论坛吸引了来自全国 44 所高校的 117 名大学生报名参会，通过初评，共有 83 名大学生入选；同时吸引了来自全国 14 所中学的中学生报名参会，其中高中生 36 名，初中生 6 名，通过初评，共有 15 名中学生入选。大学组共设 6 个分论坛，中学组共设 1 个分论坛。每个分论坛包括 11—15 名学生与 3 位相关领域研究专家。每名学生依次就研究主题进行汇报，之后专家进行点评。学生们的报告主题丰富，既有文学经典研究，如谢阁兰《碑》中的女性形象研究、纪德《田园交响曲》中的叙事手法研究、杜拉斯的疾病书写研究等；又有重要翻译问题研究，如文学译本研究、文化负载词翻译等；还有语言学研究，如汉法否定词对比研究、法语修辞学研究等；以及区域国别研究，如中法经贸合作背景下马赛的中国经商者现状研究、儒家思想在法国的接受与传播等。

所有汇报结束后，经专家认真讨论、公平评议，各分论坛分别产生一等奖 1 名、二等奖 2—6 名、三等奖 3—7 名。

4. 专业测试

2023 年，全国高等学校法语专业四、八级考试不再受疫情等外界因素影响，基本恢复正常。全国高等学校法语专业八级考试于 2023 年 4 月 14 日（周五）举行，共有 151 个考点院校报名参加考试，报名考生共计 8430 人，实考人数为 6941 人，全国总平均分为 53 分。根据近几年各校的教学实际情况，并报请教育部外指委法语专业教学指导分委员会核准，2023 年全国高等学校法语专业八级考试以 54 分作为合格线，共计 3526 名考生通过考试，全国平均通过率为 51%，与往年基本持平。

全国高等学校法语专业四级考试于 2023 年 5 月 26 日（周五）举行，共有 151 个考点院校报名参加考试，报名考生共计 10,369 人，实考人数为 9002 人，全国总平均分为 53 分。根据近几年各校的教学实际情况，并报请教育部外指委法语专业教学指导分委员会核准，2023 年全国高等学校法语专业四级考试以 53 分作为合格线，共计 4570 名考生通过考试，全国平均通过率为 51%，与往年基本持平。

二、热点问题剖析

1. 高校法语专业招生情况分析

2023 年高校外语专业在招生环节普遍遭遇滑铁卢，某些省份的高校外语类专业被形容为"哀鸿遍野"，甚至出现投档位次最低的普通类专业都是外语类专业的情况。法语作为普通民众口中的"小语种"之一，也难以独善其身，无论是语言类大学中的法语专业，还是综合性高校中的法语专业，继2022年以来，其录取分数线都出现了不同程度的下跌，而2023年这一情况更趋严重。

高校法语专业录取分数线下滑的主要原因在于外部环境发生变化：一方面受到政策导向的影响，另一方面也有网络大V的推波助澜，再加上人工智能技术的快速发展，这些都导致法语专业招生不景气。

首先，我国于2020年在部分高校开展基础学科招生改革试点工作，也称"强基计划"，主要选拔培养有志于服务国家重大战略需求且综合素质优秀或基础学科拔尖的学生，聚焦高端芯片与软件、智能科技、新材料、先进制造和国家安全等关键领域以及国家人才紧缺的人文社会科学领域，强调突出基础学科的支撑引领作用，重点在数学、物理、化学、生物及历史、哲学、古文字学等相关专业招生。强基计划的实施对于高中生选科产生重要影响，同时也影响到高校的招生，尤其是理工科类专业受到考生的欢迎，而语言类专业则失去了改革开放以来曾经拥有的光环。三年疫情导致的国内对外交流减少也影响到了外语类专业的招生，无论是家长还是考生均对外语类专业未来的出路持有怀疑态度。

其次，在自媒体时代，网络的影响力不容忽视，某些网络大V对于高校各类专业的点评和分析，直接影响到相关专业的招生，"小语种"和新闻学、公共事业管理等专业均被"唱衰"。其"唱衰"外语类或"小语种"专业的主要理由在于，受到现代人工智能技术的影响，外语的重要性远不如以往，未来的人才需求量也会大幅度减少，这将对外语类专业毕业生的就业产生重大影响。2023年，ChatGPT横空出世，随后国内文心一言、讯飞星火等多个大语言模型纷纷诞生，由于这些语言模型对于自然语言处理展现出强大的能力和潜力，它们不但能生成高质量的自然语言文本，而且能够流畅地与人类对话，其理解能力也令人惊叹。由于ChatGPT支持多种语言，能够开展多种语言之间的互译，这也成了导致包括法语在内的外语类专业招生遇冷的重要原因之一。

国家政策的调整、网络舆论的导向、人工智能的挑战构成了法语专业招生近年来持续走低的主要原因，尤其对于原先备受青睐的外语类高校中的法语专业而言，影响巨大。面对种种变化，高校法语专业均开始思考自身发展的危与机，像临沂大学、南京大学金陵学院等院校已停办法语专业或整体关停，部分院校则通过和其他专业结合、打造双学位等做法来提升专业吸引力。高校法语专业从以往的高速发展阶段转入调整阶段。是直接关停法语专业，还是实施转型发展，各院校将根据自身的特色采取不同的应对措施。

2. "法语+"或"+法语"双学位现象分析

根据教育部的统计数据，截至 2022 年，全国共有 164 个法语本科专业点（不含合作办学），2022 年招生人数为 4856 人，毕业生人数为 5983 人，在校生人数约为 2.2 万人。和英语专业相比，法语专业无论是专业点数量，还是学生人数都难与其相提并论，但不可否认，就法语专业本身而言，该规模和数量已经达到了很高的程度。根据 2011 年出版的《中国高校法语专业发展报告》，2010 年全国有将近 100 个法语专业教学点，而 2023 年达到了 164 个，平均每年增长近 5 个。从法语专业本科生人数来看，2010 年有12,000 人，2023 年达到了 22,000 人，平均每年增长近 800 人。因此，虽然从绝对数量上看，法语专业的数量和规模都不算大，但从其自身发展而言，已经达到了历史最高点。2011 年的《中国高校法语专业发展报告》中指出，各法语专业特色不足，同质化现象严重，课程设置基本相同，培养方案亦无差别。人才培养特色缺乏，导致法语人才培养单一化，培养方向集中在法语语言文学方向。虽有部分专业开设非语言文学类特色课程，但也集中在经贸和商务法语方向。也有部分专业明确表示培养应用型法语人才，但开设的课程实际上仍是传统的语言文学课程。虽然过了十多年，但全国法语专业或多或少依然存在同质化发展的情况。当然，我们也看到有一部分高校法语专业为了凸显特点、错位发展而开始走特色化发展道路，其中既有新兴的民办高校，也有老牌的外语院校。例如，四川外国语大学成都学院（现已改名为成都外国语学院）法语专业从办学之初即开始走差异化发展之路，积极培养中非合作急需的工程类法语人才，其工程法语培养体系独具特色；北京外国语大学法语专业从 2015 年起开始尝试和北京外国语大学国际关系学院合作，结合两个院系的优势，将语言技能、跨文化知识与外交学知识有机结合起来，培养可用汉语、法语、英语三门语言工作，熟悉外交学理论和实践的复合型、复语型国际化创新拔尖人才，并率先推出了"法语＋外交学"复合培养模式。2021 年，四川外国语大学和西南政法大学向重庆市学位委员会申请设立"法语＋法学"和"法学＋法语"联合学士学位项目，开启了国内"法语＋"学士双学位项目培养模式的探索。2023 年 11 月，浙江大学开始设立"法语＋电子科学与技术"双学士学位复合型人才培养项目。2023 年 12 月，复旦大学开始设立"法语＋计算机科学与技术"双学士学位复合型人才培训项目。2024 年，北京语言大学和北京化工大学联合开设"法语＋化学工程与工艺"双学士学位项目。同年，对外经济贸易大学也开设了"国际经济与贸易＋法语"双学士学位项目。上海外国语大学在 2021 年就已经尝试设立"外交学＋法语"双学士学位项目。

综上所述，将法语专业和其他专业联合起来培养复合型人才的双学士学位项目，根据联合培养主体可以分为校内联合培养和跨校联合培养，比如北京外国语大学的"法语＋外交学"、浙江大学的"法语＋电子科学与技术"、复旦大学的"法语＋计算机科学与技术"、上海外国语大学的"外交学＋法语"、对外经济贸易大学的"国际经济与贸易＋法语"等属于校内联合培养，而四川外国语大学和西南政法大学的"法语＋法学"、北京语言大学和北京化工大学的"法语＋化学工程与工艺"等都属于跨校联合培养；根据专业主辅地位可以分为法语为主、法语为辅和双向并重三类，浙江大学、复旦大学等的双学士学位项目都属于法语为主型，上海外国语大学和对外经济贸易大学的项目则都属于法语为辅型，而北京外国语大学、四川外国语大学及北京语言大学的联合培养项目则属于双向并重型，即在法语专业所在院校为"法语＋专业"，而在其他专业所在院校为"专业＋法语"，比如北京语言大学的"法语＋化学工程与工艺"到了北京化工大学则成为"化学工程与工艺＋法语"，四川外国语大学的"法语＋法学"到了西南政法大学则成为"法学＋

法语",因此这一类型对合作双方来说不存在主次分明、前后有别的问题,具有平等合作、互惠互利的特点。

在外语类招生遇冷的形势下,各高校法语专业采取与其他专业联合培养复合型双学士学位人才的措施不失为一条新路,尽管这些项目均经过专家组审议论证通过后设立,但其科学性、可行性依然值得商榷。首先,部分双学士学位项目存在专业内在关联度不高的问题,双学士学位项目只是将校内或校际两个一流专业放在一起,并未考虑法语与其联合专业之间的相关度和融合度。相比较而言,北京外国语大学和上海外国语大学选择外交学作为法语专业的合作专业,更具有合理性,因为法语作为一门重要的国际组织语言,本身就是国际通用的外交语言,法语和外交学两大专业之间具有天然的联系;四川外国语大学和西南政法大学将法语和法学结合也考虑到了专业之间的关联度,很多国际组织的法律文书均有英语和法语两个版本,而且国际法中也有法语的一席之地。

其次,部分双学士学位项目的课程体系存在"两张皮"现象,即法语类课程和专业类课程之间缺少交集,融合类课程不足甚至缺失。双学士学位项目培养方案中的课程体系基本是由两个专业的核心课程拼凑而成,这一问题与师资力量的缺失相关,因为在国内很难找到既精通法语又精通某一专业,且能用法语教授该专业知识的教师。

再次,双学士学位法语复合型人才培养存在可行性欠缺的问题。目前绝大多数法语专业本科生为零起点学生,在生源质量优秀的条件下确实有可能在四年时间内培养出既通法语又懂专业的毕业生,例如北京外国语大学的"法语+外交学"项目实施多年成效显著。但从多年来全国高等学校法语专业四、八级考试通过率来看,全国平均通过率基本在50%左右徘徊,即将近一半的法语专业学生在大二时未能通过全国高等学校法语专业四级考试,而经过四年本科学习后,通过全国高等学校法语专业八级考试的学生连一半都不到。有些高校法语专业为了确保学生在毕业时能够达到全国高等学校法语专业八级水平,将学制设置为五年。可见,在四年时间中从零开始学成法语并非易事，而所有双学士学位项目中的法语课程均会相应削减。以四川外国语大学的"法语＋法学"项目为例，该项目采取"1.5＋1.5＋1"模式，即参与该项目的学生先利用一年半时间在四川外国语大学主修法语，再利用一年半时间在西南政法大学主修法学，最后一年回本校修读，其法语课时显然被压缩了不少，在法语学时学分减少的同时还要另外修学一门专业，学生毕业时其法语水平能否达到原来应有的水平？这一问题确实值得思考。因此，通过这一模式培养出的法语复合型人才是否真正能够满足国家和社会对于既懂法语又通专业的复合型人才的需求，还有待时间检验。

三、部分论文文献信息 [1]

戴冬梅、王鲲，2023，法语专业对区域国别学的赋能作用 [J]，《外语教学与研究》（2）：288-296。

惠晓萌、冯晓丽，2023，第二外语法语在线学习投入内在作用机制研究——网络自我效能的调节作用 [J]，《外语教学与研究》（3）：385-396。

李海南、曹帅，2023，文化对外传播视域下高校外语专业学生文化自信现状调查研究——以法语专业为例 [J]，《外语电化教学》（5）：32-39。

李梦磊，2023，新文科视域下经贸类高校法语专业建设研究 [J]，《教育理论与实践》（18）：51-55。

马小彦、潘鸣威，2023，新课标新教材背景下我国中学法语教材文化呈现研究 [J]，《西安外国语大学学报》（1）：66-70。

田妮娜、傅荣，2023，外语专业高年级精读教材编写实践与启示——以《新经典法语》（5—6）为例 [J]，《外国语文》（3）：133-139。

王静漪，2023，多模态法语阅读教学对高中生阅读动机的影响 [J]，《法语国家与地区研究》（4）：57-67。

1　请于本书附录查看相关文献的详细摘要。

[1]　外教社多语部，2023，2023 年全国法语年会成功举办 [OL]，https://mp.weixin.
qq.com/s/5lzn0CXw106jP_f-r7ChNw（2024 年 2 月 10 日读取）。

[2]　外研社法语工作室，2023，第六届"高校法语专业课程设计与教学方法"研讨会
圆满落幕 [OL]，https://mp.weixin.qq.com/s/_2opJOVYHiLN7fYtwRH0wg（2024 年
2 月 10 日读取）。

[3]　外教社多语部，2023，2023 年全国法语年会成功举办 [OL]，https://mp.weixin.
qq.com/s/5lzn0CXw106jP_f-r7ChNw（2024 年 2 月 10 日读取）。

[4]　北京第二外国语学院，2023，"永旺杯"第十六届多语种全国口译大赛圆满落幕
[OL]，https://mp.weixin.qq.com/s/5-AoYwRQNzYjHNJLBo573g（2024 年 2 月 10
日读取）。

[5]　外研社 Unipus，2023，彰显中国智慧、奏响时代强音：2023"外研社·国才
杯""理解当代中国"全国大学生外语能力大赛国赛圆满落幕！[OL]，https://
mp.weixin.qq.com/s/myWUuECYS8309nluTcTbIQ（2024 年 2 月 10 日读取）。

[6]　上外法语系，2023，全国高校法语专业第九届博士生论坛暨第十六届硕士生论
坛在上外成功举行 [OL]，https://mp.weixin.qq.com/s/fg1HpW9zaESI-3jHBGDrLw
（2024 年 2 月 10 日读取）。

[7]　浙江大学外语学院法语所，2023，第三届全国法语专业本科生学术论坛暨首
届全国中学生法语学术创新论坛顺利举行 [OL]，https://mp.weixin.qq.com/s/
cTwMORHj5Zn3JymKDX3j_Q（2024 年 2 月 10 日读取）。

第五节　西班牙语 [1]

2023 年，全国高校西班牙语专业教育以习近平新时代中国特色社会主义思想为指导，全面贯彻、落实党的二十大精神，把握高等教育发展的新定位、新部署、新要求、新任务，加快西班牙语语言文学与其他学科的交叉融合，在新文科建设道路上稳步前行，加强学科内涵建设和高质量发展，立德树人，大力推进"理解当代中国"系列教材全面进入课堂教学。

一、年度情况概述

2023 年，面对生成式人工智能迅速发展所带来的机遇和挑战，西班牙语学界积极作为，大胆探索将大数据和人工智能最新技术与语言教学及研究有机结合。

高校西班牙语专业在 2023 年度的重要工作体现在以下几个方面。

第一，西班牙语专业建设高质量发展。2023 年，教育部公布了第二批国家级一流本科课程名单，西班牙语专业有 4 门课程入选，分别属于不同的课型，在专业教学中起到示范和引领作用，也体现出西班牙语专业教师追求卓越、争创一流的精神面貌。同时，第三批国家级一流本科课程申报工作启动，各高校西班牙语专业教师积极申报，这将有力推进本专业的发展。2023 年年底，教育部启动了学术学位和专业学位新增博士和硕士点的申报工作，各校西班牙语专业积极参与外国语言文学、区域国别学和翻译专业硕博士一级学科授权点的申报，如果获批，西班牙语学科建设也将享有更好的平台。

第二，加强课程思政高质量建设，立德树人取得新成效。2023 年，教育部将课程思政列为年度工作的重要抓手。遵循教育部的工作部署，西班牙语专业加强大学生文化素质教育，深入挖掘本专业各类课程中蕴含的德育资源，克服课程思政"表面化""硬融入"问题。西班牙语专业结合本专业特点，根据各校和不同课程的具体情况，分类推进课程思政建设，将党的二十

1　本节作者：常福良、何晓静，北京外国语大学。

大精神有机融入专业课程教学。西班牙语专业借助教育技术发展，加强数字技术赋能教学，在课程思政优质资源数字化转化和共享方面取得进展，示范项目和数字化资源不断丰富。教育部外指委西班牙语专业教学指导分委员会积极参与《普通高等学校本科外国语言文学类专业课程思政教学指南》研制工作，开展相关课程教师培训，提升教师的课程思政教学能力。

第三，培养具备区域国别专业知识的人才，助力国际传播。《普通高等学校本科西班牙语专业教学指南》明确指出，国际传播能力是本专业学生必须具备的核心技能之一。2023 年，西班牙语专业教师基于不同国别区域知识，在教学过程中融入国际传播能力培养，并取得了良好成效。教师在教学过程中增加中国文化元素和国际传播模块，比如，华中师范大学西班牙语专业开设了"中国文化概论"课程，对外经济贸易大学将"西班牙语报刊阅读"课程改为"媒体应用实训"课程。此外，教师充分利用实习实践平台和契机，推进对学生国际传播能力的培养，例如，常州大学拉美研究中心开发了中拉交流 App，由学生轮流运营；北京交通大学鼓励学生利用公众号传播中国文化，或邀请大使、媒体人做讲座，以此开展中国文化传播活动；北京城市学院将西班牙语教学和融媒体技术进行结合，提升学生的国际传播素养。西班牙语专业师生也积极参与当地文化对外传播，例如，苏州大学的学生到博物馆提供外语翻译和讲解服务，湖南师范大学的学生对外推介湘绣，兰州交通大学主办敦煌文博会，等等。国家日益重视区域国别人才和国际传播人才，西班牙语专业教育的内涵随之拓展，人才培养的资源不断丰富充实，为立德树人提供了新的路径和方法。

二、精彩纷呈

1. 学科发展及人才培养

1）2023 年全国高校西班牙语专业教学研讨会

2023 年 11 月 18 日，由教育部外指委西班牙语专业教学指导分委员会主办，深圳大学外国语学院承办的"2023 年全国高校西班牙语专业教学研讨会"在深圳大学举行，吸引了来自全国 75 所高校的 91 位西班牙语专业院长、系主任、教研人员以及外语教学与研究出版社、上海外语教育出版社、商务印书馆等出版界的代表参会。

北京外国语大学常福良教授以"《普通高等学校本科西班牙语专业教学指南》实施研讨"为题进行发言，并对教育部外指委西班牙语专业教学指导分委会近几年的工作进行了总结。之后，会议围绕"课程思政建设与'理解当代中国'西班牙语系列教材进课堂""基于国际传播能力建设的西班牙语学科建设与人才培养""数智时代的西班牙语专业教师发展"三大主题进行分组讨论。与会教师踊跃发言、各抒己见，结合各自高校的工作实际情况谈感受、话发展、献良策。

2）第四届全国高校西班牙语专业院长 / 系主任高级论坛

2023 年 9 月 27 日，由教育部外指委西班牙语专业教学指导分委员会、上海外国语大学、四川大学联合主办，上海外语教育出版社承办的"第四届全国高校西班牙语专业院长 / 系主任高级论坛"在四川大学举行，吸引了来自全国 70 多所高校的近百位西班牙语专业院长、系主任、学科负责人参会。论坛以"新时代 新征程 新发展"为主题，围绕西班牙语专业发展、教学改革、人才培养模式创新、一流课程建设、教师素养提升、教材编写、智慧教学等议题展开了深入的探讨。

常福良教授作了题为"西班牙语专业教育中的虚与实"的主旨报告，从哲学的虚与实、人生的虚与实等角度，提出中华民族尚虚的价值取向。常教授指出，在西班牙语人才培养过程中，许多教师过于实用主义，轻视人文素质的培养，这一问题值得思考和关注。他认为人才要重素养，培养兼具知识深度和实践能力、深厚学理基础和宽阔学科视野的跨学科人才。

3）全国高校西班牙语专业四、八级水平测试改革

高等学校外语专业教学指导委员会西班牙语分委员会充分发挥全国高校西班牙语专业四、八级水平测试对本专业本科教学的指挥棒作用，广泛征求各方意见，推动测试改革，以进一步落实《普通高等学校本科专业类教学质量国家标准》和《普通高等学校本科西班牙语专业教学指南》的各项要求。一方面，西班牙语分委员会对测试框架和测试内容进行了调整，例如，在全国高校西班牙语专业八级水平测试中的"人文知识"和"汉译西"部分增加了中国文化及国情知识的比重，取消"视译"部分，等等。另一方面，为应对疫情影响，西班牙语分委员会科学布置、精心施策，制订了新的试题框架，完善了命题组织系统，完成了线上报名系统的升级改造，同时，通过与互联网技术公司合作，积极推进测试系统的网络化，为实现全国高校西班牙语专业四、八级水平测试上机考试作好准备。未来，机考系统不但能够提升评卷效率，而且可以保障测试工作科学、精确，并大幅度节约组考、监考、考务以及试卷回收、评阅、总结等工作成本，并增强考试各环节的安全性。

由于疫情原因，2022 年和 2023 年的全国高校西班牙语专业四、八级水平测试分别于 4 月 28 日和 6 月 9 日合并举行。整体来看，测试的通过率和优秀率有了较大提升。全国 95 个报名点共计 8984 名考生参加了全国高校西班牙语专业四级水平测试，其中包括 2022 年和 2023 年两届应届考生以及参加补考的往届考生。测试结果显示，2023 年应届考生（二年级学生）的通过率和优秀率分别为 49.20% 和 15.12%，2022 年应届考生（三年级学生）的通过率和优秀率分别为 65.44% 和 26.74%，相比 2021 年的 42.31% 和 7.02% 均有较大提升。全国 93 个报名点共计 5007 名考生参加了全国高校西班牙语专业八级水平测试，其中包括 2022 年和 2023 年两届应届考生以及参加补考的往届考生。测试结果显示，2023 年应届考生（四年级学生）的通过率和优秀率分别为 54.64% 和 12.66%，2022 年应届考生（已毕业一年学生）的通过率和优秀率分别为 56.55% 和 15.08%，相比 2021 年的 29.60% 和 1.55% 也均有较大提升。

2. 教学科研篇

1）2023 第六届高校西班牙语专业教师发展和教学观摩研讨会

2023 年 7 月 6—8 日，由教育部外指委西班牙语专业教学指导分委员会主办，外语教学与研究出版社、北京外国语大学西葡语学院和北京外国语大学西葡语学院全国教师发展中心共同承办的"2023 第六届高校西班牙语专业教师发展和教学观摩研讨会"在北京外国语大学举行。全国近 70 所高校的 150 余位西班牙语专业教师汇聚一堂，共同探讨新时代高校外语教育与教师发展，以及高等院校西班牙语专业教师的教学能力提升等话题。会议立足新形势下国家战略需求与高校外语专业人才培养定位，致力于培养能够理解并讲解当代中国、担当民族复兴大任的时代新人，提升教师教学理论素养、教学设计与教学实践能力。参会代表围绕"思政育人 学用一体 共谱新篇""'理解当代中国'西班牙语系列课程建设与教学实践"和"《普通高等学校本科西班牙语专业教学指南》指导下的高年级课程设置和教学实践"等议题展开研讨。

该会议为国内西班牙语专业教师提供了学习、交流和提升的机会。在大变局的时代背景下，高校西班牙语专业教育视危为机，通过拓展专业内涵来提高人才培养质量，为服务我国涉外人才培养和国家发展战略作出新的贡献。

2）2023 年全国高职院校西班牙语人才培养高质量发展研究会

2023 年 10 月 21—22 日，"2023 年全国高职院校西班牙语人才培养高质量发展研究会"在浙江义乌举行。北京外国语大学常福良教授在会上就"实现西班牙语专业人才培养的多样性"进行主题发言，对应用型西班牙语专业建设、课程设置、学生实习与就业现状以及面临的机遇和挑战进行了深入分析，并提出宝贵意见和建议。随后，多位中外知名专家学者围绕"如何用西班牙语讲好中国故事""短视频时代中国传统文化对外传播"等富有时代特色的主题各抒己见，展现了高职西班牙语专业建设及学科发展的新路径。

3）新文科背景下西班牙语文学史研究与教学研讨会

2023 年 7 月 5 日，由北京大学西葡意语系西班牙语专业、北京大学西班牙语研究中心、北京大学人文学部主办的北大人文论坛之"新文科背景下西班牙语文学史研究与教学研讨会"在北京大学举行，吸引了全国 20 余所高校、科研单位的 50 余位专家学者以及 20 余位出版界代表参会。与会代表从文学本体出发，反思西班牙语文学史学科建设的实践与探索，以跨学科视野探讨当下的文学史研究和教学现状。

4）2023 外研社多语种"教学之星"大赛（西班牙语组）

2023 年 12 月 27 日，2023 外研社多语种"教学之星"大赛西班牙语组获奖名单公布。大赛主题是"外语教材的有效使用：培根铸魂 启智增慧"。大赛力求回应时代命题、服务国家战略、担当教育使命，为全国高校外语教师搭建交流新思想、新理念与新方法的学习平台，为深入实施科教兴国、人才强国、创新驱动发展战略，培养新时代社会主义建设者和接班人作出贡献。

3. 学科竞赛篇

1）2023 年北京外国语大学外国语言文学学科研究生高端学术论坛——西班牙语、葡萄牙语语言文学分论坛

2023 年 10 月 29 日，北京外国语大学西葡语学院在线举办了"2023 年北京外国语大学外国语言文学学科研究生高端学术论坛——西班牙语、葡萄牙语语言文学分论坛"。该论坛共设翻译与跨文化传播研究、国家和区域研究、文学研究、语言学研究 4 个学科方向，共 5 个分会场，吸引了国内外众多高校的研究生积极参与。来自全国各高校西班牙语专业的 15 位教师作为评审专家出席了论坛，来自 15 所国内高校和 3 所国外高校的 38 名优秀研究生参会发言。

2）首届全国高校西班牙语专业本科生学术论坛

2023 年 6 月 4 日，由浙江大学外国语学院西班牙语语言文化研究所主办，上海外语教育出版社和浙江大学学生会西班牙语协会协办的"首届全国高校西班牙语专业本科生学术论坛"在线举行。该论坛设有文学、翻译、语言学、比较文学与跨文化研究、区域与国别研究 6 个分会场（其中区域与国别研究设立两个分会场），为西班牙语专业本科生展示学术成果、交流学术思想提供了重要平台，吸引了众多师生参与。活动全程受到兄弟院校的高度关注和热烈响应，初赛阶段共收到来自全国 38 所高校的 86 篇论文，经过专家评审，共有 68 篇文章脱颖而出，进入决赛阶段。

3）2023 年"大湾区杯"全国高校外语专业区域国别学知识能力竞赛

2023 年 5 月 13 日，"2023 年'大湾区杯'全国高校外语专业区域国别学知识能力竞赛"决赛在深圳大学举行。深圳大学德语专业的梁苏获得总决赛冠军，亚军和季军分别由四川外国语大学西班牙语专业的倪妍和武汉大学法语专业的孙小涵获得。该竞赛由深圳大学外国语学院、深圳市国际交流合作基金会、深圳大学区域国别与国际传播研究院主办。该赛事的影响力不断扩大，2023 年共收到来自北京外国语大学、上海外国语大学、浙江大学、中国人民大学、南京大学等全国 228 所高校 1305 名学生（含本科生、硕士研究生、博士研究生）的报名申请。

4）2023 年外教社杯"讲述中国，联结世界"全国西班牙语之星演讲大赛

2023 年 9 月 15 日，"2023 年外教社杯'讲述中国，联结世界'全国西班牙语之星演讲大赛"决赛在上海外国语大学松江校区举行。上海外国语大学校长李岩松、西班牙皇家学院前院长 Darío Villanueva 院士、西班牙王国驻上海总领事馆总领事 Luis A.Calvo Castaño 先生及夫人 María José Carrasco 女士、秘鲁共和国驻上海总领事馆总领事 David Guillermo Gamarra Silva 先生、古巴共和国驻上海总领事馆总领事 Mileidy Aguirre Diaz 女士以及来自全国各高校西班牙语专业的师生代表到场观赛。

该大赛吸引了来自全国 78 所院校的 866 名选手报名参加。经过初赛的激烈角逐，低年级组 12 名选手和高年级组 12 名选手入围决赛。最终，上海外国语大学的杨子瀚摘得高年级组桂冠，低年级组则由北京外国语大学的马可莹拔得头筹，另有 16 名参赛选手分获高年级组和低年级组一等奖。

5）第二届全国西班牙语歌曲大赛

2023 年 11 月 19 日，由北京外国语大学西葡语学院和北京交通大学语言与传播学院联合主办的"第二届全国高校西班牙语歌曲大赛"决赛在北京交通大学举行。北京外国语大学西班牙语专业的李玥霖凭借出众的演唱水平、精彩的舞台呈现和扎实的语言功底荣获大赛一等奖。

该大赛分为初赛和决赛两个阶段。全国 40 余所高校的 107 名参赛选手参加了初赛阶段的角逐,最终 15 名选手晋级决赛。此项大赛由"京津冀地区西班牙语歌曲大赛"逐步发展而来,旨在增强全国高校西班牙语专业学生对西班牙语及其文化的兴趣,促进不同院校学生的沟通和交流,受到北京高校西葡语专业群和全国各兄弟院校的大力支持与积极响应,已成为高校西班牙语专业的高水平赛事。

6)第八届全国高校西班牙语配音大赛

2023 年 12 月 10 日,由北京外国语大学西葡语学院主办的"第八届全国高校西班牙语配音大赛"决赛在北京外国语大学举行。北京外国语大学西葡语学院代表队凭借扎实的语言功底、精彩的创意融入和默契的团队配合荣获大赛一等奖。该大赛分为初赛和决赛两个阶段,全国 62 所高校的学生参加了初赛阶段的角逐,最终 11 所高校代表队脱颖而出,晋级决赛。经过紧张、激烈的角逐,决赛评出一等奖 1 名,二等奖 2 名,三等奖 3 名。

三、重要论文文献信息[1]

曹轩梓、何明星,2023,"人类命运共同体"思想在西班牙语文化圈的传播与接受研究 [J],《现代出版》(2):101-114。

李紫莹、邵禹铭,2023,拉美左翼政党联盟——理论、模式与经验 [J],《当代世界与社会主义》(3):41-50。

魏然,2023,将自我铭写于世界:西班牙语文学中的世界文学观念 [J],《中国比较文学》(2):24-44。

---

1 请于本书附录查看相关文献的详细摘要。

第六节 阿拉伯语[1]

一、年度情况概述

1. 教学改革与专业建设

2023 年，部分高校的阿拉伯语专业积极响应国家和社会需要，推进自身改革与建设。6 月 22 日，中国石油大学（北京）和北京语言大学举行"阿拉伯语＋石油工程"联合学士学位培养项目启动仪式。考生可通过报考北京语言大学提前批次的阿拉伯语专业（涉外石油人才实验班）、中国石油大学（北京）普通本科批次的石油工程专业（阿语复合人才实验班）进入实验班学习。项目培养模式为"1＋1.5＋0.5＋1""双校区＋国际交流"，即学生第 1—2 学期在中国石油大学（北京）学习石油工程专业相关必修课程，第 3—5 学期在北京语言大学学习阿拉伯语专业必修课程，第 6 学期赴阿拉伯联合酋长国实习，近距离接触一流的国际油气合作公司，第 7—8 学期在中国石油大学（北京）学习。[1] 11 月 27—29 日，浙江外国语学院东方语言文化学院阿拉伯语专业进行校内专业评估，这是该专业获评国家级一流本科专业建设点以来首次进行评估。专家组通过听课看课、访谈、座谈、查阅教学档案等多种方式，聚焦"五个度、两合理、三达成"，对专业建设和人才培养情况进行全方位考察，肯定了学校外语语种教育定位清晰、对标科学，过程合理，效果良好，但也提出了中肯的意见和改进建议。[2] 西安外国语大学亚非学院阿拉伯语专业完成了虚拟教研室建设，助推西部地区非通用语专业建设集群式发展。

部分院系还积极开展对外合作，为师生留学、研学、访学等创设更多机会和平台。4 月 5 日、4 月 19 日，大连外国语大学亚非语言学院举行了两场2023 年度突尼斯迦太基大学自费留学项目说明会，以帮助学生更好地制订学习计划，部分 2021 级和 2022 级学生及家长参会。[3]10 月 16 日，上海外国语大学迎接到访的摩洛哥哈桑二世大学校长 Houssine Azeddoug 一行，并签订了学生交换协议。

---

1 本节作者：孟炳君，北京外国语大学。

　　课程改革和建设是专业的立身之本，是专业发展的核心。很多高校在这方面积极行动，取得了可喜的成绩。北京外国语大学阿拉伯学院继续加强本科高年级阶段专业方向系列课程的建设工作，特别是在区域国别研究类课程建设上取得突破，新开设的"海湾研究"和"北非研究"等课程获得好评。同时，学院正式启动《新经典阿拉伯语》系列精读教材的编写工作，以保持教材领域的引领地位。浙江外国语学院东方语言文化学院阿拉伯语专业郭筠教授团队打造的"阿拉伯伊斯兰文化概论"课程获评全国高校教师教学创新大赛新文科正高组一等奖，该课程以中阿互鉴、地方实践、"四跨四融"为特色，体现以学生发展为中心的教学理念，聚焦解决问题的高阶思维。[4]四川外国语大学东方语言文化学院（重庆非通用语学院）阿拉伯语专业吴昊教授团队申报的"高级阿拉伯语（1）"获批国家级一流本科课程。[5]上海外国语大学东方语学院阿拉伯语语言文学专业鞠舒文老师的研究生课程"用阿语讲好中国故事"在上海松江大学城七所高校联合举办的课程思政教学设计展示评比活动中获特等奖。大连外国语大学亚非语言学院阿拉伯语专业张婧姝副教授获得2023外研社"教学之星"大赛阿拉伯语组一等奖。

　　各高校始终重视推动专业科研水平的提升，鼓励并支持专业教师以团队或个人形式申报高水平科研项目。北京外国语大学阿拉伯学院建设的阿拉伯语学术期刊《中国与阿拉伯研究》连续出版，获得阿拉伯世界的广泛关注，提升了专业学科水平和国内外影响力。北京第二外国语学院中东学院主办的学术集刊《阿拉伯研究论丛》入选"中文社会科学引文索引（CSSCI）来源期刊（集刊）目录（2023—2024）"，该集刊自2015年创刊，每年出版两期，目前已出版13期。[6]多所高校阿拉伯语专业教师及其团队获批2022—2023年度国家社科基金中华学术外译项目立项，包括北京外国语大学阿拉伯学院叶良英教授的"当代中国社会分层"获批重点项目，上海外国语大学东方语学院阿拉伯语语言文学专业王有勇教授的"孔子、孟子、荀子：先秦儒学讲稿"、北京大学外国语学院阿拉伯语专业付志明教授的"现代国家构建的中国路径：源自地方的尝试性解答"获批一般项目。宁夏大学阿拉伯学院（中国阿拉伯国家研究院）冯璐璐教授团队的国家社科基金重大项目"阿拉伯文明西传的路径与影响研究"于 2023 年 5 月 20 日举行了开题报告会。[7] 广东外语外贸大学亚非语言文化学院阿拉伯语系高异斐老师申报的"《一千零一夜》的跨学科研究"获批广东省哲学社会科学规划 2023 年度学科共建项目。此外,部分阿拉伯语专业教师获得全国性、省市重要奖项,上海外国语大学朱威烈教授荣获上海市第十六届哲学社会科学学术贡献奖、2023 年"翻译文化终身成就奖"(中国翻译协会设立的表彰翻译家个人的最高荣誉奖项)。

各兄弟院校、院校与科研单位之间也在 2023 年开展了丰富的互访和交流活动,互相沟通学习,以实现共同发展。4 月 5 日,北京外国语大学阿拉伯学院与北京大学外国语学院阿拉伯语言文化系跨校交流活动在北京大学举行,两校阿拉伯语专业的 60 余位师生代表参加了活动。在交流座谈会上,两校教师代表分别回顾了各校的专业发展历史以及双方友好交流的传统友谊,并围绕学科建设、学习方法等话题回答了学生的提问,对两校关系未来建设提出展望。学生代表也分别就两校阿拉伯语专业学习情况、院系团学特色活动等进行分享。[8]4 月 28 日,北京大学外国语学院阿拉伯语言文化系代表团一行到访上海外国语大学东方语学院,就进一步深化双方的全方位交流合作展开讨论。两院师生还围绕区域国别研究选题、ChatGPT 与外语专业学生发展等共同感兴趣的话题进行交流。6 月 15 日,北京第二外国语学院中东学院部分教师前往四川外国语大学东方语言文化学院(重庆非通用语学院)展开调研,了解"理解当代中国"阿拉伯语系列教材的使用情况和师生反馈情况,并与学院师生进行会谈。[9]9 月 23 日,中国社会科学院西亚非洲研究所专家代表团到访宁夏大学阿拉伯学院(中国阿拉伯国家研究院)并开展座谈交流。研究所专家们分享了各自的研究方向和经验,学院教师代表结合自己的研究方向和兴趣点与专家进行了积极探讨,双方均表示未来将进一步加强交流合作。[10]

2. 教学活动

1)第十届、第十一届全国阿拉伯语专业研究生论坛

1 月 7 日,由北京大学外国语学院阿拉伯语言文化系、北京大学中东研究中心、中国阿拉伯语教学研究会和中国阿拉伯文学研究会共同举办的"第

十届全国阿拉伯语专业研究生论坛"在线举行，来自19所高校的近100名硕博士研究生参会。论坛设五个分会场，共开展10个时段的研讨。该论坛共收到86篇投稿，涵盖语言学、文学、历史文化与中东现当代问题研究等领域，与会的阿拉伯语专家对论文进行了详细点评，共同评选出27篇优秀论文，其中一等奖4篇、二等奖8篇、三等奖15篇。[11]

12月9日，"第十一届全国阿拉伯语专业研究生论坛"在阿卜杜勒·阿齐兹国王公共图书馆北京大学分馆举行，来自全国约20所高校的阿拉伯语及相关专业研究生参会。该论坛共收到96篇投稿，经专家匿名初评，录用了61篇论文，其中5篇论文面向论坛全体参会师生宣读，其余56篇论文分四个平行分会场宣读，与会的阿拉伯语专家、学者对论文以及现场展示进行评议。该论坛共评选出35篇优秀论文，其中一等奖7篇、二等奖11篇、三等奖17篇。[12]

2）中海文明对话高端论坛

4月20日，由中外语言交流合作中心主办，北京外国语大学承办的"中海文明对话高端论坛"在中外语言交流合作中心举行。该论坛是对习近平主席在"首届中国—海湾阿拉伯国家合作委员会峰会"上提出的与海合会国家"共建中海人文交流和互鉴双语文库"倡议的积极响应，也是"国际中文日"系列活动之一，活动上正式启动"中海人文交流和文明互鉴双语文库"项目。论坛设有主旨发言和交流研讨环节，来自中国与海合会国家政府部门、外交机构、高校、智库、文化机构的30余位专家学者参会，围绕中海语言文化交流合作的历史脉络、现实需要、发展愿景、成长路径等问题进行了深入探讨，指出"中海人文交流和文明互鉴双语文库"项目将为中海、中阿语言交流合作和多元文化互鉴搭建更广阔的平台，助力建设新时代中阿命运共同体。[13]

3）第二届北大—上外中东研究青年论坛

4月29日，由北京大学外国语学院、北京大学中东研究中心与上海外国语大学中东研究所联合主办的"第二届北大—上外中东研究青年论坛"在上海外国语大学举行。论坛的主题为"变化世界中的中东与中东问题"，吸引了来自两校的中东问题专家、中外青年学者和研究生近 50 人参会，为两校从事中东研究的青年学子提供了交流互鉴、提升学术能力的平台。[14]

4）"'一带一路'中阿友好文库"成果发布仪式暨"文明交流互鉴视域下的中阿文学译介与思想研究"主题研讨会

6 月 15 日，北京外国语大学联合中国人民对外友好协会、中国阿拉伯友好协会、北京师范大学出版集团共同举办"'一带一路'中阿友好文库"成果发布仪式暨"文明交流互鉴视域下的中阿文学译介与思想研究"主题研讨会，《中庸与调和：中阿思想对话》（阿拉伯文版）、《哈姆宰·谢哈塔》等 10 部优秀作品正式发布。这些作品中不仅有"走出去"的中国原创选题，也有"引进来"的阿拉伯国家名家名作；既有编译出版的"译制"图书，也有用各自母语创作的"原生"作品。在主题研讨会上，中外学者围绕文学译介对文化交流的作用和价值，以及译介过程中的文化碰撞、语言转化、思想交流等问题进行了深入探讨。[15]8 月，"'一带一路'中阿友好文库"入选五部委评选的"国家文化出口重点项目"。

5）第七届上海中东学论坛

6 月 17 日，由复旦大学中东研究中心、中国中东学会、上海外国语大学中东研究所、上海国际问题研究院西亚非洲研究中心、上海社科院西亚北非研究中心和上海大学土耳其研究中心联合主办，复旦大学中东研究中心承办的"第七届上海中东学论坛"举行，来自国家部委、高校、科研单位等 40 家研究机构的 100 余位专家学者参会。论坛主题为"百年变局下中东地区治理与现代化道路"，与会专家围绕中东治理、中国中东外交、中东安全、中东现代化道路、中东研究新议题等进行了广泛交流。论坛为从事中东研究的专家学者和青年才俊提供了学术交流的平台，是助推全国中东研究学术共同体建设的有力尝试。[16]

6）2023 中阿青年友好大使项目暨北大—中东青年对话论坛

7 月 3 日，北京大学和中国人民对外友好协会在北京共同举办了"2023

中阿青年友好大使项目暨北大——中东青年对话论坛"。相关单位领导、专家、驻华使节代表以及来自中国、巴勒斯坦、黎巴嫩、科威特、阿拉伯联合酋长国等15个国家的青年代表参会，围绕"合作应对气候变化——国际合作与中国方案""迈向绿色经济——能源产业转型过程中的创新与挑战"等议题展开研讨与互动，分享心得与思考。[17]

7）全国阿拉伯语专业本科生学术创新论坛

7月20日，由教育部外指委阿拉伯语专业教学指导分委员会指导、北京外国语大学主办的"全国阿拉伯语专业本科生学术创新论坛"在线举行。论坛以"'一带一路'与中阿人类命运共同体建设"为主题，设"文明与文化""经济与外交""教育与人文"三个分论坛。来自国内14所高校的30名本科生宣读了论文，北京外国语大学张宏教授、中山大学陈杰教授、北京第二外国语学院侯宇翔教授对各分论坛的论文进行了深入点评。论坛对于推动阿拉伯语教学向阿拉伯语教育转型升级，助力全国外语界开展本科生学术创新教育具有示范性意义。[18]

8）全国高校阿拉伯语专业八级水平考试大纲研讨会

9月3日，"全国高校阿拉伯语专业八级水平考试大纲研讨会"在北京语言大学召开。会议由教育部外指委阿拉伯语专业教学指导分委员会主任委员罗林教授主持，他强调该考试的目的是全面检查已完成阿拉伯语专业高年级阶段课程的学生是否达到教育部《高等学校阿拉伯语教学大纲（2000年版）》所规定的各项要求，考核学生的语言综合运用能力以及专业知识的掌握情况。与会教师就大纲涉及的考试目的、考试性质与范围、考试对象与成绩等级、考试组织与实施、考试形式、考试内容等进行修订，并最终达成共识。教育部外指委阿拉伯语专业教学指导分委员会还将继续在全国高校范围内针对大纲广泛征求意见，确保其科学性、规范性和严谨性，为顺利推进2024年3月的全国高校试测工作做好准备。[19]

9）中阿大学联盟交流机制研究院成立大会

9月22日，"中阿大学联盟交流机制研究院成立大会"在宁夏大学学术交流中心举行，中阿双方相关部门领导、专家等出席会议。中阿大学联盟交流机制研究院的成立是贯彻落实习近平主席出席中阿、中海峰会并对沙特进行国事访问的重要指示精神，是中阿务实合作"八大共同行动"和全球文明倡议的又一重大举措，是推动"中阿高校10 + 10合作计划"落地的生动实践。研究院将聚焦高等教育高质量发展目标，充分发挥中阿高校的特色优势，有效整合中阿高校研究力量，针对新时代中阿教育合作面临的新问题、新情况，从理论、策略、方法等多个维度开展调查研究，为深化中阿合作提供高水平的智力支持，推动中阿大学间交流合作提质升级。会后还举行了高校高质量服务中阿经济社会发展座谈会，与会专家学者围绕中阿产业合作所需、加快建立中阿高校间务实合作、教师间开展实质性科研合作机制、访学学生拓展专业学习范围等进行了深入研讨。[20]

10）中国外国文学学会阿拉伯文学研究分会2023年年会暨阿拉伯文学研究与课程建设研讨会

10月13—15日，由中国外国文学学会阿拉伯文学研究分会主办、天津外国语大学承办的"中国外国文学学会阿拉伯文学研究分会2023年年会暨阿拉伯文学研究与课程建设研讨会"在天津外国语大学举行，来自国内10余所高校和研究机构的70余位资深专家、青年学者参会。研讨会包括主旨发言和分组研讨环节，围绕阿拉伯经典作家作品的翻译与阐释、阿拉伯现当代文学热点研究、阿拉伯文学与中国文学的互动、新时代我国阿拉伯文学课程教学探究等热点议题展开。会议还举行了中国外国文学学会阿拉伯文学研究分会理事会会议和新书发布会。会议促进了国内阿拉伯文学研究最新成果的交流，为阿拉伯文化研究提供了新思路、新视野、新思考。[21]

11）"永旺杯"第十六届多语种全国口译大赛

10月21日，由中国翻译协会与北京第二外国语学院联合主办，北京市翻译协会秘书处、北京第二外国语学院中东学院共同承办的"'永旺杯'第十六届多语种全国口译大赛"阿拉伯语交替传译组比赛落下帷幕。比赛于线下进行，分为阿译汉和汉译阿两个环节，话题涵盖时政、经济、文学、科技及人文交流等多个领域，涉及人工智能、新型电车等科技前沿。参赛选手依据所获信息进行交替传译，评委从人文素养、翻译技巧、信息传递、心理素质、应变能力等方面综合考查选手的语言水平。经过复赛、决赛的激烈角逐，6 名学生分获一、二、三等奖，7 名学生获得优秀奖。比赛全程进行网络直播，师生在线观摩选手表现，倾听评委的专业点评。[22]

12）2023 年"'一带一路'十周年——回眸与展望"全国高校阿拉伯语专业学生征文大赛

10 月 28 日，由全国高校阿拉伯语教学研究会、北京大学外国语学院阿拉伯语言文化系、北京大学中东研究中心主办的 2023 年"'一带一路'十周年——回眸与展望"全国高校阿拉伯语专业学生征文大赛颁奖仪式在北京大学外文楼举行。该大赛共收到来自全国 30 余所高校阿拉伯语专业学生的近 200 篇参赛作品，经过国内高校阿拉伯语专业教师及主流媒体资深外籍专家的多轮评审，共有来自全国 16 所高校的 38 名学生获奖。大赛鼓励学生提升综合语言运用能力，用阿拉伯语讲好中国故事。[23]

13）第二届北京大学阿拉伯语专业本科生学术论坛

10 月 28 日，由北京大学外国语学院阿拉伯语言文化系、北京大学中东研究中心、中国阿拉伯语教学研究会、中国阿拉伯文学研究会、北京大学卡塔尔国中东研究讲席项目、北京大学卡布斯苏丹阿拉伯研究讲席项目共同举办的"第二届北京大学阿拉伯语专业本科生学术论坛"在北京大学外文楼举行。北京大学阿拉伯语言文化系全体本科生，以及部分来自北京外国语大学、对外经济贸易大学、北京语言大学、北京第二外国语学院的优秀本科生共同参会。论坛旨在通过经验分享、师长评议以及学术成果展示等环节，培养本科生的学术思维和科研志趣，推动其进行学术训练与实践，提升研究能力。[24]

14）中国高校阿拉伯语教师培训班

11 月 6—9 日，北京语言大学中东学院、阿拉伯研究中心与萨勒曼国王阿拉伯语国际学会联合举办了中国高校阿拉伯语教师培训班，吸引了来自清华大学、南开大学、中国传媒大学、上海外国语大学、黑龙江大学、宁夏大学、西安外国语大学等高校的约30位阿拉伯语教师参加，培训内容涵盖二语习得理论和阿拉伯语教学策略等，来自沙特阿拉伯的教授、专家同参训教师分享实践经验，提供教学指导，以期提升专业教师的教学能力和水平。[25]

15）2023年中国中东学会年会暨"中国—中东国家文明交流互鉴"学术研讨会

12月3—4日，由中国中东学会、北京语言大学主办，北京语言大学中东学院承办的"2023年中国中东学会年会暨'中国—中东国家文明交流互鉴'学术研讨会"举行，吸引了来自国内80余所高校、智库和研究机构的近250位专家学者及青年学子参会。研讨会设有主旨演讲和分论坛研讨环节，五个平行分论坛的主题分别为"全球文明倡议与中国—中东文明互鉴""中国式现代化与中东国家发展道路""中东国家战略自主与中国—中东合作""当前中东形势变化与战略格局演进""中国特色中东研究和'三大体系'建设"，70余位学者围绕上述议题讨论发言。翌日，"第二届中国中东学会青年论坛"举行，来自全国各地中东研究领域的青年学者、在读硕博士研究生80余人出席论坛，围绕"中东格局与国际关系研究""新时代中国与中东国家的合作与交流""安全视角下的中东问题""中东地区的经济与能源问题""中东国家建构中的历史与社会"五个议题展开讨论，并邀请知名专家、学者进行现场点评。[26]

16）第二届中约友好对话会

12月6日，"第二届中约友好对话会"在北京外国语大学阿语楼国际会议厅举行。对话会以"'一带一路'十周年：时代成就梦想 青年引领未来"为主题，聚焦青年力量。对话会邀请国内外众多嘉宾作主旨发言，回顾中约双方友好交往的历史和成绩，强调青年是推动经济社会发展和全球发展的重要力量，也是落实"一带一路"倡议的先锋队、生力军。对话会还设有中约诗歌交流、青年圆桌会谈等环节，来自中国、约旦、苏丹、埃及等国的青年代表共200余人参会。对话会搭建了面向青年的中约各领域交流合作新平台，有利于推动双方携手共建"一带一路"。[27]

17）2023"外研社·国才杯""理解当代中国"全国大学生外语能力大赛

12月7日，"2023'外研社·国才杯''理解当代中国'全国大学生外语能力大赛"（多语种组）国赛第二阶段在北京举行，多语种组涵盖包括阿拉伯语在内的8个语种。比赛于9月正式启动，设置校赛、省赛、国赛，题型涵盖笔试、口译、定题演讲、即兴演讲及回答问题，多方面考查选手对当代中国国情、政策、国际形象等的理解，及其综合语言能力、表达能力和即时信息处理能力。经过省赛和国赛第一轮选拔，阿拉伯语组共有来自9所院校的10名选手进入国赛第二阶段。大赛以"理解中国，沟通世界"为主题，引导外语专业学生掌握中国话语和叙事体系，对外讲好中国故事、传播好中国声音。

18）2023外研社多语种"教学之星"大赛（阿拉伯语组）

2023年12月20日，2023外研社多语种"教学之星"大赛阿拉伯语组获奖名单公布。大赛主题是"外语教材的有效使用：培根铸魂 启智增慧"。大赛力求回应时代命题、服务国家战略、担当教育使命，以"理解当代中国"阿拉伯语系列《阿拉伯语读写教程》为课程载体，为全国高校外语教师搭建交流新思想、新理念与新方法的学习平台，为深入实施科教兴国、人才强国、创新驱动发展战略，培养新时代社会主义建设者和接班人作出贡献。

19）第五届全国阿拉伯语专业学科发展与课程建设研讨会暨朱凯教育基金颁奖仪式

12月29日，由教育部外指委阿拉伯语专业教学指导分委员会、全国阿拉伯语教学研究会支持和指导，北京外国语大学阿拉伯学院主办的"第五届全国阿拉伯语专业学科发展与课程建设研讨会暨朱凯教育基金颁奖仪式"在北京外国语大学举行。研讨会主题为"新时代阿拉伯语专业翻译类课程建设的传承与创新"，教育部外指委阿拉伯语专业教学指导分委员会全体委员、北京外国语大学校领导，以及来自全国40余所高校阿拉伯语专业的100余位专家学者参会。开幕式期间还举行了"第三届朱凯教育基金颁奖仪式"，西安外国语大学唐雪梅教授、北京外国语大学唐珺博士荣获"阿拉伯语教学奖"，北京语言大学陆映波教授荣获"阿拉伯语教学科研奖"，北京外国语大学薛庆国教授、北京大学廉超群副教授荣获"汉阿翻译奖"。在主旨发言环节，专业知名教授就如何通过理念创新、范式创新、技术创新、方法创新构建新时代专业翻译类课程体系，培养复合型、复语型高层次阿拉伯语翻译人才提出深刻见解；在主题发言环节，来自30余所兄弟院校的学者分别围绕"技术革命与翻译人才培养""核心素养与翻译课堂重构""路径创新与翻译能力提升""内涵发展与翻译学科优化"四个主题作专题报告。[28]

3. 全国高校阿拉伯语专业四级测试

2023年全国高校阿拉伯语专业四级测试于5月20日举行，全国共有44所院校参加考试，参试院校数量同2019年持平。报考学生总人数为2021人，其中缺考162人，实际考试人数为1859人。在报考学生中，大二应届考生总人数为1089人（本科1044人，专科45人），大三应届考生总人数为444人（本科439人，专科5人），补考生326人，由参试院校自行组织安排考试。为公平起见，该次测试对大二年级优秀、良好、及格三个等级的分数线分别降低5分，调整后依次为90分、75分、50分，大三年级维持不变，依次为95分、80分、55分。大二年级本科生优秀率为3.83%，良好率为9.58%，合格率为26.34%，总体通过率为39.75%。大三年级本科生优秀率为8.2%，良好率为16.4%，合格率为34.4%，总体通过率为59%。

综合各单项题目的得分率来看，完形填空、听写是两个年级得分率最低的题目，大二年级的得分率分别为30%、30.8%，大三年级的得分率分别为40.6%、43.6%，主观题部分的命题作文得分率也较低，大二、大三年级分别为32%、46.2%。完形填空和听写均属于综合性较强的题目，考查学生的篇章理解和语言运用能力，需要学生具备综合的理解、分析、逻辑判断能力以及对语言的熟练掌握和较强的语感，更能测量出学生的真实语言水平。命题作文也是考查学生语言实际运用能力的题目，要求学生根据给出的题目完成100字左右的短文写作，做到内容切题、条理清楚、语句通顺、语法正确、书写规范。上述题目的完成情况不佳，反映出学生的语言实际应用水平和交际能力还存在较大的上升空间，对语言的精准使用有待加强，高校阿拉伯语专业应给予重视，努力提高教学质量，夯实学生的语言基本功，提升学生的综合能力。

二、热点问题剖析

1. 国际交流提升专业建设水平

2023年，中阿文化、教育交流成果颇丰，开启了"新文科"建设背景下国际交流合作的新阶段。

一方面，高级别互访拓展合作前景，助推学科建设发展和国际教育合作。5月22—26日，北京外国语大学党委常委、副校长丁浩率团访问阿拉伯联合酋长国，出席在阿布扎比国际书展由外语教学与研究出版社与数字未来公司共同举办的"手拉手""你真棒"系列国际中文教材版权输出签约仪式；此外，还出席了扎耶德大学孔子学院理事会会议，拜会了中国驻阿拉伯联合酋长国大使馆，并为学生海外实习实践基地揭牌。[29]9月26日，阿拉伯叙利亚共和国第一夫人阿斯玛·阿萨德女士访问北京外国语大学，同来自各国驻华使馆、高校、科研院所的40余位中外嘉宾以及北京外国语大学师生进行对话交流。阿斯玛围绕"母语与民族和文化认同"发表主旨演讲，强调既要深耕本民族文明本源，又要积极与其他文明交流互鉴。在交流环节，多位高校专家学者、青年学生围绕体育运动与民族性格、叙利亚古迹研究与保护、文化领域发展合作、杭州亚运会、叙利亚妇女与社会治理、中阿教育互通互鉴等话题与阿斯玛展开交流。[30]10月12日，约旦记者团一行到访北京外国语大学阿拉伯学院，并与师生代表展开座谈，了解学院的基本教学情况和相关研究成果，倾听部分学生对阿拉伯语学习、中阿人文交流等话题的看法。[31]10月17日，阿拉伯联合酋长国文化和青年部长萨利姆·本·哈立德·卡西米访问北京外国语大学，了解阿拉伯学院及扎耶德阿拉伯语与伊斯兰研究中心的建设成就，并同部分师生进行交流座谈。萨利姆对学校的办学质量、人才培养成果以及扎耶德阿拉伯语与伊斯兰研究中心取得的成绩给予高度肯定和赞扬，表示阿拉伯联合酋长国政府将继续支持中心的各项工作，未来在青年文化交流领域开展更多合作。[32]

　　1月9日，阿拉伯埃及共和国驻华大使阿西姆·哈奈菲访问北京大学，并与校领导、阿拉伯语言文化系师生代表进行座谈。双方围绕进一步开展交流与合作进行了深入探讨，大使表示阿拉伯埃及共和国驻华大使馆将继续支持北京大学与埃及各高校开展教学合作，积极推动举办"北京大学—开罗大学中阿文明对话会""中埃战略合作论坛"等学术活动。[33]3月16日，沙特阿拉伯王国驻华大使阿卜杜拉赫曼·哈勒比一行访问北京大学，与校领导、阿拉伯语言文化系部分师生举行座谈。双方表示将进一步加强高校和科研机构的友好交往，积极创造双方青年互访的机会，为加强中沙关系增添新动力。[34]5月9日，北京大学卡塔尔国中东研究讲席国际咨询委员会主席哈尼·冯德克利访问北京大学。他表示自卡塔尔国中东研究讲席设立以来，北京大学与卡塔尔高校在诸多领域进行了卓有成效的合作，希望在下一阶段可以更好地借助该平台，深化对中东地区的研究，进一步拓展与中东国家高校在公共卫生、信息科学、工程技术、人文数字等多个领域的合作。在同阿拉伯语言文化系2022级本科生的见面交流中，他鼓励学生们开阔眼界，在未来中国与阿拉伯国家各领域合作中贡献力量。[35]5月30日，科威特大学政治学教授、海合会国家最高领导人委员会咨询机构成员希拉·玛凯米访问北京大学，与阿拉伯语言文化系师生举行座谈，向学生们介绍科威特议会政治和社会文化的发展状况，分享自己的主要研究方向及成果，鼓励学生们积极参与国际交流。双方就如何加强两校的学生交往、学术交流和科研合作等进行了深入探讨。[36]9月20日，卡塔尔多哈研究生院学生事务长易卜拉欣·弗莱哈特访问北京大学，与阿拉伯语言文化系师生举行座谈，向师生介绍了学院的发展历程、教学资源、学术氛围和生活环境，并详细解释了硕博士研究生申请条件及相关政策，鼓励学生们前往学院深造，并就短期交换项目、访问学者项目和授课语言等同师生进行了交流。[37]10月24日，伊拉克库尔德斯坦地区"如道"传媒集团总经理阿库·穆罕默德率团访问北京大学，与阿拉伯语言文化系师生代表举行座谈，详细介绍了集团及其图书与电子资源建设情况。[38]

另一方面，阿拉伯语专业师生积极开展国际学术和文化交流，发出中国声音，展现中国形象。2月28日—3月20日，应阿拉伯联合酋长国政府沙迦遗产研究院邀请，为进一步推进中阿传统民俗文化的交流与共进，浙江工商大学东方语言与哲学学院阿拉伯语系师生代表团前往阿拉伯联合酋长国参加"第20届沙迦国际遗产日活动"，并举办了中华文化展览，为弘扬中华优秀民俗文化和传统文化作出了自己的贡献。[39]3月6日，应联合国教科文组织之邀，对外经济贸易大学外语学院副院长黄慧教授作为中方专家出席"阿拉伯语在丝绸之路沿线的文化、科学和商业交往中的作用"项目专家线上咨询会，并在分享中论及了古代丝绸之路与中阿历史交往的关系，以及阿拉伯语在中阿文明对话、文化交流中的作用，提议通过弘扬丝路文化促进"一带一路"共建国家人民的民心相通和人文交流。[40]3月21日，应伊斯兰世界教科文组织的邀请，广东外语外贸大学亚非语言文化学院阿拉伯语系部分师生在线参加了由该组织与摩洛哥穆罕默德五世大学共同举办的"用阿拉伯语讲述文明多样性"座谈会。该组织隶属伊斯兰合作组织，是专门从事教育、科学和文化领域事务的国际性非营利组织，是仅次于联合国教科文组织的世界第二大国际教科文组织。与会师生就"中国阿拉伯语教育的现状与困难"等议题展开讨论，并指出希望双方在教学科研、文化交流和培训等领域开展更多合作，促进中阿友好往来。[41]12月1日，北京第二外国语学院中东学院侯宇翔教授及研究生代表受伊斯兰世界教科文组织邀请，赴摩洛哥总部参加丝路学国际论坛系列会议，并就我国同阿拉伯国家的文旅合作情况进行发言，促进了我国高校同阿拉伯伊斯兰国家智库机构和国际组织的交流。[42]

2023年，部分高校师生组成调研团队，走出国门，深入对象国和地区走访交流，拓宽学术视野。为服务国家战略和国内国外两个大局，立足中国式现代化、"一带一路"倡议、全球发展倡议和全球文明倡议，大兴调研之风，落实北京大学2023年"国际战略年"发展战略，加强研究生创新能力，8月12—26日，北京大学研究生院、北京大学国际合作部和北京大学外国语学院组织开展了2023年度北京大学"全球视野·研究生学术交流支持计划——研究生暑期国际实践团项目（沙特、伊朗）"。该项目以"中国式现代化与中东国家发展问题"为研究主题，主要调研我国与对象国在外交关系、经贸合作和人文交流等领域的重要议题，成员由包括北京大学阿拉伯语言文化系硕博士研究生代表在内的15人组成。调研团在沙特阿拉伯期间，主要参访了沙特阿美公司、沙特东部著名的文化旅游景点达曼遗产村等。[43]9月29日—10月8日，北京大学外国语学院阿拉伯语言文化系学者调研团赴伊拉克、阿曼和卡塔尔开展调研。该调研以中国与对象国的外交关系、高教合作、人文交流为重点议题。[44]

　　此外，部分阿拉伯国家的青年也通过多种方式与我国各高校阿拉伯语专业师生展开交流，增进了解，中阿人文交流愈加频繁。2月15日，首届海合会国家"汉语桥"线上冬令营举行启动仪式，相关部门领导、承办此次冬令营的中国高校代表及海合会国家学生代表共200余人通过线上、线下方式参加。同日，作为首届海合会国家"汉语桥"线上冬令营项目之一，由北京外国语大学承办、外语教学与研究出版社协办的2023年汉语桥"你好·中文"线上冬令营正式开营，共有来自海合会国家的158名学员参加。冬令营活动为期8天，设置了"文化课""语言课""体验课"等不同主题课程，带领学员学习中文、领略书法艺术、了解"一带一路"倡议等。[45]2月21日，由北京外国语大学承办、外语教学与研究出版社协办的2023年汉语桥"中国科技之星"线上冬令营正式开营，共有来自阿拉伯国家的286名学员报名参加。该活动通过丰富有趣的"云上"中文课堂，带领学员多角度体验中国科技的魅力。[46]3月21日，24名沙特阿拉伯在华留学生到访北京大学，参观了阿卜杜勒·阿齐兹国王公共图书馆北京大学分馆，走进外国语学院阿拉伯语言文化系本科一年级课堂，与学生们进行了有深度、和谐、热情的交流，并在学生们的带领下参观了校园。[47]7月6日，由教育部中外语言交流合作中心、中国驻卡塔尔大使馆、卡塔尔教育部和北京外国语大学主办，外语教学与研究出版社承办的"汉语桥"卡塔尔青年学生北外夏令营举行开营仪式，标志着中卡青少年交流序幕正式开启。夏令营为期26天，在北京、西安两地开展，学员们学习中文，领略中国文化，与北京外国语大学和北京外国语大学附中的学生进行交流，在相互学习与交流中增进了解。[48]

2. 专家讲座拓展学生国际视野

2023年，全国各高校继续举办主题多元、内容丰富的讲座，拓宽学生视野，培养其学术志趣。

北京外国语大学"北外纳忠讲堂"在2023年共举办了8次讲座。3月22日，对外经济贸易大学黄慧教授主讲的"日落之处的文明之光——北非历史纵横谈"，梳理了北非区域研究的相关成果。5月19日，上海外国语大学蔡伟良教授主讲的"西方入侵与近代阿拉伯主要思潮"，从历史回顾，民族和国家意识的觉醒与启蒙实践，思潮研究的主要内容，以及近代阿拉伯思潮四个方面展开详细介绍。9月20日，以色列历史学家和政治学家伊兰·帕佩教授以"以色列新历史学派及其消亡——1990—2000"为题，介绍了巴勒斯坦地区自20世纪至21世纪初的历史发展，分析当下以色列人和巴勒斯坦人对巴以冲突的认知与矛盾，并就以色列"新史学观"的现状与前景、以色列社会的右倾化倾向、以色列新历史学派的叙述目的、巴以问题现实与历史的关系等话题回答师生提问。10月17日，阿拉伯联合酋长国通讯社社长穆罕默德·杰拉勒·拉伊斯以"全球媒体大会：媒体在支持全球气候和可持续发展共同行动方面的作用"为题，介绍了2023年全球媒体大会的准备情况，阐述了在信息技术快速发展的背景下媒体的转型升级、媒体人的认知改变等话题，强调创新与时刻保持学习状态的重要性，并就媒体效用、媒体与气候和可持续问题的关系、媒体行业面临的风险挑战、媒体行业的未来发展等话题回答师生提问。10月23日，中国驻摩洛哥大使馆文化参赞兼拉巴特中国文化中心主任陈冬云以"文化交流中的阿拉伯语"为题，结合自身多年来在阿拉伯国家从事文化工作的丰富经历，展现了对外交流的过程和意义，并就国家形象建设、新形势下的中国文化传播等话题同在场师生进行交流。11月

13—15 日，美国政治学家、教育家沙克·伯纳德·哈尼什教授为师生带来三场讲座，主题分别为"阿拉伯世界的姓名、称谓和阿拉伯文化""阿拉伯人和现代阿拉伯简史""巴以双方冲突的历史经纬"，三场讲座从不同角度展现了阿拉伯世界的过去、现在与未来，呈现了阿拉伯研究的多维格局。

北京大学外国语学院阿拉伯语言文化系在 2023 年度北京大学"全球视野·研究生学术交流支持计划——（沙特、伊朗）研究生暑期国际实践团项目"的框架下，开展了两次行前培训系列讲座，分别由中国社科院西亚非洲研究所研究员陆瑾、魏敏，以及中国现代国际关系研究院中东研究所所长牛新春主讲，讲座围绕"伊朗政治制度、经济社会发展与中伊关系""沙特发展道路与 2030 愿景"和"中东热点问题与国际关系"等内容展开。

在北京第二外国语学院"白玉兰"国际化系列文化讲座的框架下，中东学院（阿拉伯研究中心）部分阿拉伯语外籍专家作了 4 次专题讲座。5 月 23 日，萨米老师以"走进叙利亚"为题，介绍叙利亚国家概况和中叙关系的发展历程，特别谈及叙利亚战争对国内政治、经济、民生和文化方面的影响。5 月 30 日，艾玲老师主讲"中国与阿拉伯地区贸易及投资关系"，着重介绍了当前中国在阿拉伯国家开展的重大标志性项目，以及中国对阿投资规模、中阿双边贸易额增长情况，用直观的数据展现了中阿之间的发展潜力和合作势头，并就中阿经济关系发展、中阿历史交往、阿拉伯国家中的中国形象等话题回答学生的提问。11 月 13 日，哈立德老师以"'一带一路'倡议下的中阿文化交流"为题作专题讲座，讲座包含中阿文化间的中庸思想、"一带一路"的历史演进、新中国成立后的中阿关系、"一带一路"倡议提出的金色十年四个板块，展现了中国与阿拉伯国家间的友好往来，指出未来双方在文化交流与经贸合作中的积极趋势。12 月 5 日，艾玲老师又以"前伊斯兰阿拉伯书法简史"为题，介绍了古代阿拉伯书法的起源、传播和使用，以及代表字体的演变和发展，并带领学生进行了现场创作。此外，中东学院还邀请专业其他专家学者进行学术讲座，9 月 12 日，中东学院特聘教授张洪仪以"新时代背景下如何学好阿拉伯语"为题，从阿拉伯历史文化、阿拉伯周边文化及阿拉伯语在中国的发展三个方面出发，并结合自身学习经历为本科大二、大三学生答疑解惑。[49]11 月 14 日，青年书法家王琦斐应邀作讲座，解读、品味阿拉伯书法艺术。王琦斐系统介绍了阿拉伯书法的发展历程、派系类别、书写工具与书写方法，激发了学生对阿拉伯书法的浓厚兴趣。[50]

西安外国语大学亚非学院在 2023 年开展了三场讲座。10 月 17—18 日，上海外国语大学王有勇教授受邀为学院师生作了题为"中译阿中的'得意'与'忘形'"与"多层次解读阿拉伯语"两场讲座。前者通过对大量中国典籍翻译实例进行具体分析，展现了中阿语言的特点和翻译技巧；后者介绍了阿拉伯语的学习方法和学习方向，强调阿拉伯语学习者与研究者应当坚持国家站位，以国家需要和经济发展为导向，讲好中国故事。[51] 10 月 28 日，学院邀请北京第二外国语学院侯宇翔教授作了题为"阿拉伯—伊斯兰文化的进程、特征与当代视角"的讲座。侯教授从自然环境、社会制度、经济生产方式三要素对文化的影响出发，讲述了阿拉伯社会的文化特征，从"宗教本位"的社会思想和"教俗一体"的社会实践两方面讲述了"伊斯兰"特征，并将外来文化特征与阿拉伯文化特征进行了比较，指出阿拉伯民族特征、"伊斯兰"特征与外来特征三者之间的冲突与融合、激荡与平静，共同形成了阿拉伯—伊斯兰历史的曲折路径和多元趋势。[52]

宁夏大学阿拉伯学院（中国阿拉伯国家研究院）于 4 月 17 日举行"中东与阿拉伯世界"专题讲座。该讲座由学院院长李绍先教授主讲，2022 级全体本科生参加，围绕中东地理位置的重要性、中东国家与中国关系的历史沿革展开，并从区域国别研究、阿拉伯国家研究、中东研究三个方面对专业发展前景进行分析，帮助学生明确学习方向与目标，制订规划，更好地进行专业学习。[53]

上海外国语大学东方语学院也组织了主题多元的学术讲座。3 月 24 日，学院埃及籍专家马晓宇受邀参与"智荟上外·外国专家"系列讲座，主题为"古埃及艺术与建筑"。5 月 24 日，阿拉伯语系蔡伟良教授主讲"西方入侵与阿拉伯觉醒及主要思潮"，该讲座为学院研究生学术训练营系列讲座的第一讲。10 月 27 日，学院举办"阿拉伯当代文学及其在哲学文化理论发展中的作用"讲座。

由宣传部主办、浙江外国语学院东语学院和环地中海研究院承办的 2023
年度"大使进校园"系列讲座第一场于 4 月 18 日开讲。中国政府原中东问
题特使宫小生为全校师生作了题为"中阿能源合作"的主题讲座，详细介绍
了中国石油能源的发展历史，中国与阿拉伯国家，尤其是海湾阿拉伯国家外
交关系的发展进程，并结合自身多年外交工作经历，分析了中国与海湾阿拉
伯国家能源领域的合作互动历程。[54]

广东外语外贸大学牛子牧副教授于 4 月 27 日为全校师生作了题为"启
蒙·抵抗·重建——阿拉伯现当代文学概述"的专题讲座，介绍了 19 世纪
末以来阿拉伯现当代文坛极具代表性的部分作家及作品，展示了现当代阿拉
伯社会的变迁。[55]

3. 社会服务与志愿实践强化师生专业素养

我国各高校阿拉伯语专业始终将国家和社会的利益置于首位，积极建言
献策，对重大事件做好对内、对外宣传工作，发挥专业优势。

3 月，北京外国语大学阿拉伯学院院长刘欣路教授接受新华社、凤凰卫
视等媒体采访，就习近平主席出席"三环峰会"以来中阿关系的最新发展以
及中东局势走向进行深入解读。3 月 14 日，《光明日报》就沙特阿拉伯王国
与伊朗在北京宣布复交一事对北京大学外国语学院阿拉伯语言文化系主任吴
冰冰教授进行采访，并在文章《沙伊北京对话：和平的胜利 全新的选择》中
引用吴教授的观点对此事的重大意义进行分析。10 月 11 日，北京外国语大
学薛庆国教授在阿拉伯世界最具影响力的纸媒之一《中东报》刊发文章，题
为《中国和阿拉伯：用自己的眼睛看对方》，指出中国与阿拉伯国家彼此间
的关注与日俱增，但双方往往借助西方的视角认识彼此，受西方的政治话
语、新闻媒体乃至好莱坞电影的影响颇深，因此，中阿双方务必通过自己而
非他人的眼睛来了解彼此，尤其需要了解中国人民和阿拉伯人民在各个领域
大胆探索的思想和理念。[56]

同时，各院校积极响应国家需要，鼓励并派出师生参与各项大型活动的

翻译或志愿服务工作，为国家发展建设贡献自己的力量。对外经济贸易大学外语学院阿拉伯语专业派出志愿者分别于4月、10月参与第133届、第134届中国进出口商品交易会（广交会）相关翻译和志愿服务工作。10月17—18日，"第三届'一带一路'国际合作高峰论坛"在北京举行，北京外国语大学阿拉伯学院派出23名志愿者投身大会服务，出色地完成各项工作任务。上海外国语大学东方语学院阿拉伯语专业派出学生志愿者参与杭州亚运会、第六届进博会、第四届中阿改革发展论坛等服务工作。浙江外国语学院东方语言文化学院阿拉伯语专业派出学生志愿者参与"第六届中国—阿拉伯国家广播电视合作论坛"服务工作，为促进中阿交流合作贡献青春力量。11月6—7日，"首届'一带一路'科技交流大会"召开，四川外国语大学东方语言文化学院（重庆非通用语学院）阿拉伯语专业派出师生团队承担阿曼部长政要团的相关翻译和接待工作。

三、部分论文文献信息 [1]

丁隆，2023，共建"一带一路"框架下的中国—沙特合作 [J]，《当代世界》（1）：53-58。

李兴刚、周烈，2023，阿拉伯世界动荡的文化解读 [J]，《西亚非洲》（1）：3-19。

刘冬，2023，全球能源转型与中阿能源合作的立体化发展 [J]，《阿拉伯世界研究》（6）：9-29。

刘磊，2023，阿拉伯国家数字经济发展现状与中阿数字经济合作机遇 [J]，《阿拉伯世界研究》（2）：25-46。

王林聪，2023，大变局下中东地区新发展：特征、挑战及前景 [J]，《当代世界》（10）：52-57。

王林聪、李绍先、孙德刚、唐志超，2023，推动人类命运共同体建设 促进中东繁荣发展与持久和平 [J]，《西亚非洲》（2）：3-24。

1　请于本书附录查看相关文献的详细摘要。

王猛、王博超，2023，21 世纪以来中阿经贸合作发展的多维透视 [J]，《阿拉伯世界研究》（1）：25-49。

[1] 北京语言大学新闻网，2023，"阿拉伯语＋石油工程"联合学士学位培养项目启动仪式在京举行 [OL]，http://news.blcu.edu.cn/info/1011/25046.htm（2024 年 1 月 15 日读取）。

[2] 浙江外国语学院，2023，浙外举行首次校内专业评估，阿拉伯语和俄语 2 个专业接受评估 [OL]，https://www.zisu.edu.cn/info/1010/19701.htm（2024 年 2 月 15 日读取）。

[3] 大连外国语大学亚非语言学院，2023，亚非语言学院举行 2023 年度大连外国语大学与突尼斯迦太基大学学生交流项目说明会第二场 [OL]，https://saa.dlufl.edu.cn/info/1012/2912.htm（2024 年 3 月 20 日读取）。

[4] 浙江外国语学院，2023，新突破！浙外教师团队喜获全国高校教师教学创新大赛最高奖 [OL]，https://www.zisu.edu.cn/info/1010/19192.htm（2024 年 2 月 15 日读取）。

[5] 四川外国语大学，2023，我校 7 门课程获评国家级一流本科课程 [OL]，https://www.sisu.edu.cn/cwyw/e8f223f06a5740a98d489f13b27d4eb6.htm（2024 年 3 月 20 日读取）。

[6] 北京第二外国语学院中东学院，2023，《阿拉伯研究论丛》继续入选（CSSCI）（2023—2024）来源目录 [OL]，http://smes.bisu.edu.cn/art/2023/9/19/art_1253_320240.html（2024 年 2 月 20 日读取）。

[7] 宁夏大学阿拉伯学院，2023，国家社科基金重大项目《阿拉伯文明西传的路径与影响研究》开题报告会成功召开 [OL]，https://arabic.nxu.edu.cn/info/1064/2404.htm（2024 年 2 月 13 日读取）。

[8] 北京外国语大学阿拉伯学院，2023，我院与北京大学外国语学院阿拉伯语言文化系跨校互访活动圆满成功 [OL]，https://mp.weixin.qq.com/s/e4WxlYsY9oaR5StqprqEKg（2024 年 3 月 20 日读取）。

[9] 北京第二外国语学院中东学院，2023，学院（中心）前往四川外国语大学进行主题教育调研 [OL]，http://smes.bisu.edu.cn/art/2023/6/25/art_1253_315076.html（2024 年 2 月 26 日读取）。

[10] 宁夏大学阿拉伯学院，2023，中国社会科学院西亚非洲研究所专家到访阿拉伯学院（中国阿拉伯国家研究院）[OL]，https://arabic.nxu.edu.cn/info/1064/2455.htm（2024 年 3 月 10 日读取）。

[11] 北京大学外国语学院阿拉伯语言文化系，2023，第十届全国阿拉伯语研究生论坛成功举行 [OL]，https://www.arabic.pku.edu.cn/rdxw/1364442.htm（2024 年 3 月 4 日读取）。

[12] 北京大学外国语学院阿拉伯语言文化系，2023，第十一届全国阿拉伯语研究生论坛在北京大学成功举办 [OL]，https://www.arabic.pku.edu.cn/rdxw/1373180.htm（2024 年 3 月 4 日读取）。

[13] 北京外国语大学阿拉伯学院，2023，中海文明对话高端论坛成功举行 [OL]，https://mp.weixin.qq.com/s/fcSA9zoD63pyjXSf7F4VNg（2024 年 3 月 4 日读取）。

[14] 北京大学外国语学院阿拉伯语言文化系，2023，第二届北大—上外中东研究青年论坛在沪成功举办 [OL]，https://www.arabic.pku.edu.cn/rdxw/1367500.htm（2024 年 3 月 17 日读取）。

[15] 北京外国语大学阿拉伯学院，2023，我院举办"'一带一路'中阿友好文库"阶段性成果发布仪式暨"中阿文明交流互鉴"主题研讨会 [OL]，https://mp.weixin.qq.com/s/iGH55-5Pt3pOA11xbVs7Ww（2024 年 2 月 20 日读取）。

[16] 宁夏大学阿拉伯学院，2023，我院研究人员参加第七届上海中东学论坛 [OL]，https://arabic.nxu.edu.cn/info/1064/2437.htm（2024 年 2 月 25 日读取）。

[17] 北京大学外国语学院阿拉伯语言文化系，2023，"2023 中阿青年友好大使项目暨北大—中东青年对话论坛"举行 [OL]，https://www.arabic.pku.edu.cn/rdxw/1368577.htm（2024 年 2 月 23 日读取）。

[18] 北京外国语大学新闻网，2023，北外举办"全国阿拉伯语专业本科生学术创新论坛"[OL]，https://news.bfsu.edu.cn/archives/299242（2024 年 3 月 6 日读取）。

[19] 北京语言大学新闻网，2023，全国高校阿拉伯语专业八级水平考试大纲研讨会在我校召开 [OL]，http://news.blcu.edu.cn/info/1011/25291.htm（2024 年 3 月 8 日读取）。

[20] 宁夏大学阿拉伯学院，2023，中阿大学联盟交流机制研究院揭牌成立 [OL]，https://arabic.nxu.edu.cn/info/1064/2454.htm（2024 年 3 月 17 日读取）。

[21] 对外经济贸易大学外语学院，2023，我校阿拉伯语专业多名教师参加中国阿拉伯文学研究会 2023 年会 [OL]，http://sfs.uibe.edu.cn/ttxw/ff6d34fbb56447789ad5ec663e577b67.htm（2024 年 3 月 15 日读取）。

[22] 北京第二外国语学院新闻网，2023，第十六届"永旺杯"多语种全国口译大赛阿拉伯语交替传译比赛在北二外中东学院顺利举办 [OL]，http://smes.bisu.edu.cn/art/2023/10/24/art_1253_321969.html（2024 年 3 月 15 日读取）。

[23] 北京大学外国语学院阿拉伯语言文化系，2023，2023 年全国高校阿拉伯语专业学生征文大赛颁奖仪式在北京大学举行 [OL]，https://www.arabic.pku.edu.cn/rdxw/1371810.htm（2024 年 3 月 20 日读取）。

[24] 北京大学外国语学院阿拉伯语言文化系，2023，第二届北京大学阿拉伯语专业本科生学术论坛成功举办 [OL]，https://www.arabic.pku.edu.cn/rdxw/1371806.htm（2024 年 3 月 20 日读取）。

[25] 北京语言大学新闻网，2023，中国高校阿拉伯语教师培训班和学生专题讲座在我校落幕 [OL]，http://news.blcu.edu.cn/info/1022/25802.htm（2024 年 3 月 11 日读取）。

[26] 北京语言大学新闻网，2023，我校举办 2023 年中国中东学会年会 [OL]，https://news.blcu.edu.cn/info/1011/25974.htm（2024 年 3 月 11 日读取）。

[27] 北京外国语大学阿拉伯学院，2023，第二届中国约旦友好对话会在北外举行 [OL]，https://mp.weixin.qq.com/s/XPJAgnKeZLipZSSB96KU8Q（2024 年 3 月 20 日读取）。

[28] 北京外国语大学新闻网，2023，全国阿拉伯语专业学科发展与课程建设研讨会暨第三届朱凯教育基金颁奖仪式在北外举行 [OL]，https://news.bfsu.edu.cn/archives/303410（2024 年 3 月 20 日读取）。

[29] 北京外国语大学新闻网，2023，校领导率团访问阿联酋 [OL]，https://news.bfsu.edu.cn/archives/298037（2024 年 3 月 18 日读取）。

[30] 北京外国语大学新闻网，2023，叙利亚第一夫人阿斯玛·阿萨德访问北外 [OL]，https://news.bfsu.edu.cn/archives/300743（2024 年 3 月 18 日读取）。

[31] 北京外国语大学阿拉伯学院，2023，约旦记者团一行访问北外阿拉伯学院 [OL]，https://mp.weixin.qq.com/s/kKLTeQ31sWg_dlrBn7p3oQ（2024 年 3 月 20 日读取）。

[32] 北京外国语大学阿拉伯学院，2023，阿联酋文化和青年部长萨利姆·本·哈立德·卡西米访问北外 [OL]，https://mp.weixin.qq.com/s/RuuPyO8vzvQJPjqO5CMa8w（2024 年 3 月 20 日读取）。

[33] 北京大学外国语学院阿拉伯语言文化系，2023，埃及驻华大使哈奈菲访问北京大学 [OL]，https://www.arabic.pku.edu.cn/rdxw/1364445.htm（2024 年 3 月 15 日读取）。

[34] 北京大学外国语学院阿拉伯语言文化系，2023，沙特驻华大使哈勒比访问北京大学 [OL]，https://www.arabic.pku.edu.cn/rdxw/1365549.htm（2024 年 3 月 15 日读取）。

[35] 北京大学外国语学院阿拉伯语言文化系，2023，卡塔尔讲席国际咨询委员会主席哈尼·冯德克利访问北京大学 [OL]，https://www.arabic.pku.edu.cn/rdxw/1367401.htm（2024 年 3 月 15 日读取）。

[36] 北京大学外国语学院阿拉伯语言文化系，2023，科威特大学希拉教授访问北京大学 [OL]，https://www.arabic.pku.edu.cn/rdxw/1367657.htm（2024 年 3 月 15 日读取）。

[37] 北京大学外国语学院阿拉伯语言文化系，2023，卡塔尔多哈研究生院学生事务长访问北京大学 [OL]，https://www.arabic.pku.edu.cn/rdxw/1370875.htm（2024 年 3 月 15 日读取）。

[38] 北京大学外国语学院阿拉伯语言文化系，2023，伊拉克库尔德斯坦地区"如道"传媒代表团来访北京大学 [OL]，https://www.arabic.pku.edu.cn/rdxw/1371719.htm（2024 年 3 月 15 日读取）。

[39] 浙江工商大学东方语言与哲学学院，2023，时隔三年，我院首支出境交流团顺利返回 [OL]，https://mp.weixin.qq.com/s/Vf7oPOVRJPUeEGIVgurkGA（2024 年 3 月 6 日读取）。

[40] 对外经济贸易大学外语学院，2023，外语学院黄慧教授参加联合国教科文组织专家咨询会 [OL]，http://sfs.uibe.edu.cn//ttxw/bd427a10e01e4da99043906e67bff1da.htm（2024 年 3 月 16 日读取）。

[41] 广东外语外贸大学新闻网，2023，我校阿拉伯语系师生参加伊斯兰教科文组织会议 [OL]，https://news.gdufs.edu.cn/info/1003/94846.htm（2024 年 3 月 4 日读取）。

[42] 北京第二外国语学院新闻网，2023，学院（中心）代表团受邀赴摩洛哥参加丝路学国际论坛 [OL]，http://smes.bisu.edu.cn/art/2023/12/15/art_1253_324671.html（2024 年 3 月 16 日读取）。

[43] 北京大学外国语学院阿拉伯语言文化系，2023，2023 年度北京大学"全球视野·研究生学术交流支持计划"——（沙特、伊朗）研究生暑期国际实践团参访沙特阿美公司 [OL]，https://www.arabic.pku.edu.cn/rdxw/1369460.htm（2024 年 3 月 19 日读取）。

[44] 北京大学外国语学院阿拉伯语言文化系，2023，北京大学调研团出访阿曼、卡塔尔 [OL]，https://www.arabic.pku.edu.cn/rdxw/1371717.htm（2024 年 3 月 16 日读取）。

[45] 北京外国语大学新闻网，2023，2023 年北外"你好·中文"线上冬令营（海合会国家）正式开营 [OL]，https://news.bfsu.edu.cn/archives/295562（2024 年 3 月 5 日读取）。

[46] 北京外国语大学新闻网，2023，2023 年北外"中国科技之星"线上冬令营（阿语区）正式开营 [OL]，https://news.bfsu.edu.cn/archives/295671（2024 年 3 月 5 日读取）。

[47] 北京大学外国语学院阿拉伯语言文化系，2023，2023 年首次中沙青年面对面交流活动纪实 [OL]，https://www.arabic.pku.edu.cn/rdxw/1365634.htm（2024 年 3 月 16 日读取）。

[48] 北京外国语大学新闻网，2023，2023 年"汉语桥"卡塔尔青年学生北外夏令营开营 [OL]，https://news.bfsu.edu.cn/archives/299047（2024 年 3 月 5 日读取）。

[49] 北京第二外国语学院新闻网，2023，张洪仪教授为中东学院学生做"新时代背景下如何更好地学好阿语"专题讲座 [OL]，http://smes.bisu.edu.cn/art/2023/9/18/art_1253_320165.html（2024 年 3 月 9 日读取）。

[50] 北京第二外国语学院新闻网，2023，从阿拉伯文字到阿拉伯书法——学院（中心）邀请青年书法家王琦斐举办讲座 [OL]，http://smes.bisu.edu.cn/art/2023/11/16/art_1253_323154.html（2024 年 3 月 9 日读取）。

[51] 西安外国语大学亚非学院，2023，上海外国语大学翻译研究院院长王有勇教授为我院师生作讲座 [OL]，https://mp.weixin.qq.com/s/I8gdo89X56OPIiT3E1Tv8w（2024 年 3 月 19 日读取）。

[52] 西安外国语大学亚非学院，2023，北京第二外国语学院侯宇翔教授为我院师生作讲座 [OL]，https://mp.weixin.qq.com/s/KtGoNq5SolIBAQ9eQNULcQ（2024 年 3 月 19 日读取）。

[53] 宁夏大学阿拉伯学院，2023，中东与阿拉伯世界专题讲座 [OL]，https://arabic.nxu.edu.cn/info/1064/2366.htm（2024 年 3 月 10 日读取）。

[54] 浙江外国语学院新闻网，2023，2023 年度"大使进校园"系列活动火热开讲 [OL]，https://www.zisu.edu.cn/info/1011/18542.htm（2024 年 3 月 12 日读取）。

[55] 广东外语外贸大学新闻网，2023，我校阿语教师谈阿拉伯现当代文学 [OL]，https://news.gdufs.edu.cn/info/1010/95203.htm（2024 年 3 月 12 日读取）。

[56] 北京外国语大学新闻网，2023，北外薛庆国教授在阿拉伯媒体撰文：中阿双方要通过自己的眼睛看对方 [OL]，https://news.bfsu.edu.cn/archives/301000（2024 年 3 月 15 日读取）。

第七节　日语[1]

一、年度情况概述

1. 重要会议

1）第九届全国高校日语专业教学改革与发展高端论坛[1]

2023 年 4 月 8—9 日，由北京外国语大学、教育部外指委日语专业教学指导分委员会、中国日语教学研究会联合主办，外语教学与研究出版社、浙江外国语学院承办的"第九届全国高校日语专业教学改革与发展高端论坛"在杭州举行。该论坛的主题为"大道致远，知行合一"，与会者围绕高等日语教育服务国家发展战略，聚焦日语课程改革创新进行了广泛而深入的研讨，参会人数达 300 余人。

该论坛共设有四场主旨报告、三个分论坛和多场教学研讨。在主旨报告中，北京外国语大学周异夫教授指出，高校必须加快日语专业的教育教学改革，创新日语学科的知识体系与课程体系，提高学生的创新实践能力。中国社会科学院日本研究所杨伯江所长指出，中国如今面临"传播逆差"状况，日语教育者要帮助学生增强日语专业知识，拓宽国际视野，理解中国，使其成长为国际传播人才。北京外国语大学人工智能与人类语言重点实验室李佐文主任分析了 ChatGPT 对外语教育的影响及外语教育转型趋势。教育部外指委副主任委员、天津外国语大学原校长修刚教授指出，新时代日语教育要适应新文科、高等教育普及的新形势，满足立德树人、传播中国声音的新需求，培养具有家国情怀、国际视野的特色日语人才。三个分论坛的主题分别为"创新日语学科知识体系和课程体系，担当日语专业教育的新使命""日语教育前沿论坛""服务人才培养需求的日语教材建设与使用"，22 位专家分享了各自的观点。在教学研讨环节，五位专家围绕"理解当代中国"日语系列课程实践与探索、"理解当代中国"日语系列教材教学设计与展示（含

1　本节作者：朱桂荣，北京外国语大学。

日语读写、日语演讲、汉日翻译、高级汉日翻译等课程）进行了多角度的研讨。

2）第八届全国高校日语专业院长 / 系主任高级论坛[2]

2023 年 4 月 27—29 日，"第八届全国高校日语专业院长 / 系主任高级论坛"在江西南昌举行。该论坛由教育部外指委日语专业教学指导分委员会、中国日语教学研究会、上海外国语大学、南昌大学联合主办，上海外语教育出版社承办，来自全国各地的近 200 位高校日语专业院长、系主任和学科负责人参加了论坛。该论坛以"新时代 新征程 新发展"为主题，围绕日语专业发展、教学改革、人才培养模式创新、一流课程建设、教师素养提升、教材编写、思政育人、智慧教学等议题展开了深入的探讨。

在主旨报告环节，教育部外指委副主任委员、天津外国语大学原校长修刚教授围绕"中国式现代化视域下的日语专业教育"作了发言，指出新时代赋予日语专业的特色使命；教育部外指委日语专业教学指导分委员会委员、中国日语教学研究会会长、北京外国语大学日语学院院长周异夫教授围绕"新时代日语专业的高质量发展"一题，提出新时代各高校的日语专业需要加强专业特色建设，鼓励分类发展和特色发展。在圆桌论坛环节，与会嘉宾围绕"教育数字化与日语智慧教学""讲好中国故事与国际传播人才培养"两个主题展开了探讨。专题论坛分别围绕"新时代日语专业的发展与创新""日语专业教学改革与人才培养""新时代日语专业教师职业发展""日语专业课程、教材与数字化"四个主题开展了深入的研讨。

3）第二届日语学术交流与发展会议[3]

2023 年 4 月 21—23 日，由高等教育出版社和北京日本文化中心（日本国际交流基金会）联合主办的"第二届日语学术交流与发展会议"在北京举行。该会议采用线上线下相结合的方式并同步直播，吸引了 400 余位教师参会。天津外国语大学原校长修刚教授围绕"'融通中日'的翻译策略——以中译日为例"作基调演讲，指出翻译是建立对外话语体系最直接的行为，翻译研究与教学需要培养一批具有"融通中外"翻译能力的外语人才。北京外国语大学徐一平教授以"从高中日语课标修订版看日语人才培养"为题，指出日语学科核心素养是日语学科育人的根本要求。北京大学赵华敏教授以"为什么要做学者型的高校外语教师——浅谈语言测试、评价对教学的影响"为题，指出教学即学术，学术促教学，应协调好教学和科研的关系，实现教学和科研的融合。北京师范大学冷丽敏教授在主题演讲"高校日语教师专业发展：现状与课题"中指出，高校日语教师要终身学习，在教学实践的探索与反思中持续充实、完善自我，不断提升教学能力与专业素养。北京第二外国语学院杨玲教授在题为"翻译学科发展视角下的日语翻译学科与翻译人才培养的可持续发展"的讲座中指出，中日双语翻译能力、跨文化沟通能力、国际传播能力应实现一体化，整体融入教学实践，培养跨学科、复合学科、融学科的复合型日语人才。浙江工商大学江静教授以"中日文化交流史上的江南"为题，指出江南是历代中日文化交流事件发生的重要场域，并阐明其对当时的中日交流产生的深刻影响。西安交通大学张文丽教授在主题演讲"基于《大学日语》慕课相关数据的调查分析"中指出，教师应注重线下互动，深化线上和线下相结合的混合式教学。北京日本文化中心（日本国际交流基金会）日语教育专家佐久间司郎以"日语教育与 AI"为题，介绍了日语教育和人工智能的关系。除主题演讲外，会议还开设了日语教育、日语翻译和日本文化三个分会场，12 位研究者作了发言，专家逐一进行了点评。

4）区域国别学视域下的日本学研究国际学术研讨会[4]

2023 年 11 月 25—26 日，由北京外国语大学主办，北京外国语大学日语学院、北京日本学研究中心、教育部区域和国别研究培育基地——北京外国语大学日本研究中心承办的"区域国别学视域下的日本学研究国际学术研讨会"举行。大会包括三场主旨报告、一个高端圆桌论坛、12 场平行分科研讨会，并特别设置了中日韩四校论坛、经济论坛、文化论坛等三场分论坛。来自中国、日本、韩国及"一带一路"共建国家高校、研究机构和企业智库的 200 余位专家学者参会。在主旨报告环节，北京日本学研究中心原主任严安生教授作了题为"回到中国'日本学'的初心"的报告；北京第二外国语学院特聘教授、中国社会科学院文学研究所孙歌研究员作了题为"东北亚的'开国'"的报告；东京大学东洋文化研究所教授、北京日本学研究中心日方主任园田茂人分享了"东京大学区域国别研究视域下日本研究的经验与启示"。在高端圆桌论坛上，中国社会科学院日本研究所杨伯江所长表示，"区域国别学"一级学科的建立，是新形势下日本研究特色人才培养的重大机遇。天津外国语大学原校长修刚教授从区域国别学的学科建设角度出发，提出了区域国别学科下现代日语教育的内涵式发展路径。南开大学刘雨珍教授介绍了南开大学作为综合性大学推动日语学科和区域国别研究融合发展的做法。上海外国语大学高洁教授分享了上海外国语大学由日本经济复合型人才培养到日本学研究卓越人才实验班的建设思路。北京外国语大学周异夫教授认为，区域国别学视域下的日本研究应基于学科积累和优势，突出"多领域交叉、跨学科互补"的广义的、综合性的发展路径。论坛嘉宾发言结束后，与会者围绕"区域国别视角下的日语学科建设"展开深入讨论。经济论坛的专家围绕"逆转/共赢 新能源领域中日企业的交锋"分享了观点并进行探讨。在平行分科研讨会上，来自国内外多所大学和科研机构的学者，就社会、文化、历史、政治、经济、文学、语言学等领域的问题展开了深入研讨。该会议是北京外国语大学日语学院、北京日本学研究中心立足区域国别学和全球治理视野，推进新日语学科建设，探索新形势下日本研究的新思路、新范式的重大举措。

2. 学术期刊与基地建设

1）《日本学研究》入选"中文社会科学引文索引来源期刊（集刊）CSSCI（2023—2024）收录集刊"[5]

由北京外国语大学北京日本学研究中心、教育部区域和国别研究培育基地——北京外国语大学日本研究中心共同主办的《日本学研究》入选南京大学中国社会科学研究评价中心"中文社会科学引文索引来源期刊（集刊）CSSCI（2023—2024）收录集刊"。《日本学研究》是北京日本学研究中心于1991年创办的日本学研究综合学术集刊，所刊论文涉及日本语言、文学、文化、社会、经济、教育等多个领域。从创刊至2017年，《日本学研究》作为年刊连续出版了 27 辑，受到了国内外日本学研究界的广泛好评，为我国日本学研究的发展作出了贡献。2018 年，为满足我国日本学研究以及国别和区域研究的迫切需要，《日本学研究》改为半年刊，常设栏目包括特别约稿、热点问题、国别与区域研究、日本语言与教育、日本文学与文化、日本社会与经济、海外日本学、书评等。《日本学研究》在 2019 年入选社会科学文献出版社"CNI 名录集刊"，在 2021 年、2022 年获评社会科学文献出版社年度优秀集刊。

2）教育部区域和国别研究培育基地——北京外国语大学日本研究中心在 2023 年度 CTTI 智库优秀成果评选中再创佳绩 [6]

"新型智库治理论坛"是南京大学中国智库研究与评价中心联合《光明日报》智库研究与发布中心共同创办的专题研讨会。"北京外国语大学日本研究中心"是教育部首批区域和国别研究培育基地之一，于 2017 年入选 CTTI 来源智库。2023 年 12 月 11 日，CTTI（中国智库索引）2023 年度新型智库治理论坛发布年度智库建设最佳案例并推介优秀成果。教育部区域和国别研究培育基地——北京外国语大学日本研究中心报送的《"一体两制"创新发展，打造日本研究高端智库》入选"CTTI2023 年度智库建设最佳案例·示范案例"。北京外国语大学日本研究中心继 2022 年入选"2022 高校智库百强榜"后，再度获得 CTTI 年度评价前 60 的好成绩，也是北京外国语大学唯一"示范案例"和全国高校日本学、日本研究机构唯一获奖智库。此外，该中心报送的《高校日语与区域国别的学科融合发展路径思考》（武萌、周异夫），荣获"CTTI2023 年度智库研究优秀成果二等奖"。据悉，该论坛共征集到来自 227 家机构的 227 份建设案例，最终 118 份案例入围智库建设最佳案例推介名单，其中标杆案例 20 份，示范案例 39 份，优秀案例 59 份。

3. 日语专业教师发展与学术研究

1）全国高校日语教师高级研修班（第一期 [7][8] 及第二期 [9]）

为提高中国中西部地区日语教师的专业能力，深入推进我国高校高水平日语师资队伍建设，北京外国语大学与日本笹川和平财团、中国教育国际交流协会自 2022 年起共同举办中国中西部日语教师培训项目，并于 2023 年 3 月 10 日在线举行了全国高校日语教师高级研修班（第一期）开班仪式。该研修班旨在通过中日相关领域的专家授课、教学分享、学术交流、实地考察等方式，为全国特别是中西部地区高校的日语骨干教师发展提供支持。项目分为国内研修和赴日研修考察两部分。经过为期三周的学习，该研修班国内研修部分的结业仪式于 3 月 31 日在线举行。日本笹川和平财团于展先生对该研修班的意义和所取得的丰硕成果给予了高度评价，他指出日本笹川和平财团将继续为助力中国日语教育的改革和发展贡献力量。中国教育国际交流协会刘轶博女士希望学员把研修成果带回教学一线，使更多师生获益，并以此为契机，探索中日人文领域交流合作的新方向。北京外国语大学周异夫教授表示，该研修班为各高校日语骨干教师和学科带头人的进一步发展提供了有力支持。来自合肥学院、宁夏大学、南京林业大学、四川外国语大学以及天津理工大学的学员代表发表了感言。大家表示，在教学和科研处于迷茫混沌之际，在各高校日语专业迎来挑战、亟待改革的今天，参加此次内容丰富的教师研修，收获颇丰。来自全国 87 所高校的 98 名学员参加了线上研修，其中 20 位教师在暑假赴日本继续进行为期一个月的研修和考察。

　　在成功举办第一期研修班的基础之上，全国高校日语教师高级研修班（第二期）于 2023 年 10—12 月以线上和线下相结合的方式举行。97 位高校日语教师（按照一定比例重点支持中西部地区高校教师）参加了国内研修，共计 42 课时。研修课程采取了专家讲座、同行分享、说课评课、工作坊等多种形式，共开设 11 门课程，为提高参训教师的教学能力和学术研究能力提供助力。12 月 25 日，第二期研修班的结业仪式在线举行。北京外国语大学周异夫教授表示，该研修班以"改革、发展"为主题，为具有前瞻性的改革和探索提供了丰富的素材、优质的平台和有力的支持。来自河南大学、兰州理工大学、云南师范大学的学员代表发表了研修感言。她们表示，近两个月的研修收获甚丰，每一次学习都是对作为一位教师应具有的专业精神的高度洗礼，随之而来的也是沉甸甸的思考和责任，今后将不忘初心，将压力转化为动力，把所学所感带回课堂中。国内研修结束后，部分优秀学员将于2024年暑期赴日继续进行为期一个月的研修和考察。

线下工作坊是第二期高级研修班的一环。主办方及承办方于2023年10月27—29日在四川外国语大学举办了第一次线下工作坊，主题为"新时代日语教育改革与发展"；于2023年12月8—10日在兰州大学举办了第二次线下工作坊，主题为"日语教学改革：观念与方法"。工作坊除了面向参加研修的学员，还向承办院校所在地区的各高校日语教师开放，有效促进了各地教师对日语专业教学的深入研讨。

近年来，日语学科建设快速发展，专业设置更加多元，学生数量保持高位，研究层次显著提高，但教师资源的地区分布和专业化水平不均衡等问题不容忽视。加之，新时代对日语专业教师提出了新要求，日语教师培训工作任重而道远。该研修班为全国各高校日语教师搭建了学习交流的平台，推动了全国高校日语专业的建设和发展。

2）2023 外研社多语种"教学之星"大赛（日语组）

2023年12月21日，2023外研社多语种"教学之星"大赛日语组获奖名单公布。大赛主题是"外语教材的有效使用：培根铸魂 启智增慧"。大赛力求回应时代命题、服务国家战略、担当教育使命，为全国高校外语教师搭建交流新思想、新理念与新方法的学习平台，为深入实施科教兴国、人才强国、创新驱动发展战略，培养新时代社会主义建设者和接班人作出贡献。

3）第十届孙平化日本学学术奖颁奖仪式[10]

2023年12月21日下午，"第十届孙平化日本学学术奖颁奖仪式"在北京举行，中国宋庆龄基金会副主席沈蓓莉出席仪式并致辞。第十二届全国人大常委会副秘书长、欧美同学会留日分会会长曹卫洲，中国日本友好协会常务副会长程永华，日本国驻中国特命全权公使小泉勉，中国宋庆龄基金会副主席井顿泉，相关单位领导、获奖代表、专家委员会委员等80余人出席。沈蓓莉表示，2023年是《中日和平友好条约》缔结45周年，举办"第十届孙平化日本学学术奖颁奖仪式"具有特殊意义。该奖项自设立以来，吸引了越来越多中青年学者投身日本学研究和中日友好事业，为助力中日两国文化交流和民间友好作出了重要贡献。该届作品申报数量创历届新高，更具时代性和专业性，涵盖领域更加多元广泛，充分体现了我国日本学研究的新发展。获奖作品分为专著类一至三等奖，论文类和译著类一至三等奖，以及鼓励奖。其中，专著类一等奖获奖作品为《日本对中国的认知演变——从甲午战争到九一八事变》（作者：王美平）、《说话的东亚——以〈今昔物语集〉为中心》（作者：高阳）。论文类一等奖获奖作品为《"千人针"——一个军国"美谈"的生成与传播》（作者：王萌）。译著类一等奖获奖作品为《周恩来在巴黎》（作者：小仓和夫，译者：王冬）[11]。

4. 学生活动

1）第十五届中国日本学研究"卡西欧杯"优秀硕士论文评审活动[12]

为进一步推动全国各高校日语语言文学学科硕士研究生的教学和论文指导工作，北京外国语大学受教育部外指委日语专业教学指导分委员会、中国日语教学研究会委托，于 2008 年发起"中国日本学研究'卡西欧杯'优秀硕士论文评审活动"，至今已成功开展 15 届。活动发起 15 年来，累计收到参赛论文 880 余篇，其中获奖论文 350 余篇，是目前全国日语语言文学学科唯一一项全国性硕士论文评审活动。论文评审结果亦成为衡量各院校日本学研究硕士论文水平的重要标准。

2023 年 3 月 17 日，由北京外国语大学主办的"第十五届中国日本学研究'卡西欧杯'优秀硕士论文奖颁奖典礼"采用线下线上相结合的方式举行。相关领导、评审专家、获奖学生、指导教师共 100 余人参加典礼。此次评选共收到来自 68 所学校的 131 篇参赛论文，参评人数超过以往任何一届。为了全面展现全国日语学科的发展成果，该届评审活动共设立了语言组、教育组、文学组、文化组、国别与区域组、翻译组六个专业组别，最终评出一等奖 6 名、二等奖 11 名、三等奖 19 名、优秀奖 16 名。各组别一等奖的获得者分别为：北京外国语大学丁昊天（语言组），福建师范大学尤晓琼（教育组），中国人民大学王顺鑫（文学组），中国人民大学许岚清（文化组），浙江工商大学张月宇（国别与区域组），湖南大学黄丹荔（翻译组）。北京外国语大学丁浩副校长高度评价了评审活动对全国高校日语语言文学学科建设、研究生教育以及硕士论文指导工作的重要作用。

2）2023 年"笹川杯"全国高校日本知识大赛 [13]

"2023 年'笹川杯'全国高校日本知识大赛"决赛于 2023 年 11 月 5 日在中国人民大学举行，97 所高校的 380 余名师生参加了比赛。中国人民大学党委书记张东刚在开幕式致辞中表示，"'笹川杯'全国高校日本知识大赛"为中国青年加深对日本的了解、激发其对日语学科的学习热情、促进中日两国文化交流，搭建了桥梁。该大赛由中国人民大学和日本科学协会共同主办，日本财团特别赞助。比赛分为个人赛和团体赛两部分，先后于 11 月 4 日、5 日进行了预决赛。经过两天激烈角逐，天津外国语大学代表队获得团体赛特等奖，河南师范大学黄旭鸿获得个人赛特等奖。大赛的一等奖、特等奖获得者将受邀赴日参观学习。天津外国语大学杨博宇谈起赛后感想时表示，大赛为日语专业学生创造了互相学习、互相进步的机会，知识大赛考题很全面，除了学习往届大赛的题目、从网络上查询之外，观看日本的知识竞答节目在很大程度上帮助自己扩大了知识面。"'笹川杯'全国高校日本知识大赛"始于 2004 年，截至目前已举办 16 届。日本财团理事长尾形武寿在接受采访时表示，希望这个大赛能继续办下去，他认为年轻人肩负着国家的未来，中日青年面对面的交流很重要，没有交流就没有友谊，深化相互理解有助于增进国民友好感情。

二、热点问题剖析

从 1980 年到 2021 年，我国先后出台了八部关于大学日语教学的大纲或指南，有力地促进了大学日语教材建设及教学发展。新中国成立后 30 年间的公共日语教学注重培养学生的科技文献阅读能力，日语教材以科技日语为中心。改革开放后 20 年间，日语教学在重视培养懂日语的科技人才及其科技文章阅读理解能力的同时，也开始注重培养学生的口语交际能力。随着我国的经济发展步伐进一步加快，大学日语教材趋向多元化，兼顾科技与社会文化题材、重视语言交际能力。进入 21 世纪以后，大学日语学习者人数不断增加，大学日语教材也保持了良好的发展势头，内容更加贴近生活，更加注重实用性、趣味性、地道性以及能否与日语能力考试有效对接。尽管如此，长期以来大学日语教学仍然存在方式单一、设备落后、学生被动接受等情况。改善学习环境、提高学生的学习兴趣和日语交际能力仍是重要课题。[14][15] 在新文科背景下，一些大学积极探索"日语＋国际贸易""日语＋法律"等"日语＋"知识结构的综合型人才培养模式。调查显示，在课程设置方面，面对不同水平的日语学习者分层次开展针对性教学或者采用翻转课堂教学模式，将有助于改进教学方式，提高学生积极性。[16]

近几年，大学日语教学又出现了新变化：随着多语种高考政策的推广，越来越多高中生通过高考日语进入大学，在大学选修"大学日语"课程的学生越来越多，这也使得大学日语教学迎来了更多新的课题，如学校层面的课程设置、评价标准问题，教师层面的教材选择、教学内容、教学评价问题，学生层面的水平参差不齐、学习动机不明确问题等。[17]

值得关注的是，《大学日语教学指南（2021 版）》指出，大学日语教学应融入学校课程思政教学体系，使之在高等学校落实立德树人根本任务中发挥重要作用。同时，大学日语的教学目标强调培养学生的综合运用能力、增强跨文化交际意识和交际能力，同时提升自主学习能力，提高综合文化素养，培养人文精神和思辨能力。日语教材要在传播新知识、新思想、新观念方面发挥重要作用，要自觉坚定文化自信，立足中国、面向世界，为培养具有前瞻思维、国际视野的人才提供有力支撑。在该指南的引领下，大学日语教学在教材编写、教学研讨及教师培训方面进行了积极应对。

1．大学日语教材的编写

为落实新时代大学日语教育的育人要求，不少新教材陆续问世，如外语教学与研究出版社出版的系列教材《新一代大学日语第二册》（非零起点大学日语教材）、《新标准日语教程第三册》（零起点大学日语教材），高等教育出版社出版的《新大学日语标准教程（提高篇）1》（第二版）等。这些教材在编写上关注学习者的需求和外语学习规律，在内容上具有时代性和思想性，在教学目标上关注大学生的认知发展水平和对其日语综合能力等人文素养的培养。特别是《新一代大学日语》及时回应了近年来由于高中日语学习者的快速增加带来的大学日语学习者激增的状况，非零起点大学日语教材的出版与高中日语教学进行了有效的衔接。

2. 大学日语教学的研讨

对于如何回应新时代大学日语的育人要求，专家学者进行了积极的研讨。2023 年 5 月 27 日，"第四届全国高校大学日语教学改革与发展高端论坛"在合肥举行。该论坛由大外教指委日语组、大研会日语分会、外语教学与研究出版社联合主办，安徽新华学院承办。论坛以"内容创新，数智赋能"为主题，通过线上和线下相结合的形式，探讨了新时代背景下大学日语教育改革的创新思路，并分享了教学成果与实践经验。在主旨报告中，北京大学赵华敏教授介绍了大学日语当下面临的形势与挑战，并说明了《全国大学日语教学指南（2021 版)》及《全国大学日语四、六级考试大纲（2023 年版)》的颁布给大学日语带来的新变化。哈尔滨师范大学王琪教授指出，教育数字化转型是当前教育改革和实践的热点，大学日语教师需要准确理解和把握外语教育数字化转型的概念与内涵，以数字化赋能大学日语课程教学。北京师范大学冷丽敏教授结合《大学日语教学指南（2021 版)》的要求，解读了高校日语教师的发展目标，并基于相关数据探讨了高校日语教师专业发展的有效路径。北京语言大学杨峻教授以《新一代大学日语》为例，分享了大学日语教材的编写理念、设计思路与实施方法。在主题论坛上，多名专家围绕"内容创新、数智赋能——符合新时代人才培养需求的大学日语课程建设"进行讨论。在教学研讨环节，一线教师展示了教学设计案例，专家进行了评课。在交流研讨环节，来自多个省份的 12 位教师介绍了本地区及本校的大学日语发展概况、本校大学日语课程设置、教学发展、学科特色等，分享了各院校在新时代下面对大学日语改革与发展机遇所采取的对策与措施。该论坛内容丰富，反映了前沿的改革思想，为今后大学日语的发展提供了新的启示，明确了新时代大学日语的发展方向。[18]

3. 大学日语教师的培训

教师的教材使用是改进教学的关键环节。教师对教材的解读及使用方式关系到教材编写理念的落实、影响到教学实施的效果。因此，面对新时代大学日语教学的改革要求，以教材使用为突破口，更新教师的教学观念，提高教师的教学水平极为重要。面对这一现实需求，一些出版社以教材为依托积极开展有针对性的教师培训。例如，外语教学与研究出版社于 2023 年 3—4月在线举办大学日语虚拟教研室 [19][20]，邀请专家围绕"大学日语教学改革与创新"进行讲解，同时邀请一线教师分享"《新一代大学日语》系列教材教学使用说明""大学日语二外 / 公外课程的有效教学设计——以《新标准日语教程》为例""大学日语二外 / 公外课程教学设计思路探讨——以《新标准日语教程第一册》第 7 课为例"等。高等教育出版社于 2023 年 5—6 月在线举办了大学日语教学实践系列讲座，邀请专家解读《全国大学日语四、六级考试大纲（2023 版）》，探讨"新考纲指导下的大学日语教学及科研""如何指导大学日语四六级考试备考""《新大学日语标准教程（基础篇）》的数字化资源应用与教学实践"，分享"《新大学日语综合教程》的课堂教学设计与示范""《新大学日语标准教程（提高篇）》的课程思政教学设计"等。[21][22]

2023 年 7 月 25—28 日，"第七届全国高校日语学科中青年骨干教师高级研修班（日语专业·大学日语）"在西宁举行。该研修班由教育部外指委日语专业教学指导分委员会、大外教指委日语组、中国日语教学研究会、大研会日语分会和外语教学与研究出版社主办，青海民族大学承办。在该研修班设置的"大学日语教学实践探索"专题板块，参会教师探讨了零起点和非零起点大学日语教学课程设计革新，以及课程思政与数字化课堂教学模式，并着重讨论了非零起点教学实践中，如何使高中与大学日语课程顺利衔接，以及零起点大学日语课堂如何"数智"结合，赋能新时期大学日语教学。该研修班还围绕"理解当代中国"日语系列教材、《新标准日语教程》、《新一代大学日语》、《新经典日本语》四套教材，安排了四场教学工作坊。

上述以解决教学问题为目标、以教师为主体的教学工作坊对于促进大学日语教师专业发展发挥了重要作用。[23]

在新文科背景下，在新发布的大学日语教学指南与考纲的引领下，以及在教育部外指委等各级部门的关怀下，大学日语教学在转变教学观念、开发新教材、提高教学水平方面作出了积极的探索与实践。内容丰富的教师发展活动将助力大学日语教师培养出更多既具有专业知识又具备综合日语能力的综合型人才。伴随大学日语新教材的问世，大学日语教材的文本研究以及大学日语教师的教材使用有望成为研究的关注点。以教师为主体的教材研究和教学研究不但可以推进大学日语教学的发展，还可以促进大学日语教师自身的专业发展。期待未来可以看到更多研究成果！

三、部分论文文献信息 [1]

蔡妍、林璋，2023，语法体系对日语学习者初级语法习得效果影响的实验研究 [J]，《高等日语教育》（1）：39-49。

毛文伟、谢冬、郎寒晓，2023，ChatGPT 赋能新时代日语教学：场景、问题与对策 [J]，《外语学刊》（6）：25-33。

孙成志、王成一，2023，日本主流报纸中环境风险话语的批评认知语言学分析 [J]，《日语学习与研究》（5）：89-101。

毋育新、李瑶、于富喜，2023，语言智能视角下的日本人机对话系统研究——以语言学知识的融合与应用为核心 [J]，《日语学习与研究》（1）：84-95。

1　请于本书附录查看相关文献的详细摘要。

张鹏、朱虹，2023，中国日语学习者屈折词加工中的词缀位置效应 [J]，《现代外语》(6)：841-852。

朱鹏霄、于栋楠，2023，中日两国日语教材研究的现状对比与启示 [J]，《外语学刊》(1)：87-96。

[1] 外研社日语，2023，第九届全国高校日语专业教学改革与发展高端论坛成功举办 [OL]，https://mp.weixin.qq.com/s/w-jlmRGEGvoVdnoehJN2Ng（2024 年 3 月 1 日读取）。

[2] 南昌大学外国语学院，2023，第八届全国高校日语专业院长 / 系主任高级论坛圆满落幕 [OL]，https://wgyxy.ncu.edu.cn/jwz/xygk/xwdt/10c4c1d884a04c6b8a2b2ddb04a57edc.htm（2024 年 3 月 1 日读取）。

[3] 高教社外语，2023，第二届日语学术交流与发展会议圆满落幕 [OL]，https://mp.weixin.qq.com/s/wjR4vlJ5qh7_8nYJk6CH1A（2024 年 3 月 1 日读取）。

[4] 北京日本学研究中心，2023，"区域国别学视域下的日本学研究"国际学术研讨会在北京外国语大学召开 [OL]，https://mp.weixin.qq.com/s/lWtDgXaVbxul0JbCD9Nk0w（2024 年 3 月 1 日读取）。

[5] 北京日本学研究中心，2023，《日本学研究》再度入选"中文社会科学引文索引来源期刊（集刊）CSSCI 收录集刊"[OL]，https://mp.weixin.qq.com/s/_8Lt6dInmQo3NbnooQSdBw（2024 年 3 月 1 日读取）。

[6] 北京日本学研究中心，2023，教育部国别和区域研究培育基地北外日研中心在 2023 年度 CTTI 智库优秀成果评选中再创佳绩 [OL]，https://mp.weixin.qq.com/s/QNPqTnEML2QkgZyGI0CFLg（2024 年 3 月 1 日读取）。

[7] 北京日本学研究中心，2023，北外主办全国高校日语教师高级研修班 [OL]，https://mp.weixin.qq.com/s/XpbBMMDvZrLgUa4E0HvEsg（2024 年 3 月 1 日读取）。

[8] 北京日本学研究中心，2023，全国日语教师高级研修班（第一期）顺利结业 [OL]，https://mp.weixin.qq.com/s/dVTUGnN03VO-ufXRIRQd_w（2024 年 3 月 1 日读取）。

[9] 北京日本学研究中心，2023，全国日语教师高级研修班（第二期）顺利结业 [OL]，https://mp.weixin.qq.com/s/QrmWuRkPyouFaX5rq2Xsqw（2024 年 3 月 1 日读取）。

[10] 澎湃，2023，第十届孙平化日本学学术奖颁奖仪式在京举行 [OL]，https://m.thepaper.cn/baijiahao_25754915（2024 年 3 月 1 日读取）。

[11] 北京日本学研究中心，2023，第十届"孙平化日本学学术奖"获奖作品名单 [OL]，https://mp.weixin.qq.com/s/wAWFrvfkXOhtQAaDNXZXzA（2024 年 3 月 1 日读取）。

[12] 北京日本学研究中心，2023，第十五届中国日本学研究"卡西欧杯"优秀硕士论文奖颁奖典礼成功举行（附获奖名单）[OL]，https://mp.weixin.qq.com/s/G2QltA3jqHOU6g1a6Q4ubA（2024 年 3 月 1 日读取）。

[13] 人民资讯，2023，2023 年"笹川杯"全国高校日本知识大赛在北京举行 [OL]，https://baijiahao.baidu.com/s?id=1781783324153620924&wfr=spider&for=pc（2024 年 3 月 1 日读取）。

[14] 王月婷、罗勇，2011，大学公共日语教学现状的调查及统计分析报告 [J]，《学理论》（13）：262-263。

[15] 王孔炼，2012，关于公共日语教学的思考 [J]，《南昌教育学院学报》（1）：161-162。

[16] 卢莹、陈德超，2021，"新文科"背景下高校开设公共外语《大学日语》课程的可能性与必要性——以九江学院为例 [J]，《作家天地》（27）：123-124。

[17] 姜莎、严桂林，2024，新文科背景下《大学日语》课程教学困境与突破思考 [J]，《秦智》（2）：120-122。

[18] 外研社日语，2023，第四届全国高校大学日语教学改革与发展高端论坛成功举办 [OL]，https://mp.weixin.qq.com/s/_xmPsYLvF--KMdLj19dvQg（2024 年 3 月 1 日读取）。

[19] 外研社日语，2023，预告丨外研社大学日语虚拟教研室第三期 [OL]，https://mp.weixin.qq.com/s/ipWERn0vScwFpJcXJUV7dQ（2024 年 3 月 1 日读取）。

[20] 外研社日语，2023，教研丨外研社大学日语虚拟教研室（第四期）4 月 25 日晚 7:00 准时开始！[OL]，https://mp.weixin.qq.com/s/eGjsVUSji8IFEELWyXZltQ（2024 年 3 月 1 日读取）。

[21] 高教社外语，2023，讲座预告丨2023 年大学日语教学实践系列讲座·第一期 [OL]，https://mp.weixin.qq.com/s/J7n1fgFsYEHbMbNbneIBag（2024 年 3 月 1 日读取）。

[22] 高教社外语，2023，讲座预告丨2023 年大学日语教学实践系列讲座·第二期 [OL]，https://mp.weixin.qq.com/s/vW8Wzf7-QYzDX-lev88DuA（2024 年 3 月 1 日读取）。

[23] 外研社日语，2023，第七届全国高校日语学科中青年骨干教师高级研修班成功举办 [OL]，https://mp.weixin.qq.com/s/YJhvMUgd7m2Ibd9sZxRJ1g（2024 年 3 月 1 日读取）。

第八节　朝鲜语[1]

一、年度情况概述

"一带一路"倡议和"新文科"建设改变了外语教育环境，同时，人工智能和大数据时代也给外语教育带来新变化。为了应对瞬息万变的教育环境和持续升级的信息技术带来的挑战，各高校朝鲜语专业纷纷探索教育教学新范式。2023 年，在朝鲜（韩国）语界同仁的共同努力下，朝鲜（韩国）语教育教学工作成果显著。本节从朝鲜语专业相关政策、课程设置、教学活动、专业测试几个方面对 2023 年度高校朝鲜（韩国）语学科的重要事件进行简要阐述。

1. 朝鲜语专业相关政策

教育部高等教育司 2023 年工作要点指出，要加快高等教育数字化转型，打造高等教育教学新形态；加强国家高等教育智慧教育平台建设，拓展平台内容，完善平台功能，建好内容丰富、服务高效的高等教育综合服务平台；加强课程思政高质量建设，发展大学生文化素质教育，深入挖掘各类专业课程和教学方式中蕴含的思想政治教育资源，破解课程思政"表面化""硬融入"问题；结合专业特点分类推进课程思政建设，将党的二十大精神有机融入相关专业课程；细化普通本科专业类课程思政教学指南，完善专业类、专业、课程不同层面课程思政教学重点；推进课程思政优质资源数字化转化和共享，用好示范项目和数字化资源，开展相关课程任课教师培训，提升教师课程思政教学能力。[1]

2023 年 2 月，教育部等五部门印发了《普通高等教育学科专业设置调整优化改革方案》（以下简称《方案》）。《方案》中提出，改进高校学科专业设置、调整、建设工作，加快新文科建设；推动文科间、文科与理工农医学

1　本节作者：金京善、张丰交，北京外国语大学。

科交叉融合，积极发展文科类新兴专业，推动原有文科专业改造升级；强化重点领域涉外人才培养相关专业建设，打造涉外法治人才教育培养基地和关键语种人才教育培养基地，主动服务国家软实力提升和文化繁荣发展；推进文科专业数字化改造，深化文科专业课程体系和教学内容改革，做到价值塑造、知识传授、能力培养相统一，打造文科专业教育的中国范式。[2]

2. 课程设置

在新时代背景下，中国外语教育环境发生了巨大变化，非通用语人才培养朝多元化和区域化方向发展，即由"专业＋外语"复合型人才向"多语种＋"型专门人才转变。而新文科背景下的外语人才培养定位超越了"多语种＋"型的专门人才培养模式，转而注重"国别区域＋"和综合能力兼备的人才培养模式。[3] 高校是否能高质量实现人才培养目标，课程设置至关重要。《普通高等学校本科专业类教学质量国家标准》（外国语言文学类）中将课程结构分为通识教育课程、专业核心课程、培养方向课程、实践教学环节和毕业论文五个部分。这为全国高等学校外语类本科专业准入、建设和评价提供了依据，使高校能依照相关内容合理规划课程体系和设置专业课程。为了能够适应时代变化和满足相关需求，更好地服务我国的对外开放国家战略，国内部分高校朝鲜语专业除了开设相关语言课程外，还开设地区研究、政治与外交、经济与贸易、历史与文化等课程。为了培养高水平、高质量的复合型外语人才，许多高校不断改进培养模式。例如，北京外国语大学朝鲜语系本科生培养采用复语制教学模式，学生可以参加高等学校英语专业四、八级考试，同时采用主、辅修制度，在规范修业期限内，学习本专业尚有余力的学生还可选修双学位或双专业。

3. 教学活动

1）2023 新时代朝鲜（韩国）语教学改革与发展论坛

7月1—2日，由教育部外指委非通用语种类专业教学指导分委员会与中国韩（朝鲜）语教育研究学会主办，外语教学与研究出版社、北京外国语大学亚洲学院联合承办的"2023 新时代朝鲜（韩国）语教学改革与发展论坛"在北京外国语大学举行。会议通过主旨报告、专题分享、教学观摩等方式，吸引了国内 60 余所高校的近百位朝鲜（韩国）语教育专家、学者与一线教师参会。会议分为专题报告、圆桌论坛以及教学示范与研讨三个环节，立足新时代外语教育服务国家发展战略，着重关注朝鲜语专业课程思政育人成效，探讨专业发展与创新、教师育人能力及科研能力提升的新路径，并为全国朝鲜（韩国）语教育工作者搭建了一个相互交流的平台，获得与会专家、学者及青年教师的一致好评。[4]

2）2023 年度中国韩国（朝鲜）语教育研究学会国际学术大会

10 月 27—29 日，由中国韩国（朝鲜）语教育研究学会、韩国国际交流财团主办，广东外语外贸大学南国商学院承办的"2023 年度中国韩国（朝鲜）语教育研究学会国际学术大会"在广州举行。大会聚焦"机遇·挑战·探索：区域国别研究与国际传播背景下的韩国语教育"这一主题，旨在深入探讨我国朝鲜（韩国）语教育的现状与未来发展。该届大会为期一天半，设有韩国语教育、语言学、文学、翻译四个专业领域的分组讨论，平均每组都有 10 余位专家学者发言，分享研究成果。会议期间，举办了韩国（朝鲜）语专业硕博士研究生论文竞赛，来自国内 11 所高校的 16 名优秀学子在分会会场进行分享。大会不仅为中韩两国的学者提供了一个交流与学习的平台，也为推动中国朝鲜（韩国）语教育研究的发展注入了新的动力。[5]

3）第六届博雅中韩人文学论坛

11 月 18 日，由北京大学外国语学院朝鲜（韩国）语言文化系、北京大学朝鲜半岛研究中心、北京第二外国语学院亚洲学院朝鲜语系和东亚文化研究中心共同主办的"第六届博雅中韩人文学论坛"在北京第二外国语学院举行。来自北京大学、复旦大学、山东大学、南开大学、延边大学、上海外国语大学、北京第二外国语学院等高校的 40 余位专家学者和博士研究生参会。论坛由开幕式、主旨发言、分论坛发言讨论及闭幕式四部分组成。在主旨发言部分，延边大学金柄珉教授、南开大学孙卫国教授、复旦大学毕玉德教授与山东大学牛林杰教授为与会学者带来了精彩的学术讲座,对朝鲜(韩国)学研究的发展前沿、研究方法及未来方向进行了深入探讨。此外,该论坛还设置了"文学、历史文化研究""翻译研究""语言、教育研究"三个分论坛,由专家对分论坛发言情况进行评议并组织讨论。与会学者对该论坛的学术水平和组织工作予以高度评价,并期待其为朝鲜(韩国)学发展提供新动力。[6]

4)2023 年"CATTI 杯"全国翻译大赛

"'CATTI 杯'全国翻译大赛"由全国翻译专业学位研究生教育指导委员会和中国外文局翻译院联合主办,是翻译领域的全国性竞赛。该届大赛分为大学组、境外组、社会组,除英语、日语、韩国语 3 个语种之外,还新增了俄语语种。2023 年,该赛事的报考人数达到 8.3 万人,参赛人数继续在翻译类赛事中位列榜首。5 月 27—28 日,"2023 年'CATTI 杯'全国翻译大赛"韩国语组初赛举行,约 3000 名选手参赛。决赛于 2023 年 7 月 29—30 日举行。该赛事旨在鼓励参赛选手用外语讲述中国故事,提升其国际传播能力,促进中外青年文化交流,并贯彻落实中央有关部门关于加强翻译人才队伍建设的有关精神。

5)"永旺杯"第十六届多语种全国口译大赛

"'永旺杯'第十六届多语种全国口译大赛"由中国翻译协会与北京第二外国语学院共同主办。该届大赛包含日语、法语、德语、俄语、朝鲜(韩国)语、西班牙语、阿拉伯语 7 个语种,8 个项目。各语种赛事分为初赛、复赛和决赛三个阶段,内容聚焦人类命运共同体、全球治理、国际合作、数字经济等热点话题。来自国内外 81 所高校的 178 名选手参加初赛。在朝鲜(韩国)语交传组决赛中,来自对外经济贸易大学的邵琪荣获全国一等奖。该届大赛的复赛、决赛恢复了线下举办,并充分利用网络与多媒体,首次实现了线下比赛、线上直播,为更多口译学习者、工作者、爱好者提供了学习与借鉴的机会。[7]

4. 专业测试

全国高等学校朝鲜语专业四、八级考试由教育部外指委非通用语种类专业教学指导分委员会组织，是国内客观、公正地评定考生朝鲜语能力的权威性考试之一。一般情况下，只有全国高等学校朝鲜语专业四级考试合格，才能参加全国高等学校朝鲜语专业八级考试。但是，2023 年部分院校允许 2022 年因故未能参加全国高等学校朝鲜语专业四、八级考试及全国高等学校朝鲜语专业四级考试不合格的考生，报名参加全国高等学校朝鲜语专业四、八级考试。这可能会对部分朝鲜语专业学生的实习和就业起到积极作用。

韩国语能力考试由教育部考试中心承办，每年在国内举行两次，考试时间分别为 4 月与 10 月。2023 年韩国语能力考试在考试形式上出现一些新变化。为了提高工作效率，韩国教育部国立国际教育院表示，自 2023 年起韩国考点将逐步取消纸质考试，并在全球范围内逐渐普及网络考试。2023 年 11 月，韩国本土举办了第一届网络考试，即用电脑题库考试取代原有的纸笔考试。预计今后国内也将普及这种网络考试形式。

2023 年度全国翻译专业资格（水平）考试共有英语、日语、俄语、德语、法语、西班牙语、阿拉伯语、朝鲜（韩国）语、葡萄牙语九个语种的一、二、三级口笔译考试，这是自 2003 年首次推出考试以来组织的第 39 次考试。翻译考试均实行电子化考试形式，口译机考和笔译机考在全国 31 个省、自治区、直辖市均设置考区和考点。本次考试较前年相比，受疫情影响较小，全国报名人数近 19 万人，创单次报名人数新高。[8]

二、热点问题剖析

1. 推动朝鲜语专业课程思政建设

2020 年，教育部印发《高等学校课程思政建设指导纲要》，全面推进高校课程思政建设。课程思政成为指导新时代高等教育改革与发展关键和人才培养的核心要求。[9] 目前，国内约有 260 所高校开设了朝鲜语专业。[10] 朝鲜语专业学生人数庞大，但是现有课程忽视了课程思政的融入，无法满足新时代朝鲜语专业课程思政建设的迫切要求。目前，高校朝鲜语专业课程思政上存在的问题主要集中在以下几个方面。一是课程思政教学目标长期脱离培养目标。多数高校的朝鲜语专业教师将教学目标定位为提高学生的专业知识能力，但忽视了对学生价值观的引领。二是课程思政素材缺乏。现行朝鲜（韩国）语教材多为朝鲜或韩国学者撰写，内容以朝鲜或韩国社会文化相关知识为主，思政元素不足。三是教学模式单一，以教师课堂讲授为主，缺乏互动性和自主性。四是评价体系不完善，以语言能力为主要评价指标，忽视了对学生其他方面能力的评估，且针对朝鲜（韩国）语课程思政质量与效果的评价标准与评价方式尚不够明确。[11]

对于以上问题，首先，除了培养学生的基本知识和能力外，还应注重对学生文化意识的培养，帮助其树立文化自信，塑造正确的世界观、人生观和价值观。其次，扩展课程思政相关教学资源，丰富教学内容，可借助人民网韩文版、新华网韩文版等新闻媒体网络平台，构建专业思政素材库，抑或将中国文化元素融入大学朝鲜（韩国）语课程，例如在词汇方面，通过将朝鲜（韩国）语的汉字词与汉语词汇进行对比，使学生认识到儒学对朝鲜和韩国民族文化的影响，增强学生对中华优秀传统文化的认同感。此外，还可以尝试采用新教材，如"新经典韩国语"系列教材和"理解当代中国"韩国语系列教材等。再次，改进教学方法。通过在朝鲜（韩国）语演讲比赛、诗朗诵、文化讲座等第二课堂活动中融入思政元素，形成第一、第二课堂的有机衔接。高校教师还应注重运用网络媒体等信息技术开展线上教学，完善外语思政教学研究体系。最后，实施多元化评价。对于课程的评估既要考虑学生的外语能力，也要对其思想政治素质进行考核评价。通过增加形成性评价的比重，对学生的课堂活动、课外口语角等表现进行评估。

2. 创新人才培养模式，促进教育教学改革

根据笔者对全国高校朝鲜语专业的调研，发现目前高校朝鲜语专业培养方案存在滞后性以及与社会需求匹配度不高等问题。通过对比部分高校朝鲜语专业的培养方案和教学大纲发现，大部分朝鲜语专业的实际培养模式仍以

培养技能型人才为主，学生知识结构单一，专业复合性不强，且高校培养方案及目标大都是根据教育部指导文件拟定，相似程度较高，并未体现出院校各自的办学特色。此外，传统以教学为中心的教学方式使得教师与学生的互动有限，学生的学习兴趣和积极性不足。如何通过教育教学改革转型，提升教学质量和效率，服务国家战略需求和学生成才成长的需要，已成为现今朝鲜语专业面临的重要课题。

对于以上问题，笔者认为应从以下几个方面入手。首先，应对标党和国家事业发展和经济社会发展战略需要，优化人才培养方案。如今，人才培养模式越来越多样化，新时代朝鲜（韩国）语教育建设应充分考虑高校定位和区域特色[12]，以培养特色化人才。例如，上海外国语大学位于国际经济、金融中心——上海，外企资源丰富，对学生的培养可以侧重经济、金融方面。其次，对标新文科建设要求，着力培育复合型拔尖创新人才。[13]目前的朝鲜（韩国）语复合型人才以人文社科方向为主，因此可以制订"医学＋朝鲜（韩国）语""人工智能＋朝鲜（韩国）语"等复合型人才培养模式，以满足市场多元化人才需求。最后，对标数字化转型发展理念，着力打造数字化人才培养新体系。数字技术的集群发展，解构了传统的大学教育教学形态。这要求我们将数字技术与大学教学深度融合，从"教师＋教材＋考试"为中心的规模化、同质化人才培养模式转向以"学生＋数字化资源＋数字素养"为中心的个性化、创新型人才培养模式。[14]教师应转变教学理念，提升数字素养与能力。通过利用数字化技术，如智慧教室、虚拟仿真教室等，创新教学模式，实现课内到课外、线上到线下、虚拟到现实的一体化教学。

三、部分论文文献信息

在中国知网中，分别用"朝鲜语""韩国语"进行主题检索，发现相关论文达 200 余篇，涉及教育学、语言学、文学、翻译学等多个领域。本部分选取了其中三篇具有较强创新性和影响力的论文，摘录题目、作者、期刊名、期号、页码范围等信息，详细摘要请见本书附录。

金永寿、金熙晶，2023，《翻译老乞大》与《老乞大谚解》的比较与解析 [J]，《民族语文》（4）：119-129。

朴贵花、巨传友，2023，大学朝鲜语教学中的中国文化融入研究——以词汇为中心 [J]，《韩国语教学与研究》（1）：110-117。

朴艺丹，2023，基于平行语料库的汉朝翻译教学模式研究 [J]，《中国朝鲜语文》（1）：67-76。

[1] 中华人民共和国教育部，2023，教育部高等教育司 2023 年工作要点 [OL]，http://wap.moe.gov.cn/s78/A08/tongzhi/202303/t20230329_1053339.html?eqid=ad09c68c00016e790000000364926326（2024 年 3 月 2 日读取）。

[2] 中华人民共和国中央人民政府，2023，教育部等五部门关于印发《普通高等教育学科专业设置调整优化改革方案》的通知 [OL]，https://www.gov.cn/zhengce/zhengceku/2023-04/04/content_5750018.htm（2024 年 3 月 2 日读取）。

[3] 姜智彬，2019，新文科背景下我国外语人才培养的战略定位 [N]，《社会科学报》，2019-4-9。

[4] 外研社综合语种教育出版分社，2023，"2023 年新时代朝鲜（韩国）语教学改革与发展论坛"圆满落幕 [OL]，https://mlp.fltrp.com/article/1596（2024 年 3 月 6 日读取）。

[5] 广东外语外贸大学南国商学院，2023，2023 中国韩国（朝鲜）语教育研究学会国际学术大会在我校开幕 [OL]，https://www.gwng.edu.cn/2023/1028/c24a86104/page.htm（2024 年 3 月 9 日读取）。

[6] 北京大学外国语学院，2023，第六届博雅中韩人文学论坛成功举办 [OL]，https://sfl.pku.edu.cn/kygl/kydt/154583.htm（2024 年 3 月 11 日读取）。

[7] 北京第二外国语学院，2023，"永旺杯"第十六届多语种全国口译大赛圆满落幕 [OL]，https://www.bisu.edu.cn/art/2023/10/24/art_18951_321948.html（2024 年 3 月 17 日读取）。

[8] 中国外文局，2023，中国外文局领导带队赴翻译资格考试考点巡视 [OL]，https://baijiahao.baidu.com/s?id=1782078238554864749&wfr=spider&for=pc（2024 年 3 月 22 日读取）。

[9] 谭礼玥、易琳，2021，文化润人：课程思政融入大学韩语课程路径研究 [J]，《教育教学论坛》（42）：53-56。

[10] 高红姬、汪波（编），2020，《新经典韩国语精读教程 2》[C]。北京：外语教学与研究出版社。

[11] 郝曦光，2023，浅议中华优秀传统文化融入高校韩语课程思政 [J]，《吉林教育》（26）：29-30。

[12] 姜宝有，2022，中国朝鲜（韩）语教育的现状与课题 [J]，《东疆学刊》（1）：88-93。

[13] 对外经济贸易大学新闻网，2024，我校隆重召开 2024 年本科教育教学工作会议 [OL]，https://news.uibe.edu.cn/info/1381/65388.htm（2024 年 3 月 25 日读取）。

[14] 张敬源、赵红艳，2024，数字化转型背景下的大学英语教学创新路径 [J]，《外语学刊》（2）：84-91。

第九节　欧洲非通用语[1]

一、年度情况概述

2023 年恰逢"一带一路"倡议提出十周年，欧洲非通用语教育界基于对以往经验的总结，结合新时代国家发展需求，积极调整人才培养模式，探索学术研究路径，强化社会服务能力，并取得了以下成绩。

在专业建设方面，《2023 年度普通高等学校本科专业备案和审批结果》[2]显示，中原科技学院增设葡萄牙语专业，广东外语外贸大学（本节简称"广外"）增设保加利亚语专业，四川外国语大学（本节简称"川外"）增设塞尔维亚语专业。上海外国语大学（本节简称"上外"）乌克兰语专业入选国家级一流本科专业建设点。北京外国语大学（本节简称"北外"）开设葡萄牙语（法学）专业方向；广外启动"意大利语＋国际经济与贸易"双学士学位培养项目。

在课程改革方面，北外张方方的"葡萄牙语口译"课程获评 2023 年北京高校优质本科课程、阙建容在"北京高校第十三届青年教师教学基本功比赛"中获得文科 A 组三等奖；北京第二外国语学院（本节简称"北二外"）蒋璐等的"欧洲文化导论"课程教案获评 2022 年北京高校优秀本科教案奖（2023 年 2 月公布）；广外张海虹的"经贸意大利语"课程获批广东省线上线下混合式一流课程、尚雪娇的"葡汉互译（1）——第七章中国时政文献翻译"课程获批本科广东省课程思政改革示范项目（2023 年 4 月公布）；上外张雅琳的"葡萄牙语翻译理论与实践"课程获批 2022 年上海高校市级重点课程建设项目；川外的"基础葡萄牙语（1）""葡萄牙语国家概况"课程获评 2023 年重庆市高校一流本科课程。

在学科建设方面，北外西葡语学院与高翻学院合作，制订中英葡复语口

1　本节作者：董希骁，北京外国语大学。

2　网址：http://www.moe.gov.cn/srcsite/A08/moe_1034/s4930/202403/t20240319_1121111.html（2024 年 3 月 24 日读取）。

译硕士专业学位研究生招生计划；北二外与白俄罗斯明斯克国立语言大学签订翻译硕士专业学位联合培养项目合作协议；上外欧洲语言文学二级学科增设葡萄牙语国家研究方向，意大利语专业与意大利天主教圣心大学签订本科"2+2"双学位联合培养项目。

在学术研究方面，2023年全国高校非通用语种专业教师的学术成果产出数量和质量显著增长，发表在SSCI、A&HCI、CSSCI来源期刊（正刊）上的论文达16篇，比2022年翻了一番。北外欧洲语言文化学院主办的《欧洲语言文化研究》被评定为"2022年度中国人文社会科学集刊AMI综合评价"入库集刊（2023年3月公布）。阿尔巴尼亚科学院授予北外柯静教授"荣誉院士"证书，这是对外籍学者的最高学术认可，柯静教授是首位获此殊荣的亚洲学者。

在社会服务方面，北外、北二外、中国传媒大学教师参与《习近平谈治国理政（第四卷）》葡萄牙语版翻译工作。北外师生为巴西总统卢拉访华、"2023北京文化论坛"、"第三届中非经贸博览会"、"第六届'中国—北欧杯'足球邀请赛"、"首届中国国际供应链促进博览会"等活动提供语言服务。北外西葡语学院设立巴西葡萄牙语水平测试（Celpe-Bras）考点，并于10月份举行首次考试。广外师生为"21世纪海上丝绸之路国际智库论坛（2023)"和"2023年全球市长论坛"提供志愿服务。北二外派遣多语种志愿者为"第三届'一带一路'国际合作高峰论坛"提供服务。川外学生为"第31届世界大学生夏季运动会"提供志愿服务。上外师生为《孔子学院》杂志多语种版、"中国国际进口博览会"、巴西众议长访沪提供翻译服务，葡萄牙语、瑞典语、意大利语、希腊语专业协助中小学开展欧洲非通用语教育。

表2.9　2023年全国高校欧洲非通用语专业教师取得的重要教学和科研成果

著作（含编著、译著、教材）			
院校	作者	书名	出版社
北外	董丹、汪予暄（译）	《再见，我的抑郁体质》	北京科学技术出版社
	高如、潘晨（译）	《俯瞰世界，从航空摄影观世界百年变迁》	中国科学技术出版社

（待续）

（续表）

著作（含编著、译著、教材）			
院校	作者	书名	出版社
北外	高如、文铮（编）	《意大利语讲中国文化》	外语教学与研究出版社
	郭晓晶（译）	《门：一位女作家的自白》	人民文学出版社
	李丛、张方方（著）	《葡萄牙文化教育研究》	外语教学与研究出版社
	李慧（第一编者）	《雷慕沙文集》	学苑出版社
	李慧（译）	《雷慕沙文集（第一卷）：汉文启蒙》	学苑出版社
	李婧敬（编译）	《〈君士坦丁赠礼〉辩伪》	商务印书馆
	李怡楠（译）	《最后的故事》	浙江文艺出版社
	李颖、任静（编）	《芬兰语口语入门》	外语教学与研究出版社
	林霄霄（译）	《忠犬山姆》	广西师范大学出版社
	吕妍（编）	《拉脱维亚语讲中国文化》	外语教学与研究出版社
		《拉脱维亚语口语入门》	外语教学与研究出版社
	庞激扬（译）	《假如》	外语教学与研究出版社
	彭裕超（编）	《塞尔维亚语讲中国文化》	外语教学与研究出版社
	彭裕超（译）	《克服欧洲》	商务印书馆
	秦烨臻、尼古拉斯·科尼迪斯（编）	《希腊语口语入门》	外语教学与研究出版社
	王弘毅（第二编者）	《维谢格拉德集团》	社会科学文献出版社
	王怡然（编）	《立陶宛语口语入门》	外语教学与研究出版社
	王宇辰（编）	《丹麦语口语入门》	外语教学与研究出版社
	徐昕（译）	《高效学习脑科学》	中译出版社
		《寻找快乐脑科学》	中译出版社

（待续）

（续表）

著作（含编著、译著、教材）			
院校	作者	书名	出版社
北外	姚杰（编）	《新经典塞尔维亚语综合教程2》	外语教学与研究出版社
	张传玮、南力丹（编）	《斯洛伐克语讲中国文化》	外语教学与研究出版社
	张佳琛（著）	《荷兰国家语言能力研究》	外语教学与研究出版社
	张佳琛（译）	《怪兽书——自然博物馆里的神奇动物》	北京联合出版公司
	张珺涵（编）	《爱尔兰语口语入门》	外语教学与研究出版社
	赵刚、林温霜、董希骁（编）	《中东欧国家发展报告（2022）》	社会科学文献出版社
	赵刚、易丽君（译）	《伊萨谷》	广西师范大学出版社
	赵清（译）	《我的金色人生》	未来出版社
上外	黄丽媛（译）	《我的文学女友》	上海人民美术出版社
		《人类进化简史（绘画版）》	甘肃科学技术出版社
	毛蕊（译）	《抓住十二只喜鹊的尾巴》	人民文学出版社
	毛蕊（第二译者）	《我们之间挺好的——波兰新剧选》	中国戏剧出版社
	王会花、宋霞（编著）	《匈牙利文化教程》	上海外语教育出版社
	王建全（译）	《同流者》	江苏凤凰文艺出版社
	徐亦行（第一编者）	《葡萄牙语会话》（上）	上海外语教育出版社
	徐亦行、张维琪	《葡萄牙语综合教程2》	上海外语教育出版社
	赵祯（译）	《建筑的奇迹》	新蕾出版社

（待续）

（续表）

著作（含编著、译著、教材）			
院校	作者	书名	出版社
广外	茅银辉（总主编）	《旅游波兰语教程》	商务印书馆
	茅银辉（第一译者）	《送给头儿的巧克力》	花城出版社
	茅银辉、蒋涌、徐恒祎（编）	《中东欧国家文化发展报告（2022）》	社会科学文献出版社
川外	陈英（译）	《虚掷的夏日》	南海出版公司
		《寻找天才女友埃莱娜》	中译出版社
		《克雷姆斯的弯曲时间》	上海译文出版社
		《奥斯维辛：寂静的城市》	人民文学出版社
		《秘密笔记》	人民文学出版社
	陈英（译）	《被遗弃的日子》	人民文学出版社
	李书竹（译）	《如果你生而为女人》	人民文学出版社
北二外	韩小也、辛萌、张惠芹（译）	《白俄罗斯当代文学作品选》	中国国际广播出版社
重要研究报告			
院校	作者	报告题目	采纳部门
北外	柯静	关于提升中国新型政党制度国际话语权的几点建议	北京市政协
	张方方、王一凡	巴西卢拉总统执政百天	中国—葡语国家经贸合作论坛常设秘书处
上外	徐亦行、张翼鹏	葡萄牙和巴西在俄乌冲突问题上的立场各异	中国—葡语国家经贸合作论坛常设秘书处
	张维琪、赵僖	巴西和阿根廷南美洲共同货币倡议的前景分析	
	梅颖	俄乌事件乌克兰语舆情分析专报	中宣部国际传播局

（待续）

（续表）

重要研究报告			
院校	作者	报告题目	采纳部门
广外	扬菁、陈星	卢拉当选后中巴关系的机遇和挑战	广东省委
		以卢拉当选为契机，推进中巴国际事务合作	
		卢拉访华议题预测及应对建议	中央有关部门、广东省委
	陈星、杨菁	多渠道多主体助力出海矿企应对拉美安全风险	

省部级以上科研项目			
院校	项目负责人	项目名称	项目类别
北外	李婧敬	东西文化及其哲学	国家社会科学基金中华学术外译重点项目
上外	陈琰璟	17世纪荷兰语文献所见巴达维亚华人甲必丹事迹的史料整理、翻译与研究	教育部人文社会科学研究青年基金项目
外经贸	王莹	中国当代小说在意大利的翻译、传播与接受研究（1949—2022）	教育部人文社会科学青年基金项目

省部级以上科研奖项			
院校	获奖人	项目名称	奖项名称
北外	冯志臣	《罗马尼亚语汉语大词典》	北京市第十七届哲学社会科学优秀成果奖一等奖
北外	王弘毅	《中东欧地区大国博弈新态势——兼论中国—中东欧国家合作面临的挑战与机遇》	CTTI2023年度智库研究优秀成果二等奖
川外	陈英	《相遇与埋伏》	意大利外交与国际合作部2023年度外国文学作品翻译奖

表 2.10　2023 年全国高校举办的与欧洲非通用语相关的重要活动

时间	活动名称	主办（承办/协办）单位
4 月 11 日	匈牙利诗歌节	北外、匈牙利文化中心
5 月 19 日	2023 年"世界希腊语日"庆祝活动	广外
5 月 22 日	"一带一路"倡议十周年语言故事——中保学生"你问我答"线上联谊会	北外
5 月 26 日	葡语国家研究动态讨论会·2023	上外
6 月 19—20 日	2023 年波罗的海区域及语言研究学术研讨会	北二外
6 月 20 日—7 月 3 日	面向小语种专业的"一带一路"国家暑期研修班	广外
7 月 3—7 日	第九届全国高校葡语教师培训班	北外
7 月 4—5 日	欧洲非通用语种教学研讨会暨欧洲语言文化论坛（2023）	北外、浙江越秀外国语学院
9 月 21—22 日	第三届"巴尔干研究"论坛	北外
9 月 23 日	"2023 中国—中东欧人文交流论坛"暨"中国—中东欧国家高校联合会文学学科建设共同体"启动仪式	北外
10 月 13 日	"大国博弈下的中东欧地区局势"学术研讨会	上外
10 月 16—21 日	第二十三届意大利语周	广外、意大利驻广州总领事馆
10 月 17 日	现代化视阈下中丹对话学术研讨会暨丹麦研究中心新书发布仪式	北二外
10 月 29 日	2023 年北京外国语大学外国语言文学学科研究生高端学术论坛——西班牙语、葡萄牙语语言文学分论坛	北外
11 月 3 日	中国—葡语国家青年交流计划	广外、外交部驻澳门特别行政区特派员公署、澳门特别行政区

（待续）

（续表）

时间	活动名称	主办（承办/协办）单位
11 月 11 日	"一带一路"与葡语国家研究暨葡韵湾区（2023）研讨会	广外
11 月 17 日	"全球变局中高校非通用语专业发展问题与思考"学术论坛	川外
11 月 22 日	"希姆博尔斯卡的种种可能"文学座谈会	北外
12 月 1 日	中华五千年文明的魅力之源——中匈青年对话	中央广播电视总台、匈牙利布达佩斯中心电视台、川外
12 月 1—2 日	"理解·融通·传播"《理解当代中国》系列教材教学研讨会暨梁宗岱先生诞辰 120 周年学术研讨会	广外
12 月 2 日	北欧热点问题暨《北欧研究》教材建设研讨会	北外
12 月 13 日	中国—中东欧人文交流与区域国别研究研讨会 2023 暨《中东欧国家文化发展报告（2022）》蓝皮书发布会	广外
12 月 27 日	2023 外研社多语种"教学之星"大赛（葡萄牙语组、意大利语组）	北外、外语教学与研究出版社
12 月 28 日	匈牙利诺贝尔奖科学家考里科·卡塔琳个女士平展	北二外

二、热点问题剖析

在欧洲局势持续动荡、人工智能迅猛发展的背景下，欧洲非通用语教育在 2023 年面临较为严峻的挑战，主要体现在以下几个方面。

第一，学生报考意愿下降。人工智能技术的发展使外语教育的必要性遭受质疑，部分专业面临学生报考意愿不强、生源质量下滑等问题。鉴于此，2023 年欧洲非通用语专业点增长明显放缓。与此同时，相关院校更加注重内涵式发展，一方面重点打造一流专业、一流课程，另一方面积极探索复合型人才培养模式，顺应社会发展需求。为增强专业吸引力，北外等院校高度重视就业服务工作，大力加强"访企拓岗"，并适度扩大研究生培养规模，提升人才培养层次。

第二，师资队伍青黄不接。经过近十年的高速发展，大量青年才俊加入欧洲非通用语教师队伍中，但学历、职称、年龄层次普遍偏低。随着一批老教师即将退休，"青黄不接"的现象日益凸显，出现了"新专业队伍尚未壮大，老专业师资已趋弱化"的情况，研究生导师队伍更是亟待加强。因此，相关高校须制订长效性师资队伍建设规划，将培养、引进、返聘等机制结合起来，确保教师队伍可持续发展。

第三，教材建设仍待加强。2023年欧洲非通用语种教材建设取得了较大成绩，有十余部教材面世，但从类型上看以入门教材居多，成体系的专业主干教材和研究生教材建设仍需加强。与亚、非语种相比，欧洲非通用语种教材建设尚未在相关院校间形成合力，在数量上仍有差距。此外，教材建设与课程建设不协调、不匹配的问题依然存在，教材使用效果不尽如人意。

第四，国际交往渠道不畅。俄乌冲突的爆发对欧洲局势造成较大影响，也使中欧关系面临诸多不确定性。除了在政治和经贸层面的斗争和博弈外，双方在教育文化层面的交流也更为审慎。相关专业引进国外资源时手续较为繁琐，导致部分引智计划未能按期执行。此外，专业点数量的增加导致学生获得国家留学资助的概率降低，无论是"引进来"还是"走出去"，都面临较大困难。

三、部分论文文献信息 [1]

Gao, J. & B. Ding. 2023. Etimologías que tienen en común las lenguas siníticas y las romances en las palabras en español can, pan, caño, manar, mano y sano [J]. *Estudios filológicos* 72: 53-65.

1　请于本书附录查看相关文献的详细摘要。

Gao, R. 2023. Constructing a transnational childcare bricolage: Chinese migrant families in Italy coordinating transnational mobility and childcare [J], *European Societies* 10: 1-28.

Qin, F. 2023. A meteoric strategic partnership? The still long march of mutual understanding and trust between China and the Czech Republic [J]. *Asia Europe Journal* 1: 43-59.

Yu, D. 2023. A cross-cultural genre analysis of leadership statements in Italian and American university sustainability reports [J]. *IEEE Transactions on Professional Communication* 1: 26-47.

Zhang, M. 2023. A interpretação da cultura confucionista do P. Nocolao Longobardo – uma análise da Resposta breve sobre as controvérsias do Xám Tí Tiēn Tí Lîm Hoên e outros nomes e termos sínicos [J]. *Revista de História da Sociedade e da Cultura* 2: 37-63.

碧莲娜、柯静，2023，凝视理论视域下 19 世纪巴尔干女性的悲剧命运——以安德里奇小说《情妇玛拉》为例 [J]，《外国文学》（6）：16-24。

丁超，2023，中国与中东欧国家文化关系史研究的十个基本问题 [J]，《国际汉学》（3）：42-52。

董希骁，2023，非通用语种课程思政的难点和解决方案 [J]，《外语教育研究前沿》（3）：35-40。

李傲然，2023，"一带一路"倡议下中国文学在匈牙利的译介与传播 [J]，《国际汉学》（3）：70-77。

潘源文，2023，文艺复兴"桂冠诗人"及其图像生成 [J]，《文艺研究》（11）：117-133。

彭裕超，2023，克罗地亚耶稣会士邬若望生平行事考略 [J]，《国际汉学》（3）：61-69。

钱颖超，2023，当前西方民粹主义主要表现、诱因及趋势 [J]，《当代世界》（7）：63-68。

钱颖超、钟连发，2023，当前国外一些大党面临的突出难题与成因探析 [J]，《当代世界与社会主义》（6）：114-121。

王弘毅，2023，中东欧地区的疑欧主义趋向与欧洲一体化的未来 [J]，《国际展望》（6）：81-100。

王宇辰、王明进，2023，丹麦政党格局的特点及其发展趋势 [J]，《当代世界社会主义问题》（2）：137-149。

张维琪、孙志伟、忻华，2023，区域国别学学科建设的多维探索：以上海外国语大学为例 [J]，《国际观察》（2）：132-156。

第三章 基础外语教育教学

第一节 基础英语 [1]

一、考试招生制度改革

1. 高考

2023 年的全国高考报名人数为 1291 万人，比 2022 年增加了 98 万人。[1] 根据各地公布的高考报名情况，多地报名人数有所增加。例如，湖南省高考报名人数为 68.4 万人，比 2022 年增加了 2.9 万人，创历史新高。四川省高考报名人数超过 80 万人，亦为历史新高。云南省高考报名人数达 39.93 万人，比 2022 年（38.83 万人）略有增长。[2]

2023 年各类高考试卷包括：老高考全国甲卷、老高考全国乙卷、新高考全国 I 卷、新高考全国 II 卷、自主命题卷。[3] 实行传统高考的省区中，四川、云南、贵州、广西壮族自治区、西藏自治区使用全国甲卷；河南、山西、安徽、甘肃、吉林、宁夏回族自治区、陕西、江西、青海、内蒙古自治区、黑龙江、新疆维吾尔自治区使用全国乙卷。采用"3 + 1 + 2"新高考模式的省市中，广东、福建、湖南、河北、江苏、湖北使用新高考全国 I 卷；重庆、辽宁、海南使用新高考全国 II 卷。采用"3 + 3"新高考模式的省市中，山东、浙江使用新高考全国 I 卷，海南使用新高考全国 II 卷，北京、天津、上海使用自主命题卷。[4]

2023 年高考英语全国卷以落实立德树人根本任务为宗旨，在考试内容和形式等方面都有新思路、新举措，试卷所选取的语篇体现了引导学生德智体美劳全面发展、发挥高考育人功能的目标和主旨。首先，试卷积极引导学生养成喜爱读书、善于求知的学习习惯。例如，全国甲卷阅读部分选取的语篇

---

1 本节作者：康艳、许向涵、季军惠，首都师范大学。

重点介绍埃里克·韦纳（Eric Weiner）的《苏格拉底哲学特快车》一书，借此说明哲学对现实生活的指导意义。其次，高考英语卷还重视学生自尊、自爱、自信等心理素质的形成以及善待他人品格的完善。例如，新课标 I 卷阅读部分第二节选取的语篇讲述要学会适度自我原谅，增强自信心；全国甲卷阅读部分第二节选取的语篇讲述了如何成为更有耐心的人并提出三点建议。此外，各套试卷还体现了高考对体育、美育和劳动教育的引导。在体育方面，全国乙卷完形填空题讲述的是美国体操运动员加布丽埃勒·道格拉斯（Gabby Douglas）在华人教练的耐心培训下，经过刻苦努力获得奥运会个人全能冠军的故事。在美育方面，全国乙卷阅读部分讲述了一位摄影爱好者的高质量风景照片的拍摄过程。在劳动教育方面，新课标 II 卷阅读部分介绍了阿比·哈拉米略和另一位教师在学校开设劳动课程并带领学生养花种菜的经历。最后，2023 年高考英语试卷还融入了中华优秀传统文化和社会主义先进文化，以期增强学生的文化自信。例如，全国甲卷书面表达部分要求考生以一位中国历史人物为题，写一篇短文来讲述中国优秀传统文化。[5]

新课标要求考试发挥育人导向，注重考试命题的素养立意。在考试内容上考查学生在解决真实问题、完成真实任务的过程中，所体现出的语言能力、思维品质、文化意识、学习能力。单纯考查学生对语言知识的理解和记忆这一传统考试形式将难以满足核心素养背景下英语考试的需要。但是，需要承认的是，有些素养或某些方向可能无法通过传统的考试形式得到准确的考查。因此，今后应不断创新考试形式，充分体现新课程对核心素养的考查要求，在采用真实情境和真实任务的条件下，体现综合性、探究性、开放性。

2. 中考

为适应新中考改革的需要，贯彻落实新课标理念，近年来，多个地市新增了英语听说考试。2023 年中考中，广东茂名、梅州和珠海，以及湖北恩施等地均新增了英语听说考试。云南省全省启动英语听力口语考试。考试由听力和口语两部分组成，各占 15 分，满分 30 分。山东枣庄从 2023 年开始，在中考英语听力和口语考试中采用"人机对话"形式。[6]

2023 年 9 月 26 日，北京市教育委员会召开新闻发布会，发布并解读《关于深入推进高中阶段学校考试招生改革的实施意见》。此次改革旨在继续落实教育部关于初中学业水平考试"全科开考，全考全用"的要求，依据不同学科特点，将初中学业水平考试科目分为考试、考查、考核三类。改革后，语文、数学、外语分值均为 100 分，其中外语笔试分值 60 分，听力和口语考试分值 40 分。在组织实施上，考试科目将由全市统一命题、分区评卷。外语笔试安排在九年级第二学期。外语听力和口语考试采取计算机考试方式，与笔试分离，有两次考试机会，和以往相比没有变化。[7]

2023 年，广西壮族自治区在全区范围内实施初中学业水平统一命题考试，作为《义务教育英语课程标准（2022 年版）》颁布后的第一次初中学业水平考试，具有重要的启示意义。整套试题遵循"稳中求进"的命题原则，注重优化评价，反推教学改革，体现教学评一体化。此次中考英语试题注重能力立意，聚焦核心素养，注重考查学生的思维过程、创新意识以及分析和解决问题的能力。英语试题的书面表达创设了"艺术充满魅力，艺术课使校园生活丰富多彩"的主题情境，要求学生以"My favourite art course"为题，用英语写一篇短文投到学校英文周刊。这要求学生读懂题目包含的三个层级写作要求，确定写作主题，体现了对学生分析能力的考查。[8]

江苏省苏州市中考英语试卷命题在教考衔接上精耕细作，充分释放服务"双减"政策的鲜明信号。试题选材体现中国情怀、国际视野和地域文化特色，合理设计考查内容，充分体现了中考的育人功能和导向作用。[9] 天津市中考英语试卷体现了学生基于对中外文化的正确理解而表现出的跨文化知识、态度和价值取向，将立德树人根本任务落到了实处。例如，补全对话的语篇是向英国学生 Tony 介绍去老舍茶馆观看京剧、体验中国国粹文化的经历，从京剧引发国家认同和民族自信。又如，听力理解试题中长对话的语篇是介绍外国学生 Betty 游览长城的体验，巧借被联合国教科文组织列为世界文化遗产的中国"万里长城"，来培养学生的民族自豪感。[10]

《义务教育英语课程标准（2022年版）》颁布以来，各地纷纷对中考作出相应调整。从目前释放的信息来看，增设听说考试或采用机考形式是中考英语科目改革的最大举措。各地中考试卷在题型和语篇选材上也进行了一定力度的改革，力求体现对学生核心素养的考查需求。

二、热点问题剖析

2023年，与基础英语教学相关的热点问题是"中华传统文化与英语教学的融合""英语跨学科主题学习"和"以核心素养为导向的英语学科学业评价"。

1. 中华传统文化与英语教学的融合

中华优秀传统文化是中华民族在5000多年文明发展中孕育和传承的精华，是中华民族的根和魂，也是坚定文化自信的基础。将中华优秀传统文化融入英语教学，能够充分发挥英语语言作为文化载体的作用，进一步增强学生的文化自信，激发英语教学的育人功能和价值。[11]

为了在英语教学中更好地融入中华传统文化，外语教学与研究出版社和四川省教育科学研究院联合推出了"英语分级群文阅读"系列读物，将传统和当代的中国故事与世界多元文化故事编到一起，用优美的语言、绘图表现出来，为基础英语教学提供了讲好中国故事的丰富资源。同时，为了丰富英语分级群文阅读教学实践，外语教学与研究出版社和四川省教育科学研究院还共同推动了"中小学生英语分级群文阅读——以四川省为例"课题研究落地。[12]

为贯彻英语新课标，提升中小学生讲好中国传统文化的能力和跨文化综合素养，增强英语表达与国际影响力，培养具有家国情怀的未来人才，中国外文局教育培训中心、北京教育出版社、牛津大学出版社联合校长智库研究院、明师国际教育研究院共同发起"传统文化进英语课堂"课程实验校项目。2023 年 5 月 23 日，专家齐聚北京市史家小学通州分校，开展"融入传统文化的英语语言情景课的实践研究"观摩研讨会，通过现场课例展示和教研员评课方式，针对传统文化教学进行了交流。[13]

要将中华传统文化有效融入英语教学，教师需要以语篇为载体，将文化与语言学习融合在一起，将所学知识与学生的实际生活联系起来，通过恰当的主题设计和课时安排，让学生通过学习真正对传统文化感兴趣并能主动地深度了解。

2. 英语跨学科主题学习

《义务教育英语课程标准（2022 年版）》提出，要提升学生运用所学语言和跨学科知识创造性解决问题的能力。因此，英语课程要基于育人理念，聚焦全科视野，以主题引领，融合其他课程元素，在真实的问题情境中，提升学生的学习力、思维力和创新力。[14]

2023 年 5 月 12 日，"教育部基础教育教学指导委员会跨学科教学指导专委会 2023 年第一次全体会议"在济南召开。会议就跨学科教学的发展与实践进行了交流。[15]9 月 22 日，课程教材研究所组织了小学英语跨学科学习专题指导活动，北京市海淀区教师进修学校教研员、正高级教师、特级教师闫赤兵老师以"跨学科学习概念在小学英语教学中的探索与实践"为题作专题报告。课程教材研究所成都锦江实验区、郑州高新实验区、鄂尔多斯东胜实验区等 12 个实验区的 1000 余位英语学科教研员、教师参会学习。[16]

2023 年，各地中小学纷纷开展讲座、教学研讨活动，探究英语跨学科主题教学实践。3 月，濮阳市油田第十七中学小学四年级两位英语教师结合教材主题，开展了小学英语与科学融合实践研究活动。[17]12 月，南海外国语学校开展主题为"初中英语跨学科主题探索和实践"的研讨活动。活动分为课例展示、评课议课、专家讲座三个环节。[18]

在英语教学中开展跨学科主题学习对于发展学生的核心素养和跨学科素养具有重要意义。正确认识英语跨学科主题学习的内涵、设计路径、教学意义，解决英语跨学科主题学习在实践层面存在的一些关键问题，有助于广大一线英语教师更好地实践跨学科主题学习。[19]

3. 以核心素养为导向的英语学科学业评价

2023 年 5 月 9 日，教育部发布《基础教育课程教学改革深化行动方案》，提出要有组织地持续推进基础教育课程教学深化改革，到 2027 年，形成配套性的常态长效实施工作机制。该方案还提出，要注重核心素养立意的教学评价，发挥评价的导向、诊断、反馈作用，丰富创新评价手段，注重过程性评价，实现以评促教、以评促学，促进学生全面发展。为实现以上目标，基础教育课程需进行教学方式变革，聚焦核心素养导向的教学设计、学科实践（实验教学）、跨学科主题学习、作业设计、考试命题、综合素质评价等教学改革重点难点问题，探索不同发展水平地区和学校有效推进教学改革的实践模式。同时，教育部将开展国家、省两级课程实施监测，研制监测关键指标，重点监测课程实施状况和学生核心素养发展状况，形成反馈改进机制，为有效推进课程实施提供参考依据。[20]

为了探究并落实以核心素养为导向的英语学科学业评价，各地中小学纷纷开展教学研讨活动。2023 年 7 月 27—28 日，广东教育学会教育评价专业委员会在广东北江中学主办了"义务教育英语学业评价高级研修班"。研修活动为期两天，包括 1 场主旨报告、3 场专题报告、6 场案例研讨与分析，以及圆桌论坛，通过"学术引领—现状剖析—案例分享"，探讨义务教育英语学业质量评价的目标体系构建、评价任务设计方法与技术，以及教学评一体化的实施策略、路径和方案。[21]11月，北京市中考改革质量月大调研活动走进北京八一学校附属玉泉中学，多名学科专家走进课堂听课，并与一线教师共同探寻新课标、新中考改革背景下，课堂教学与评价的新方向。[22]同时，上海市金卫中学开展以"指向核心素养的学业评价能力提升"为主题的校本研修展示活动。11 位教师进行了课堂教学展示，针对不同课型（复习课、写作课、听说课、语法课）开展了教学评一体化设计研究。[23]11 月底，上海市青浦区高中英语学科在复旦附中青浦分校举行"聚焦核心素养,优化高中英语学科学习评价与学业质量测试,实现教、学、评一体化"的主题研修活动。[24]

考试形式的改革与优化是解决教学与考试矛盾的重要途径。优化考试形式可以更好地落实新课标理念,全面考查学生的核心素养,提高考试内容的准确性,实现教学考一体化。新课标背景下的英语考试形式优化需要在实践中不断探索和尝试。在未来的研究和实践中需开发更多具有创新性和实用性的考试形式,更好地服务考试命题、教师教学和学生学习。[25]

三、部分论文文献信息 [1]

程晓堂、王瑶,2023,新课标下的真实英语教学:内涵、价值及实施建议 [J],《课程・教材・教法》(8):116-122。

高琦悦、刘鹏,2023,基于英语学科的高中生文化理解力的内涵、价值与培养策略 [J],《课程・教材・教法》(10):105-110。

郝俊勇,2023,英语文化意识教学的内涵、价值与实施路径 [J],《课程・教材・教法》(6):119-124。

王蔷、蒋京丽,2023,以核心素养为导向构建与英语新课标相适应的新型学业评价 [J],《中国考试》(1):67-73。

王蔷、刘诗雨,2023,指向课程协同育人功能的英语跨学科主题学习——定位、内涵、理念、目标、要求及价值 [J],《教学月刊・中学版(外语教学)》(Z2):3-10。

俞聪妹、黄远振,2023,英语结构化新知的认知机制与生成路径 [J],《中小学外语教学(中学篇)》(10):9-14。

---

1 请于本书附录查看相关文献的详细摘要。

[1] 搜狐网，2023，2023 年全国高考报名人数 1291 万人 [OL]，https://www.sohu.com/a/681006422_267106（2024 年 3 月 27 日读取）。

[2] 搜狐网，2023，倒计时 10 天，2023 年高考有哪些新变化？[OL]，https://www.sohu.com/a/679815305_121124213（2024 年 3 月 12 日读取）。

[3] 搜狐网，2023，2023 全国高考时间已定，部分同学注意，考试略有变化！（附全国各地高考试卷命题情况）[OL]，https://www.sohu.com/a/677104321_673394（2024 年 3 月 27 日读取）。

[4] 搜狐网，2023，2023 年全国各省高考时间安排及考试科目公布！[OL]，https://www.sohu.com/a/682720437_120099877（2024 年 3 月 12 日读取）。

[5] 新闻中心，2023，教育部教育考试院：2023 年高考英语全国卷试题评析 [OL]，https://www.eol.cn/news/yaowen/202306/t20230608_2433315.shtml（2024 年 3 月 12 日读取）。

[6] 搜狐网，2023，取消高考加分、听说考试开考……2023 年起，教育有这些新变化！[OL]，https://roll.sohu.com/a/627730512_681047（2024 年 3 月 27 日读取）。

[7] 人民网，2023，以"大减法""小加法"为思路——北京发布中考新政策 [OL]，http://edu.people.com.cn/n1/2023/0927/c1006-40086069.html（2024 年 3 月 27 日读取）。

[8] 李蔓、陈龙云，2023，落实立德树人 立足能力立意 聚焦核心素养——2023 年广西中考英语试题解读与反思 [J]，《中小学课堂教学研究》（S1）：31-34。

[9] 周春敏，2023，在传承中求变革 在变革中求发展——江苏省苏州市 2023 年中考英语试卷的命题思考 [J]，《英语教师》（22）：106-111。

[10] 宁肖爱、李留建，2024，全面落实核心素养积极引导英语教学——2023 年天津中考英语学科试卷评析 [J]，《考试研究》（1）：35-45。

[11] 中工网，2023，中华优秀传统文化融入英语教学的价值和策略 [OL]，https://baijiahao.baidu.com/s?id=17729228244010 47775&wfr=spider&for=pc（2024 年 3 月 12 日读取）。

[12] 李鸿飞、田文山，2023，新时代 新课标 新表达——"用英语讲好中国故事"全国中小学英语教学研讨活动举行 [N]，《中国教育报》，2023-3-26。

[13] 搜狐网，2023，"传统文化进英语课堂"创新教学实验校——走进北京市史家小学通州分校 [OL]，https://learning.sohu.com/a/678999496_650698（2024 年 3 月 27 日读取）。

[14] 中国教育报，2023，如何实施英语跨学科主题学习 [OL]，https://baijiahao.baidu.com/s?id=1775802059083217704&wfr=spider&for=p（2024 年 3 月 12 日读取）。

[15] 中国教育新闻网，2023，2023 全国跨学科教学研讨会在济南举行 [OL]，https://baijiahao.baidu.com/s?id=1765949404879747048&wfr=spider&for=pc（2024 年 3 月 27 日读取）。

[16] 中小学教学研究中心，2023，聚焦新课程标准 探索跨学科学习 [OL]，https://www.ictr.edu.cn/curriculum_reform/ke/detail/2452.html（2024 年 3 月 29 日读取）。

[17] 搜狐网，2023，濮阳市油田第十七中学小学部开展英语与科学融合实践活动 [OL]，https://learning.sohu.com/a/655093612_100232176（2024 年 3 月 29 日读取）。

[18] 搜狐网，2023，以跨学科助课堂，以交流促提升——新兴县教师发展中心与卢静仪名师工作室交流活动 [OL]，https://www.sohu.com/a/746989711_121123779（2024 年 3 月 29 日读取）。

[19] 王蕾、刘诗雨，2023，在英语教学中开展跨学科主题学习的意义与关键问题解决 [J]，《英语学习》(7)：4-11。

[20] 中华人民共和国教育部，2023，教育部办公厅关于印发《基础教育课程教学改革深化行动方案》的通知 [OL]，http://www.moe.gov.cn/srcsite/A26/jcj_kcjcgh/202306/t20230601_1062380.html（2024 年 3 月 11 日读取）。

[21] 广东教育学会，2023，指向核心素养 构建英语"教—学—评"新样态——义务教育英语学业评价高级研修班在韶关成功举行 [OL]，http://www.gdjyxh.org.cn/yuedu/2980.html（2024 年 4 月 16 日读取）。

[22] 人民网，2023，北京市中考改革质量月大调查活动走进海淀区 [OL]，http://edu.people.com.cn/n1/2023/1108/c1006-40113962.html（2024 年 3 月 12 日读取）。

[23] 上海市金卫中学，2023，指向核心素养的学业评价能力提升——金卫中学校本研修展示活动（英语教研组专场）[OL]，https://www.jsedu.sh.cn/jwzx/p/4973.html（2024 年 4 月 16 日读取）。

[24] 上海市青浦区人民政府，2023，聚焦核心素养，优化高中英语学科学习评价与学业质量测试，实现教、学、评一体化——青浦区高中英语学科主题研修活动纪实 [OL]，https://www.shqp.gov.cn/edu/jy/20231205/1150617.html（2024 年 4 月 16 日读取）。

[25] 程晓堂、谢诗语、姚铄姿，2023，基于新课标评价理念的英语考试形式优化策略 [J]，《中国考试》(11)：30-36。

第二节 基础日语[1]

一、年度情况概述

1.《义务教育日语课程标准（2022 年版）》《普通高中日语课程标准（2017 年版 2020 年修订）》再修订

2022 年 10 月 16 日，中国共产党第二十次全国代表大会在北京人民大会堂开幕，习近平代表第十九届中央委员会向大会作了题为《高举中国特色社会主义伟大旗帜 为全面建设社会主义现代化国家而团结奋斗》的报告。报告指出："深化教育领域综合改革，加强教材建设和管理，完善学校管理和教育评价体系，健全学校家庭社会育人机制。加强师德师风建设，培养高素质教师队伍，弘扬尊师重教社会风尚。推进教育数字化，建设全民终身学习的学习型社会、学习型大国。加快义务教育优质均衡发展和城乡一体化，优化区域教育资源配置，强化学前教育、特殊教育普惠发展，坚持高中阶段学校多样化发展，完善覆盖全学段学生资助体系。"[1] 为落实党的二十大精神，《义务教育日语课程标准（2022 年版）》《普通高中日语课程标准（2017 年版 2020 年修订）》先后启动修订，其中高中课标属于中期修订。截至笔者执笔时，两部课标的修订工作尚未结束。《义务教育日语课程标准（2022 年版）》的修订主要体现在以下三个方面：一是根据党的二十大精神增加或调整有关表述；二是词、句的调整、修改，以期使表述更加科学、统一、完整；三是部分修改日语的表述，以期更加规范、地道。《普通高中日语课程标准（2017 年版 2020 年修订）》除上述三个方面的修订外，还重点修订了对学业质量标准的描述、考试命题建议及样题，以期更好地指导相关工作的推进。

---

1 本节作者：林洪，北京师范大学。在本节撰写过程中，得到以下多位老师的支持：宋薇（吉林）、张福军（吉林）、郭侃亮（上海）、杨慧（大连）、刘伟（广东）、江晓萍（广东）、王琪（黑龙江）、王艳玲（重庆）、谢宇（四川）、罗锐（贵州）等，在此表示衷心感谢！

2. 日语教材

截至笔者执笔时，人民教育出版社正在修订义务教育阶段的日语教材。此前的教材是根据《义务教育日语课程标准（2011 年版）》编写的，而此次修订是根据《义务教育日语课程标准（2022 年版）》，改动的幅度很大，因为《义务教育日语课程标准（2022 年版）》提出了"核心素养""日语实践活动"等新要求。目前进入国家教材委审核程序的教材，仍只有人民教育出版社的义务教育阶段教材和高中教材。

3. 教师培训

2023 年，教师培训转为线下为主、线上为辅的态势。以下分五个方面做一简介。

1）教育主管部门组织的培训

2023 年，多地教育主管部门相继举办了规模不等、线上线下相结合的培训。更多地方教育主管部门关注日语教学、多语种教学，这一态势持续健康发展。在此列举几例。

吉林省在 2023 年组织了春季和秋季全省日语学科教研会议，包括优秀案例点评及经验分享，课堂教学观摩展示、交流与研讨等，还组织了微培训、微讲座、微论坛等活动。

辽宁省在 2023 年组织的培训活动包括：定期召开开学前教研会；组织教师参加全国名师工作室学术年会；筹备沈阳市日语名师工作室会议，并组织工作室成员参加沈阳市外语名师工作室联合教研；指导有关教师完成辽宁省"十四五"规划课题结题答辩、组织沈阳市日语名师工作室成员完成沈阳市"十四五"期间规划课题结题；组织教师参加辽宁省教育学院帮扶支持县城高中（葫芦岛建昌县）教研活动（讲座及听评课）；组织沈阳市 2023 年农村日语新教师市级培训（3 天跟岗培训）等。

上海市在 2023 年组织开展了以"融入教育数字化的多语种课堂实践"为主题的教研活动，首次尝试采用研训一体化形式，吸引了全市 300 余位中学多语种教师参加。此外，依托"上海市关键语种人才早期培养项目"和"上海市中小学非通用语种学习计划"，上海市组织中学与高校共同开展"第二课堂"活动。

广东省在2023年的基础日语教研活动持续以珠三角地区为中心，辐射粤西北地区，广州、深圳、中山、佛山、肇庆、云浮、饶平、清远等地的日语教研活动均有序推进。其中，广州市在5月、11月组织了多语种教研活动，吸引了全市日语教师参加，日语分会场组织了日语一外、二外公开课和评课以及日语专题讲座。11月，增城区、黄浦区组织了区多语种公开课，开展听评课教研活动；深圳市继续搭建各语种的市、区、校三级教研网络；宝安区、龙华区、龙岗区和光明区设置了兼职多语种教研员，组织全市开展第二次"深圳市高考模拟试题命题日语学科比赛"等教研活动，多语种专职教研员及各语种专家常态化视导，深入多语种课堂随堂听课和评课，继续指导云端学校开展多语种"跨校组班云晓语"教学模式探索；中山市指导日语兼职教研员成立了命题组和教研组，组织了高中日语学科同课异构课堂观摩，筹备了高中日语教师优秀论文评比活动并通过圆桌论坛的方式鼓励教师分享获奖论文，此外还组织了高中日语教师教学能力大赛。

山东省在2023年的教研工作主要采用线上的方式，在山东教师群里与教师们交流、答疑解惑，提供相关信息、资料等。

四川省在2023年先后举办了四川省基础教育阶段小语种学科教育教学论文评选活动、2023四川省基础教育阶段多语种学科建设与发展研讨会、四川省中小学师生"用外语讲好中国故事"爱国主义主题展示活动。

大连市在2023年组织了"新课标"引领下的主题化、系列化教研活动，前后四次以专题讲座、课例展示、专家指导、教学设计研讨为"小主题"，丰富了学科研训活动。其中，在9月份组织大连市西岗区日语教师研究团队，基于《义务教育日语课程标准（2022年版）》中提出的"日语实践活动"思路，开展了四次基于任务群设计的教学研讨会。

徐州市在2023年的多语种教研活动体现在：坚持每周一次入校视导，高一、高二年级每学期两次阅卷培训、考试质量分析会，高三每月一次命题分析、阅卷培训会、考试质量分析会，并组织了学科教学管理研讨会、高中日语和俄语学科高考备考研讨会、高考质量分析会、教师专业素养提升培训、高中日语和俄语学科课标培训会等。

2）出版社组织的培训

人民教育出版社日语编辑室在 2023 年先后举办了四期云教研活动，两期普通高中教材网络答疑活动，内蒙古自治区人教版新高中教材教师培训活动（乌海、巴彦淖尔、鄂尔多斯、通辽），以及中小学日语教师研修会。

外语教学与研究出版社在 2023 年组织了中学日语虚拟教研室活动，并多次与全国中等日语教学研究会联合举办活动。

3）民间团体等组织的培训

中国教育学会外语教学专业委员会（简称"外专委"）[1] 在 2023 年首次邀请日语教师参加学会的整体活动。一次活动是外专委于 7 月 16—19 日在重庆举办的第 22 次学术年会，该会议专门开设了日语和俄语专场。20 多位日语教师和 4 位日语学习者进行现场展示，日语师生与专家、外专委等相关负责人举办了微论坛。另一次活动是外专委于 12 月 19—20 日在长春外国语学校举办的"2023 年中国教育学会多语种课堂教学观摩示范暨优秀教学课例展示活动"，6 位日语教师现场展示了课例。

2023 年 10 月 14 日，由上海教育国际交流协会、中等日语课程设置校工作研究会主办的"第十三届中学日语教育年度研讨会"在四川国际标榜职业学院举行。该研讨会围绕"中学日语教育中数字化资源的建设与应用"这一主题，展示了真实的日语课堂教学，分享了中等日语课程设置校工作研究会开发的教学资源，并邀请会员校校长与专家座谈交流。

全国中等日语教学研究会、外语教学与研究出版社于 2023 年 7 月 19—

---

1 中国教育学会是由从事教育教学研究与实践的学校、社会组织、相关企事业单位和个人自愿结成的全国性、学术性、非营利性社会组织，成立于 1979 年，拥有 60 个分支机构。中国教育学会外语教学专业委员会为其分支机构之一，成立于 1981 年，主要开展基础教育外语教学的理论研究，配合教育行政部门制订外语教师标准，通过学术年会、研讨会、教学观摩等形式，开展外语教研经验交流活动。

21日在厦门共同举办了"第三届全国中等日语教师教学能力提升暑期研修班"。全国中等日语教学研究会西南分会于10月21日在成都成立。全国中等日语教学研究会、全国基础外语教育研究培训中心多语种教育发展分中心（简称"全基中心多语种分中心"）于12月22—23日在西安联合主办了"第五届全国中等日语教学研究会年会"，该会议围绕中等日语教育改革前沿、中学日语学科建设、教学管理、教师发展、高考日语命题走向等核心课题展开研讨。

2023年，各地日语教师继续探索"抱团取暖"的方式，成立了规模不等的联盟、共同体，且多数得到了当地教育主管部门的支持。例如，嘉兴外国语学校牵头组建了浙江省首个普通高中日语教学联盟，省内9个地市的18所高中和安徽省的2所高中加入了联盟。11月24日，在该联盟的成立大会上，嘉兴教育学院和嘉兴市教育局基础教育处领导、嘉兴市高中英语教研员，以及省内外20余所普通高中日语办学学校代表出席了活动。再如，3月19日，由贵州省盘州市教育局主办、盘州市第一中学承办的"盘州市高中小语种教师教研共同体2023年系列活动启动会暨共同体第一次教研活动"举行，各校汇报了非英语语种课程的开设情况、师资结构和学生学习情况。会上，各位教师一同讨论了《2023年盘州市高中小语种教师教研共同体活动实施方案》，各位学校负责人分享了非英语语种课程教学情况，举办了"新高考背景下高中小语种教学改革重要性"和"高三日语学法指导"等六个专题讲座。5月，该共同体举办了同课异构研讨活动。

4）大学与中学合作组织的培训

华南师范大学日语系连续三年在清远和饶平开展教研活动，这是在粤西北地区开展乡村外语教育精准帮扶活动的重要一环。此外，中学日语、俄语教师发展研修班举行，包括高校、中学及出版社专家讲座、教学工作坊、青年教师沙龙等活动。本科日语、俄语专业教育实习汇报会举行，由学生汇报实习成果，高校与中学实习指导教师交流教学经验，探讨如何提升测评素养。华南师范大学还与中山市实验中学联合举办"'研读新课标 赋能新课堂'——高中日语新课标实施暨公开课交流研讨会"。

哈尔滨师范大学东语学院在 2023 年赴哈尔滨市南之岗高级中学、哈尔滨市朝鲜族第一中学、黑河九中、北安三中等中学开展教育实习基地走访活动，与高中日语教师座谈教研活动；组建了黑龙江省中学日语教育考察团赴北京市月坛中学考察调研；举办了"哈尔滨师范大学第三届日语课堂教学开放日"活动，邀请中学日语教师来校开展听观摩课、教学研讨等活动；举行了两场中学名师进校园讲座；在黑河九中面向中学生开展了一场有关日语学习方法与技巧的讲座；在哈尔滨市朝鲜族第一中学举行了"省 G-U-S 联盟校"签约及授牌仪式；参与教育部基础教育教学指导委员会主办的重点课题中期汇报。

长江师范学院在 2023 年邀请中学校长、教务主任、一线教师参与完成教学改革课题。

5）教研员队伍的发展

尽管体制内的日语教研员体系尚未健全，但各地相关部门、学校、机构等均逐步认识到，教研员的设立对于提高所在地区的日语教学质量有着重要的作用。不同级别的教研员人数有明显的增长，由他们牵头展开的活动有声有色。为此，笔者在若干中学教师群和部分日语教学机构中做了小型的问卷调查，共有 115 名教研员参加了此次调查。调查结果概述如下：专职教研员 72 名，兼职教研员 43 名；仅负责日语的教研员 101 名，日语教研员兼任多语种教研工作的 12 名，其他语种教研员兼任日语教研工作的 2 名；管辖范围内的日语教师人数在两位数之内的居多，也有个位数、三位数的情况；从事的主要工作为教研工作、教师培训、教学常规管理、赛事组织、命题备考、观课评课、集体备课（会）、教师资格证考试组织和评审工作等。

二、热点问题剖析

1. 教学过程中的问题

目前各个学科中多使用"大观念""大单元""整体教学"等"新名词"，日语教师大多不了解这些概念提出的背景和基本要义，针对这些概念、要求往往只是"临摹",造成教学设计与教材和学生实际脱节,缺少对日语课程标准中"日语实践活动"思路的理解与运用。

2. 高考日语及题型的调整

尽管自 2021 年之后高考日语全国卷的难度有所调整,很多一线教师反映不像前几年那么容易就拿到 120 分以上了,但 2023 年的高考日语人数仍在攀升。由于缺少官方数据,这里不作详细描述。

2024 年 1 月 20 日,教育部教育考试院通过"中国考试"公众号发布了"2024 年高考综合改革适应性测试:日语科新课标试卷、专家解读及问卷调查"这一推文。这份日语科新课标试卷在中学日语教师中引起了很大的震动。尽管有关试题调整的信息若干年前就已经有所传闻,但没有见到具体试题内容时,大家也只能处于观望的状态。这份"新试卷"其实并没有改变考查范围和课标规定的知识点,只是在命题方式上做了若干调整,如听力题的第二部分,从一题两问改为三问,原有的以句子为单位的"知识运用"题改为以语篇为单位的"完形填空"题,其中增加了一道没有选项、完全需要考生自己填写的试题,即根据读音写出日语汉字、根据汉字写出读音(假名)、填写助词、完成词形变化等,作文部分在原有命题作文的基础上增加了一篇应用作文,字数略有调整。对于高考日语试题而言,第一次采用"完形填空"题,因此还有一些不够成熟的地方,如完形填空题与阅读理解题之间是否有更为清晰的功能区分,听力试题、作文能否进一步向"解决问题"靠近,仍是今后需要逐步完善的地方。

随着适应性考试出现完形填空和应用作文,目前各种模拟题"层出不穷",但质量堪忧。如何使一线教师具备判断良莠的"火眼金睛",既是当务之急,又需要日积月累。

3. 学业水平考试

如前所述,虽然各省市的教研体系仍然没有全面建立起来,但在已设立教研员的地区或团队，相关的研究和培训已逐渐开展起来。例如，大连教育学院参加了辽宁省初中学业水平考试命题研究；黑龙江省组织了中考命题培训、学业水平考试题研讨、中考命题及批卷；四川省开始推动多语种学业水平考试工作；深圳市组织了中考备考工作。

4. 高中开始零起点突击高考日语

尽管近年来，高考日语全国卷适度调整了难度，但仍有一部分人士、部门、团队对日语和高考日语试题有一些错误的认识或片面的认知，如他们认为日语"与汉语同语系"，"命题结构简单，高考容易考出好成绩"等。

近年来，随着国家不断出台有关培训的文件、通知，一些机构的日语办学遇到了阻碍，教师也由此更加焦虑。

三、相关论文及研究成果简介

据有限统计，2023 年出版了如下有关中学日语的著作：山东师范大学孙守峰的《山东省中等日语教育发展研究》，人民教育出版社张金龙、大连教育学院杨慧的"中学日语教师必读系列丛书"[1] 中的《写给中学日语教师的教学建议和教学故事》，赣南师范大学王佳颖的《中国高中日语课堂改善的实践性研究》。

2023 年，以"中学日语""初中日语""高中日语""中职日语"为关键词，在中国知网共检索到 41 篇相关论文。删除重复的论文，其中关于课程标准、核心素养及德育、美育的论文有 7 篇，关于教材分析、使用的论文有 4 篇，关于教学现状分析的论文有 3 篇，关于课堂教学的论文有 6 篇，关于高考试题的论文有 4 篇，关于教师培养与发展的论文有 1 篇，关于学习策略的论文有 1 篇，关于高中日语与大学日语衔接的论文有 2 篇，关于教学与研究的论文有 1 篇。这些论文中含 5 篇硕士论文。

1　该丛书共四册，前三册是 2021 年出版的《中学日语教育 50 讲》《中学日语优质课评析》《中学日语教学中的 101 个关键问题》。

表 3.1 呈现了 2020—2023 年的相关文献情况。

表 3.1　2020—2023 年基础日语阶段相关文献数量统计

年份	中学日语	初中日语	高中日语	中职日语
2020	6	3	26	9
2021	3	1	8	9
2022	4	3	6	2
2023	8	3	20	10

另外,《中等日语教育研究》杂志为半年刊,创办于 2011 年,是中等日语课程设置校工作研究会的内部交流刊物。自第 30 期起,改版成为半年刊的电子杂志。截至笔者执笔时已出版了 35 期。

《中等日语教育》在 2023 年出版了第二辑,所以 2023 年的论文数据与 2022 年相比有所增加。

下面呈现部分论文的文献信息,各论文的详细摘要请见本书附录。

戴冰,2023,试论中职日语教学构建"学习共同体"[J],《学周刊》(34):25-27。

高怀冰,2022,核心素养视域下高中生日语学习者的文化意识培养课例研究[J],《中等日语教育》(2):47-55。

顾丛蔚,2023,基于核心素养的中职日语教学探析[J],《新课程教学(电子版)》(3):168-169。

李杨、余桂琴,2022,我国高中日语教师群体新特征研究[J],《中等日语教育》(2):270-279。

林洪,2023,向着"解决问题"推进的日语高考试题命制——浅析高考日语新课标卷的新变化[OL],https://mp.weixin.qq.com/s/Ol0ZNnlOiWhFKZdim4Fm_Q(2024 年 2 月 3 日读取)。

刘力玮,2023,对现代中国中等教育日语教科书的考察——以 1980 年代后的教科书为中心[D]。硕士学位论文。上海:上海外国语大学。

陆文芳，2022，初中日语网络课堂教学实践探索 [J]，《中等日语教育》（2）：171-177。

马琳，2023，高中与大学的日语教材衔接研究——以《普通高中教科书日语》和《新世纪大学日语》为例 [D]。硕士学位论文。哈尔滨：哈尔滨师范大学。

皮俊珺，2023，聚焦核心素养，立足语言基础，培育多语人才——2023 年高考日语全国卷评析 [J]，《基础教育课程》（Z1）：93-99。

徐惠君、黄燕青，2023，教育生态背景下高中日语教育学情分析及策略研究 [J]，《集美大学学报（教育科学版）》（5）：74-80。

---

[1]　新华网，2022，（受权发布）习近平：高举中国特色社会主义伟大旗帜 为全面建设社会主义现代化国家而团结奋斗——在中国共产党第二十次全国代表大会上的报告 [OL]，http://www.news.cn/politics/cpc20/2022-10/25/c_1129079429.htm（2024 年 2 月 10 日读取）。

第三节 基础德语 [1]

2023 年是全面贯彻落实党的二十大精神的开局之年，是实施"十四五"规划承上启下的关键一年。中国与德国的双边交往也开启了新篇章。

一、年度情况概述

1. 2022 全国中小学多语种学科建设与发展情况调研报告发布

为了解全国中小学多语种教育教学的发展动态，全基中心多语种分中心自 2019 年起对全国中小学多语种学科建设与发展情况展开调研。继发布 2019 年、2020 年数据后，于 2023 年 2 月发布了最新结果。

第三期调研工作于 2022 年 7—9 月以问卷调查的形式开展。问卷内容由全基中心多语种分中心和外语教学与研究出版社综合语种教育出版分社共同拟定，以微信点对点方式发送给全国范围内开设英语以外其他任意一门多语种课程的学校负责人或任课教师。共有 296 所中小学参与调研，回收到有效问卷 615 份，覆盖全国 27 个省、自治区和直辖市。据统计，全国开设多语种学科的公办学校有 188 所，民办 / 私立学校有 108 所。其中，208 所学校将多语种课程作为一外课程开设，98 所学校将多语种课程作为二外课程开设，103 所学校将多语种课程作为兴趣课开设。在参与调研的所有学校中，有 101 所学校开设了两种以上的课程类型。

调研结果显示，在基础学段开设德语课程的学校共有 120 所，在校德语学生数量达 17,556 人，仅次于日语、俄语学生人数，略高于法语在读学生人数。[1] 整体而言，中国中学德语学习者人数较往年有所增加。不过，德国外交部在 2020 年公布的中国德语学习者调研数据显示，中国内地与香港地区共有 203 所中学开设德语课程，学习者人数为 23,436 人。[2] 两份报告之间的数据差异原因还有待研究。

---

1 本节作者：练斐、李媛，浙江大学。

2. 学生活动与竞赛

2023 年度中学德语学生活动与竞赛主题丰富、形式多样、主办者多元，有助于培养学生的家国情怀、国际视野及社会责任感。

2022 年 11 月，中学德语教学联盟发起"庆祝中德建交 50 周年"学生优秀作品征集活动，颁奖仪式于 2023 年 3 月在上海举行。全国中学生以手抄报、视频等形式展现了中德两国在政治、经济、文化、科技等方面的交流。[3] 2023 年 3—4 月，德国、奥地利和瑞士驻华大使馆共同主办以"多元化"为主题的 2023 德语大赛。全国近 300 名青少年德语学习者提交了采用短篇故事、漫画等形式的参赛作品。[4] 4—5 月，由德国国外学校教育司主办的"中国青少年德语辩论赛"时隔三年再次以线下形式举行。该赛事分为区域赛与全国总决赛。辩题包括"用人单位是否应该优先录用有孩子的人？""烟花爆竹应该完全被禁止吗？""城市道路是否应该允许自动驾驶汽车上路？"和"是否应该强制引入针对父亲的育儿假？"，兼具社会性与思辨性。[5][6]

6—11 月，浙江大学德国文化研究所、北京德国文化中心·歌德学院（中国）（本节简称"歌德学院"）、杭州西诺教育咨询有限公司共同主办"2023 第七届可持续发展全国青年德语风采大赛"。大赛主题为"拥抱数据，共赢未来"。来自全国 65 个城市及地区的 518 名选手报名参赛，涵盖 81 所大学、22 所中学及 3 所小学的在读生或毕业生，以及热爱德语的社会人士。在整个赛程中，主办方贯彻以赛促学的活动理念，组织了 4 场工作坊，包括"深入理解联合国可持续发展目标"和"德语演讲要领及策略"两场专题报告，一场往届德语风采大赛获奖选手经验分享，一场中德青年线上论坛。[7] 10 月 16 日，由中国国际青年交流中心主办的"第二届中学生德语能力展示暨中德青少年艺术展演活动"在北京举行，吸引了来自全国各地的 400 多名中学生参加，南京外国语学校代表队最终以剧作《伊丽莎白》摘得桂冠。[8] 11 月，由外语教学与研究出版社和当当网共同发起的"'开心学德语 开心又一夏'2023 德语微视频朗读大赛"公布获奖名单。活动共收到 200 余份参赛作品。与获奖名单一同公布的还有参赛视频与评委评语，这有助于德语学习者从语音、语调、视频制作、精神面貌、情感表达等维度提升自己。[9]此外，外语教学与研究出版社、上海外语教育出版社均在寒假期间组织了德语阅读在线打卡活动，以提升学习者的德语口语水平，培养他们的阅读习惯，拓展其文化视野。

除了上述已举办多届的赛事外，一些地区还以学科核心素养与评价方式改革为导向新增赛事。例如，上海市教师教育学院（上海市教育委员会教学研究室）面向德语及法语学习者创设了上海市高中阶段学生多语种竞赛。初赛以笔试形式重点考查学生的语言知识和文化常识，内容涉及历史、社会、文化、艺术、科技等。决赛增设口试环节，考查内容包括中外文互译、小论文写作、口头表达。[10]

3. 教师交流与进修活动

在教师活动方面，教师培训仍以"核心素养"为重点，研修模式继续沿用多语种共研互鉴、分语种实践互促的交流方式，研修方式逐步恢复线下。

5月12—13日，由北京外国语大学、四川省教育科学研究院指导，全基中心多语种分中心、成都市教育科学研究院共同主办的"2023全国基础教育阶段多语种学科建设与教学发展研讨会"举行，吸引了来自全国200所中小学、高校与机构的400余位与会者。专家围绕核心素养与国际传播使命之间的关系、外语学习与思维发展、外语课堂教学研究、教材开发、教学策略等主题作报告。各语种分会场设示范课展评环节。[11]

7月15—16日，由全基中心多语种分中心和外语教学与研究出版社共同主办的"2023全国中学多语种教师教学能力提升研习班"在北京举行，吸引了来自全国36所学校的65位多语种教师。专家报告包括"基于语言教学基本原理的外语教学活动设计""与外语课标相关的几个重要概念的解读——浅析'大观念''大单元'跨学科主题学习在外语学科中的运用""德语应用型课程设计与教师角色转变"等主题。教研工作坊由教师说课、真实教学课例观摩、同课异构、专家评析等环节组成。[12]7月26—29日，由上海外语教育出版社与歌德学院联合主办的"2023 外教社全国德语教师教学法暑期研修班"在烟台举行。该研修班聚焦"德语教学法",围绕教学理念、教学方法、教学实践、教学研究等专题展开,旨在帮助德语教师掌握前沿教学理论,提升教学实践能力,培养更具竞争力的德语人才。在工作坊环节,中学教师与大学教师分组完成课堂设计,并获得专家点评。[13]

除教师培训外,中德教师的交流合作项目也在增多。德中教育交流中心、InterCultur gGmbH、歌德学院及德国各州文教部长联席会议所辖教育交流中心联合举办中德教育传播者交换项目。中德两国的中小学及相应阶段职业学校教师可参与项目,进行两国教师结对并互访。该活动有助于中德教师了解彼此的日常工作,认识彼此的文化与教育体系,从而促进两国学校间交流,加深中德两国间理解。[14]

二、热点问题剖析

1. "小语种 +"复合型人才培养模式成为新趋势,中学德语学习者升学空间扩大

2022 年 10 月 31 日,教育部办公厅发布《关于做好 2023 年普通高等学校部分特殊类型招生工作的通知》,明确了高中保送生招生新要求:"2024 年起,除北京外国语大学、上海外国语大学、外交学院可继续招收一定数量的外国语中学推荐保送生安排在英语语种相关专业,其他高校招收的外国语中学推荐保送生均安排在除英语以外的小语种相关专业,鼓励高校培养'小语种 +'复合型人才。严禁高校以保送生招生形式将外国语中学推荐保送的学生录取或调整到非外语类专业。"[15]

新规定对各高校 2024 年的高中保送生招生计划产生了显著影响。各校普遍增加了德语等非英语专业学生的保送生招生人数,开设"德语 +"双学士学位项目的高校数量也在持续增加。

上海外国语大学培养"小语种 +"复合型人才的经验较为丰富,不仅依

托校内资源设有"德语＋工商管理"双学士学位专业，还与德国拜罗伊特大学合作开设"德语＋经济学"中德合作双学士学位项目。[16]武汉大学、南京大学的"德语法学实验班"也有一定的传统。2022年，南京大学启动德语法学实验班（双学士学位），若学生能够达到学位授予条件，则可获德语、法学双学位。[17]

2023年，同济大学外国语学院德语系和政治与国际关系学院政治学系联合设立"德语—政治学与行政学"双学位项目，以满足外交系统、国际组织和涉外决策部门、中外企事业单位等相关领域的人才需求。[18]此外，浙江大学推出"德语—光电信息科学与工程"双学士学位项目。该项目依托两个国家级一流本科专业建设点，采用"外语专业＋光电信息科学与工程专业＋区域国别研究"三位一体的课程体系，依托强势学科实施科教融合、教研互促、双导师、国际合作等特色教学与培养模式，积极探索新时代复合型、研究型、创新型高质量人才的培养路径。该项目不同于现有其他项目"文文复合"的特点，实现了"文理交融"，因此受到各方广泛关注。[19]

这些"德语＋"双学士学位项目为中学德语学习者提供了更广阔的升学及专业选择空间。浙江大学李媛教授团队曾受歌德学院委托，在2021—2022年间对中国德语学习者的学习现状进行调研。调研结果显示：只有少部分中学德语学习者毕业后会选择德语语言文学专业继续深造，这主要是因为他们已在中学打下了较好的德语基础，希望在大学阶段追求个性化的专业发展；而选择德语保送的学生在进入大学后，也常面临专业基础课无法满足其学习需求的问题。为解决这一问题，浙江大学为德语专业的"高起点"学生提供政策支持，鼓励其提前修读高年级课程，并尽早加入科研团队，接受科研训练。如今，各类双学士学位项目不仅服务国家战略需求，也为学生的个性化发展带来了更多选择。

未来几年，由于英语保送生通道受限，高校非英语语种招生名额预计将会持续增加。据了解，在此背景下，全国多所中学已在筹划增设德语等非英语语种教学实验班。"小语种＋"双学士学位复合型人才培养项目将成为高校外语学科改革与发展的重要方向，相关政策也将日益完善。

2. 多部门多举措推动教师参与教学研究，教师教研融合的意识与能力增强

在教学研究方面，目前存在研究对象不平衡的问题，针对大学生的研究多、有关中学生的研究少，因而难以为基础教育阶段的外语教学改革提供科学性、系统性的指导。2023 年 1 月 12 日，全国教育工作会议在北京召开。会议提出了教育工作的主攻方向和重点任务，其中包括"持续办好更加公平、更高质量的基础教育""不断深化教育领域综合改革"和"持续深化新时代教师队伍建设改革"。[20] 将外语教师培养成科教融合型教师是建设高素质外语教师队伍的路径之一，有助于提高外语教育教学质量，推动外语教育综合改革。

虽然科研成果已经成为中学教师职称评定的重要指标，但中学德语教师仍面临较大挑战。笔者团队于 2023 年发表的教师情感实证研究结果表明，尽管一些中学德语教师意识到了科研对于教学的反哺作用，也有进行教学研究的兴趣与意愿，但由于时间不足、能力受限、缺少专业指导等，难以展开具体研究。[21]

值得关注的是，基础阶段外语教师的教学研究能力近些年得到了越来越多的关注，各类教师培训都将研究前沿、科研辅导作为议题之一。不同单位设立了多类与基础学段相关的教学科研项目。例如，全国基础外语教育研究培训中心在 2022 年度全基中心青年教师专项课题申报中加入多语种方向。在 2022 年立项的 15 项专项课题中，多语种方向共 5 项，且均为德语项目，主题涉及主题式教学模式、多模态词汇教学策略、口语及写作能力发展等。[22] 上述项目于 2023 年 9 月顺利结项。[23] 歌德学院于 2022 年发起全国中学德语教育教学研究项目课题申报工作，最终有 6 个项目立项。其中，既有由中学教师主导的研究，也有大学、中学教师合作进行的项目。在 2023 年 11 月举行的德语教学专家研讨会"DaF-Netzwerktreffen 2023"上，两个课题的负责人以海报形式，分别向与会者介绍了合作教学模式对德语学习效果的影响研究、中学生德语书面语发展研究的阶段性成果。

2023 年，各单位继续推动教研融合，鼓励一线教师参与教学研究。上海

外国语大学外语教材研究院于 3 月发布"2023 年外语教材研究项目"公告，并为不同的建议课题方向配备了专家导师。在立项的 32 个项目中，有两项与德语直接相关，涉及中华文化在中学德语教材及课堂中的呈现，以及教材中的生态话语比较。[24][25] 歌德学院与德国学术交流中心北京代表处也继续组织 2023 年度德语教育教学研究项目申报工作。选题指南涵盖中小学与大学联动的研究性学习、中国国内德语考试研究（包括高考、歌德学院德语考试、DSD 德语语言证书等）、教材研究、教师研究、国际教学合作等，尤为鼓励高校与中小学研究人员组队申报。[26]

现阶段，各高校、出版社、教师发展中心等各类机构都在共同努力，为中学德语教师提供科研支持。一线教师的科研意识与科研能力不断提升，教学与科研融合将成为未来中学教师职业发展的重要路径之一。

三、部分论文文献信息[1]

本节摘录 6 项发表于 2023 年的基础德语相关研究信息，包括 1 篇英文 SSCI/A&HCI 论文、4 篇中文期刊论文、1 篇德语硕士学位论文。摘录文章的主题涉及教师情感研究、中学生的德语书面语复杂度发展、教材中的国家形象研究、多样化作业模式研究、跨文化能力培养模式研究，以及基础德语教育发展概述。

Lian, F., Y. Li & J. Tao. 2023. The emotions of teachers teaching German in Chinese secondary schools [J]. *Porta Linguarum* 8: 151-168.

包俏俏，2023，我国基础德语教育发展简史 [J]，《现代职业教育》（10）：133-136。

李媛、郑雅文，2023，基于依存树库的中国德语学习者书面语句法复杂度发展研究 [J]，《德语人文研究》（2）：50-59。

王佳懿，2023，引进版中小学德语教材《快乐德语》中的国家形象：分析与启示 [J]，《西部学刊》（24）：108-111。

---

1 请于本书附录查看相关文献的详细摘要。

王雅芝，2023，我国中学德语教材跨文化能力培养模式探究——以教材
　《WILLKOMMEN》为例 [D]。硕士学位论文。北京：北京外国语大学。

杨晓，2023，"双减"政策下中学德语小班多样化作业探究 [J]，《外语教育与
　翻译发展创新研究》（13）：139-141。

四、结语

　　我国中学德语学科建设在 2023 年继续稳步推进，整体呈现出以下特点。
第一，面向师生的活动与竞赛主题新颖、形式多样，线下交流逐渐增多。第
二，因受到外国语中学推荐保送生政策调整的影响，"小语种 +"复合型人才
培养模式成为新趋势，高校陆续推出"德语 +"双学士学位项目，为中学德
语学习者提供了更加多元的个性化发展选择。第三，教学与科研融合成为教
师职业发展的新路径之一，各方积极推动中学一线教师的科研意识与科研能
力提升，这将有助于提高外语教育教学质量，推动外语教育综合改革。

[1]　外研社多语言，2023，2022 全国中小学多语种学科建设与发展情况调研报告
　　　[OL]，https://mp.weixin.qq.com/s/l_CSJ_iSk9DhxSIIvci_8A（2024 年 3 月 28 日读取）。

[2]　Auswärtiges Amt. 2020. *Deutsch als Fremdsprache weltweit. Datenerhebung 2020* [R].
　　　Berlin.

[3]　中学德语教学联盟，2023，中学德语教学联盟"庆祝中德建交 50 周年"学生优
　　　秀作品颁奖典礼成功举办！[OL]，https://mp.weixin.qq.com/s/CFKmeUZjNIUU-
　　　m-yKVo3Pw（2024 年 3 月 28 日读取）。

[4]　德国大使馆文化处，2023，2023 德语大赛评选结果揭晓—漫画类 [OL]，https://
　　　mp.weixin.qq.com/s/z-tue9nD0N_Z2EMUQCMN-A（2024 年 3 月 28 日读取）。

[5]　DSD 德语项目信息平台，2023，2023 年青少年德语辩论赛区域决赛圆满落幕
　　　[OL]，https://mp.weixin.qq.com/s/0IKLrOuJuIfgolCt1EgSGg（2024 年 3 月 28 日
　　　读取）。

[6]　上外附中，2024，喜报 | 我校学生在青少年德语辩论比赛华东区域决赛中取得佳
　　　绩 [OL]，https://mp.weixin.qq.com/s/v3dWUcVkxvSdgaecI2lkdg（2024 年 3 月 28
　　　日读取）。

[7] 浙大德国学研究所，2023，圆满落幕｜第七届德语风采大赛精彩回顾 [OL]，
     https://mp.weixin.qq.com/s/DPWa6bkN_bjNNUVrjMZUuQ（2024 年 3 月 28 日读取）。

[8] 人民网，2023，第二届中学生德语能力展示暨中德青少年艺术展演活动成功举
     办 [OL]，http://world.people.com.cn/n1/2023/1017/c1002-40097276.html（2024 年
     3 月 28 日读取）。

[9] 外研社德语，2023，2023 年"德语微视频朗读大赛"朗读小达人获奖名单 [OL]，
     https://mp.weixin.qq.com/s/p1tYzpXlDy1SApI5dEco0w（2024 年 3 月 28 日读取）。

[10] 上海教育，2023，2023 年上海市高中阶段学生多语种竞赛（德语、法语学科）
     通知 [OL]，https://edu.sh.gov.cn/jyzt-zxxsjshd-jstg/20230828/f47a6ceea1674d9c93b
     0b83dd65ee66e.html（2024 年 3 月 28 日读取）。

[11] 外研社多语言，2023，铸魂育人·行稳致远——2023 全国基础教育阶段多
     语种学科建设与教学发展研讨会圆满落幕 [OL]，https://mp.weixin.qq.com/s/
     LgBw52IJ70SBXMqzdeTzZg（2024 年 3 月 28 日读取）。

[12] 外研社多语言，2023，2023 全国中学多语种教师教学能力提升研习班（俄语、德语、法
     语、西班牙语）圆满落幕 [OL]，https://mp.weixin.qq.com/s/Fe8AQU8Ns7kSA6CiwzfQLg
     （2024 年 3 月 28 日读取）。

[13] 外教社，2023，暑期培训｜2023 外教社全国德语教师教学法暑期研修班成功
     举办 [OL]，https://mp.weixin.qq.com/s/u_4LiHEiZx5z9Y-19RB7sA（2024 年 3 月
     28 日读取）。

[14] 歌德德语世界，2023，申请即将截止！中德教师交流项目报名 [OL]，https://
     mp.weixin.qq.com/s/ZkKd843UW5cMvemW5O8xTw（2024 年 3 月 28 日读取）。

[15] 中华人民共和国教育部，2022，教育部办公厅关于做好 2023 年普通高等学校部
     分特殊类型招生工作的通知 [OL]，http://www.moe.gov.cn/srcsite/A15/moe_776/
     tslxzs/202211/t20221111_984077.html（2024 年 3 月 28 日读取）。

[16] 上海外国语大学德语系，2024，德语系概况 [OL]，http://www.sgs.shisu.edu.cn/
     dyxgk/list.htm（2024 年 3 月 28 日读取）。

[17] 南京大学本科招生网，2022，先睹为快｜南京大学 2022 年本科招生章程明天官
     宣 8 大亮点抢先看 [OL]，https://bkzs.nju.edu.cn/static/front/nju/basic/html_cms/
     frontViewArticle1.html?id=f54f1d5caf46481eaabd90c821c80039（2024 年 3 月 28
     日读取）。

[18] 同济大学外国语学院，2023，权威发布！同济大学 2024 年外语类保送生招生简
     章 [OL]，https://sfl.tongji.edu.cn/0b/85/c9167a330629/page.htm（2024 年 3 月 28
     日读取）。

[19] 浙大德国学研究所，2023，双学位学士项目 | 浙江大学"德语—光电信息科学与工程"双学士学位项目简介 [OL]，https://mp.weixin.qq.com/s/Pw2ocx57HAj2YtBz9CT9xg（2024 年 3 月 28 日读取）。

[20] 中华人民共和国教育部，2023，加快建设高质量教育体系 办好人民满意的教育——2023 年全国教育工作会议召开 [OL]，http://www.moe.gov.cn/jyb_xwfb/gzdt_gzdt/moe_1485/202301/t20230112_1039188.html（2024 年 3 月 28 日读取）。

[21] Lian, F., Y. Li & J. Tao. 2023. The emotions of teachers teaching German in Chinese secondary schools [J]. *Porta Linguarum* 8: 151-168.

[22] 练斐、李媛，2023，基础德语 [A]。载王文斌、徐浩（编），《2022 中国外语教育年度报告》[C]。北京：外语教学与研究出版社。151-159。

[23] 外研社多语言，2023，课题结项 | 2022 全国基础外语教育研究培训中心青年教师专项课题（多语种方向）结项 [OL]，https://mp.weixin.qq.com/s/iHTgeNeIqBKlS0gUqG26Pg（2024 年 3 月 28 日读取）。

[24] 外教社多语部，2023，欢迎申报"2023 年外语教材研究项目" [OL]，https://mp.weixin.qq.com/s/kMAXu-aZkBs0a1dKlGBi5w（2024 年 3 月 28 日读取）。

[25] 外教社多语部，2023，"2023 年外语教材研究项目"评审结果发布 [OL]，https://mp.weixin.qq.com/s/En2xWjo0vyzZGJoDCJukxA（2024 年 3 月 28 日读取）。

[26] 歌德德语世界，2023，2023 年度德语教育教学研究项目申报正式启动 [OL]，https://mp.weixin.qq.com/s/CzXnMhbB0efAc0DKL-R2BQ（2024 年 3 月 28 日读取）。

第四章　职业外语教育教学

第一节　公共英语[1]

一、年度情况概述

职业教育公共英语教学在 2023 年彻底摆脱了新冠疫情的负面影响，实现了学科建设、资源开发、考试、竞赛、会议等各个方面的全面恢复和发展。这一成就得益于国家职业教育政策的有力引导和教育部职业院校外语类专业教学指导委员会（简称"职业院校外指委"）的积极指导。在此背景下，各出版社、学术机构和职业院校，以及广大职业教育公共英语教师，在不同领域内采取了形式多样的工作方式，推动了职业教育公共英语教学的持续发展。为进一步加强职业教育公共英语的教学质量，各职业院校积极探索并实践了一系列创新教学方法，包括但不限于利用信息技术辅助教学、实施项目式和任务驱动式教学、加强实用英语技能训练等，旨在提高学生的英语实际应用能力；同时，出版社与学术机构也加大了对公共英语教材资源的投入和开发力度，通过建立公共英语教学资源库，为教师和学生提供了丰富的教学和学习资源，包括教科书、练习册、在线课程等，极大地丰富了教学内容和形式，提高了教学效率和质量。

1. 学科建设

《高等职业教育专科英语课程标准（2021 年版）》（简称"高职英语新课标"）于 2021 年 3 月由教育部办公厅正式颁布。[1]该文件是高职历史上正式发布的第三个公共英语课程标准，也是高等职业教育专科英语课程教学的指导性文件，各高职院校的英语课程设置、教材编写、课堂教学、学业质量评

1　本节作者：常红梅，北京联合大学；马俊波，深圳职业技术大学；傅帅，北京联合大学。

价、教师专业发展等方面的工作均须遵循该文件的精神。[2] 教育部职业教育与成人教育司于 2023 年 9 月向各省教育厅下发的《关于开展职业教育国家教学基本文件落实情况自查工作的通知》中，高职英语新课标是检查内容之一。[3] 职业院校外指委通过各委员、各省级教指委和各类会议持续宣传新课标的精神和具体要求，推动各高职院校在准确理解新课标精神的基础上，分别制订符合本校实际情况的实施方案。

2. 资源开发

高职公共英语的教学资源包括纸质教材、数字资源及教学工具等，主要由各出版社提供。近年来有关院校也建设了一批在线课程，可与其他院校共享。2023 年，多套高职公共英语教材进入"十四五"职业教育国家规划教材书目名单，详见表 4.1，也有较多公共英语在线课程出现在 2023 年公布的"2022 年职业教育国家在线精品课程"名单中，详见表 4.2。各出版社除根据高职英语新课标修订已出版的旧教材外，还出版了数套全新的高职公共英语教材，详见表 4.3。

表 4.1 "十四五"职业教育国家规划教材（公共英语类）[1]

教材名称	第一主编	申报单位	出版单位
《畅通英语（全新版）》	常红梅	北京联合大学	高等教育出版社
《新职业英语行业篇（第三版）》	徐小贞	深圳职业技术学院	外语教学与研究出版社
《职场实用英语交际教程》	曾用强	广东省外语艺术职业学院	外语教学与研究出版社
《新时代职业英语》	闫国华	北京外国语大学	外语教学与研究出版社

（待续）

---

1 只列举了新入选的公共英语教材，未包括已是"十三五"职业教育国家规划的教材，也未列入专业类教材。例如，有些专业类教材，如《新航标职业英语：英语视听说教程》（常红梅主编，北京语言大学出版社出版），也适用于公共英语教学。

（续表）

教材名称	第一主编	申报单位	出版单位
《新生代英语（第二版)》	顾曰国	北京外国语大学	外语教学与研究出版社
《捷进英语综合教程：新智慧版》	石坚	四川大学	外语教学与研究出版社
《职场素质英语（第三版)》	王朝晖	成都纺织高等专科学校	外语教学与研究出版社
《乐学英语视听说基础教程》（上、下册)	方芳	九江职业技术学院	外语教学与研究出版社
《新起点高职英语综合教程》	张隆胜	华中师范大学	上海外语教育出版社
《医护英语》	吴雷达	沧州医学高等专科学校	复旦大学出版社
《21世纪实用英语综合教程（第3版)》	余建中	复旦大学	复旦大学出版社
《新时代高职英语综合教程学生用书》	曾用强	广东省外语艺术职业学院	清华大学出版社
《新标准职业英语教程》	肖潇	上海电子信息职业技术学院	外文出版社
《新时代高职英语（基础模块)》	丁国声	唐山海运职业学院	外文出版社
《E时代高职英语教程1（第二版)》	陈杨	贵州电子商务职业技术学院	外文出版社
《E时代高职英语教程2（第二版)》	曾志颖	贵州水利水电职业技术学院	外文出版社
《新标准高职英语教程》	王志	首都师范大学科德学院	教育科学出版社
《新潮IT英语综合教程（基础篇、提高篇)》	李奕	湖南科技职业学院	商务印书馆
"新实用英语系列教材"	张华志	山西工程科技职业大学	中国人民大学出版社

（待续）

（续表）

教材名称	第一主编	申报单位	出版单位
《新理念交互英语教程（第2版）》	杨林生	宁波职业技术学院	北京邮电大学出版社
《新思维公共英语教材》	吴赟	同济大学	同济大学出版社
《机电行业职场英语》	张杰	山西机电职业技术学院	吉林大学出版社
《职通英语综合教程（第三版）》	杨忠	东北师范大学	东北师范大学出版社
《民航地勤英语》	李瑛	甘肃警察职业技术学院	中航出版传媒有限责任公司
《新时代实用英语基础篇·综合教程》	钱允凤	陕西职业技术学院	西北大学出版社
《新时代实用英语实践篇·综合教程》			

表 4.2　2022 年职业教育国家在线精品课程[1]

课程名称	课程负责人	主要建设单位	主要开课平台
英语—海外旅行篇	张铁辉	河北软件职业技术学院	智慧职教 MOOC 学院
旅游英语	解峰	太原旅游职业学院	智慧职教 MOOC 学院
英语口语趣谈	刘志强	牡丹江大学	智慧树
高职英语	张秀芹	南京工业职业技术大学	爱课程
实用英语（一）（二）	邵红万	扬州市职业大学	中国大学 MOOC
医药英语	李正亚	江苏医药职业学院	爱课程

（待续）

1　未包括英语专业相关课程。

（续表）

课程名称	课程负责人	主要建设单位	主要开课平台
大学英语	张莉	浙江工商职业技术学院	浙江省高等学校在线开放课程共享平台
实用英语	方芳	九江职业技术学院	智慧树
护理英语口语	刘军	信阳职业技术学院	爱课程
汽车商务英语	张素容	武汉机电工程学校	学银在线
高职基础应用英语	宁毅	武汉职业技术学院	优学院
大学英语（高职版）	王芬	湖南环境生物职业技术学院	智慧树
公共英语	田娟	长沙航空职业技术学院	爱课程
高职公共英语	贺雪娟	长沙民政职业技术学院	爱课程
公共英语	刘艳艳	湖南化工职业技术学院	智慧职教 MOOC 学院
航空服务英语	蒋焕新	长沙航空职业技术学院	智慧职教 MOOC 学院
职业英语	舒立志	广东轻工职业技术学院	学银在线
高职实用综合英语	赵雨	陕西工业职业技术学院	学堂在线

表 4.3　根据新课标开发的全新教材[1]

教材名称	总主编	总主编单位	出版单位	简介
《新标准职业英语》	文秋芳、杨华	北京外国语大学	外语教学与研究出版社	根据高职英语新课标，采用"产出导向法"理论设计，面向高职专科，共两级，每级均包括综合教程、教师用书和自主学习手册。

（待续）

1　根据在部分外语教材出版社所作的调查。

（续表）

教材名称	总主编	总主编单位	出版单位	简介
《领航职业英语》	徐小贞、马俊波	深圳职业技术大学	上海外语教育出版社	根据高职英语新课标精神和具体要求全新编写，旨在继承我国高职公共英语教学优秀传统的基础上，将新课标的各项要求落到实处，面向高职专科，共两册，每册均包括学生用书、教师用书和自主学习手册。
《新导向职业英语》	赵雯、凌双英	暨南大学、安徽国际商务职业学院	高等教育出版社	以高职英语新课标为指导，面向高等职业教育本科和专科，共三册，每册均包括学生用书和教师用书。

3. 重要考试

科学的英语水平考试可促进学生学习、检验教师教学成效，对学生将来的就业也有一定的辅助作用。自职业教育成为一种类型教育后，高职师生迫切需要能体现职业特色的英语水平考试。实用英语交际职业技能等级证书（Vocational English Test System，简称 VETS）考试和国才考试的职业特色比较鲜明，自它们面世以来逐渐受到越来越多高职师生的关注。高职学生非常关注的另外两项考试是高等学校英语应用能力考试和全国大学英语四、六级考试。另外，部分高职专科学生为提升学历，还会参加各省组织的专升本英语考试以及出国留学所需的托福、雅思考试等。

1）实用英语交际职业技能等级证书

VETS 由北京外研在线数字科技有限公司研发，是教育部职业教育发展中心授权发布参与 1＋X 证书制度试点的职业技能等级证书，也是目前 1＋X 证书制度试点中唯一的英语类职业技能等级证书。VETS 考试分为初级、中级和高级三个级别，分别对应中等职业学校、高等职业学校和应用型本科高校的在校生、毕业生和社会成员。自 2021 年开考，每年举行两次考试，分别在 5 月底和 12 月初的周末。VETS 考试提取不同职业发展阶段的典型工作任务，通过创设工作情景、设定职场身份、设计工作任务等方式，考查学生使用英语解决职场实际问题的综合能力，职业特色非常鲜明，代表着职教英语水平考试的发展方向。2023 年的考试安排如表 4.4 所示。[4]

表 4.4　2023 年 VETS 考试安排

考试日期	考试科目
2023 年 5 月 27 日	实用英语交际职业技能等级考试（初级）
	实用英语交际职业技能等级考试（中级）
2023 年 5 月 28 日	实用英语交际职业技能等级考试（高级）
2023 年 12 月 2 日	实用英语交际职业技能等级考试（初级）
	实用英语交际职业技能等级考试（中级）
2023 年 12 月 3 日	实用英语交际职业技能等级考试（高级）

2）国才考试

国才考试由北京外国语大学中国外语测评中心研发，分为国才初级、国才中级、国才高级、国才高端和国才高翻五个类别，2016 年首考，每年举行两次，分别在 5 月和 11 月的第二个周末。该考试通过创设真实职场情景，赋予考生真实职场身份，设计典型职场沟通任务，来考查考生在国际职场交流场合使用英语完成实际工作任务的能力。[5] 其"服务职场"的核心理念与职业教育的类型特色非常吻合，得到了职业院校师生的认可，越来越多职教学生报考国才初级和国才中级。

3）高等学校英语应用能力考试

职教在校生参加最多的考试是高等学校英语应用能力考试。该考试的采用和实施工作由各省、自治区、直辖市教学主管部门决定和主持，适用于各地区的高等职业院校。考生自愿报名参加，各地的主持机构及考试安排也有所不同。

4. 主要赛事

技能比赛是职业教育高质量发展的重要抓手，竞技性活动可以检验和提升学生的职业技能，同时也能引领课程教学，发挥"以赛促教、以赛促学"的作用。越来越多职业院校认识到英语技能比赛对提升本校公共英语教学质量的作用，因此积极参与各类比赛。职业院校公共英语教学领域的赛事虽不多，但覆盖面广，参赛院校的数量比较多、参赛比例比较高。相关赛事介绍如下。

1）2023 年全国职业院校技能大赛高职组英语口语赛项

"2023 年全国职业院校技能大赛高职组英语口语赛项"是"2023 年全国职业院校技能大赛"赛项中唯一的英语类比赛，分为省赛和全国总决赛两个阶段。全国总决赛由教育部、国家发展和改革委员会、科学技术部等 36 个部委联合主办，江西省教育厅、江西省商务厅承办，江西外语外贸职业学院、职业院校外指委、高等教育出版社、外语教学与研究出版社协办，于 2023 年 7 月 12—15 日在江西外语外贸职业学院举行。来自全国 31 个省、自治区、直辖市和新疆生产建设兵团的 60 支队伍参加了比赛。比赛创新了竞赛方式，改为师生同赛，各院校师生同台竞技。最后，共有 18 组非英语专业组选手获奖（另有 18 组英语专业组选手获奖），获奖名单如表 4.5 所示。[6]

表 4.5　2023 年全国职业院校技能大赛高职组英语口语赛项决赛获奖名
　　　　单（非英语专业组）

选手	单位	奖项
张艺骞、黄婷	南京信息职业技术学院	一等奖

（待续）

（续表）

选手	单位	奖项
刘彦延、陈诵弦	贵阳幼儿师范高等专科学校	一等奖
侯明轩、于天娇	北京工业职业技术学院	
周子萱、张蕾	武汉铁路职业技术学院	二等奖
何晴晴、郭圆圆	山东商务职业学院	
祝雩霏、钱律伟	浙江工商职业技术学院	
赫子豪、魏媛	河北司法警官职业学院	
王康乐、苏晓兰	重庆水利电力职业技术学院	
袁文聪、刘博	长春汽车工业高等专科学校	三等奖
周子杰、杜洋	深圳信息职业技术学院	
胡颖、王超群	亳州职业技术学院	
刘伟、斯琴高娃	锡林郭勒职业学院	
曾丽桦、彭晓雪	四川文化产业职业学院	
吕闻多、李伟	锦州师范高等专科学校	
徐艳烨、蒋巧珠	仙桃职业学院	
丁俊棋、李红梅	海南经贸职业技术学院	
李宗润、傅瑞芳	上海商学院高等技术学院	
徐野、廖伟评	广西外国语学院	

2）2023"中国教育电视台·外研社杯"职场英语挑战赛

"2023'中国教育电视台·外研社杯'职场英语挑战赛"由中国教育电视台和外语教学与研究出版社联合主办，参赛对象为高等职业学校全日制在籍学生，不分英语专业组和非英语专业组。比赛包括演讲、写作两项赛事，演讲大赛为个人赛，包括"地面赛场"和"网络赛场"两种形式；写作大赛为个人赛，分校赛、省赛和全国决赛三个阶段。写作大赛全国决赛于 2023 年 12 月 9 日在线举行，来自全国 30 个省、自治区、直辖市的 91 名选手参赛，大赛评委会主席常红梅教授、外语教学与研究出版社职业教育出版分社茹雪飞副社长和指导教师代表李伟分别致辞。最终决出全国特等奖 10 名，全国一等奖 15 名，全国二等奖 25 名，全国三等奖 41 名，获奖名单见表 4.6（三等奖略）。演讲大赛决赛于 12 月 15 日在北京举行，来自全国 30 个省、自治区、直辖市的 108 名选手参赛。评委会主席曾用强教授、中国职业技术教育学会外语教育工作委员会李淑静秘书长、外语教学与研究出版社刘捷总编辑、中国教育电视台吕学武副台长分别致辞。最后决出特等奖 8 名、一等奖 12 名、二等奖 12 名、三等奖 76 名，获奖名单见表 4.7（三等奖略）。[7]

表 4.6　2023"中国教育电视台·外研社杯"职场英语挑战赛写作大赛全国决赛获奖名单

选手	学校	奖项
林烨鹏	福建华南女子职业学院	特等奖
叶彩娜	广东科学技术职业学院	
李卉玲	深圳职业技术大学	
王凯瑞	河北科技工程职业技术大学	
任丽珂	平顶山职业技术学院	
卿凡	湖北职业技术学院	
许鑫宇	扬州工业职业技术学院	
单一桐	锦州师范高等专科学校	
阮云康	浙江长征职业技术学院	
钟业翔	浙江东方职业技术学院	
何晓森	重庆城市管理职业学院	一等奖
王韦唯	重庆青年职业技术学院	

（待续）

（续表）

选手	学校	奖项
何鑫	安顺职业技术学院	
程澽宣	河北工业职业技术大学	
朱秀君	湖南民族职业学院	
徐菲阳	常州纺织服装职业技术学院	
张怡菲	南昌工学院	
凌晨	大连职业技术学院	
白梦瑶	东营职业学院	一等奖
张子萱	潍坊职业学院	
李力	山西工程科技职业大学	
罗洁	上海工商外国语职业学院	
曾晓洋	成都职业技术学院	
侯志星	天津商务职业学院	
苏喜丽	新疆职业大学	
汤智祥	芜湖职业技术学院	
李高汝	重庆工商职业学院	
杨子莹	宁德职业技术学院	
梁拼	广西国际商务职业技术学院	
敖玉佳	安顺职业技术学院	
杨玲霄	黔东南民族职业技术学院	二等奖
欧阳昊天	海南外国语职业学院	
刁欣悦	河北对外经贸职业学院	
康彦泽	郑州澍青医学高等专科学校	
陈科昊	鄂州职业大学	

（待续）

（续表）

选手	学校	奖项
肖可欣	武汉职业技术学院	二等奖
吕昕蓉	白城医学高等专科学校	
吕子艺	江苏卫生健康职业学院	
胡钰	江西师范高等专科学校	
杨娜	呼和浩特职业学院	
许心颖	宁夏工商职业技术学院	
黄凯威	山东劳动职业技术学院	
王丽媛	运城护理职业学院	
宋昱辉	陕西铁路工程职业技术学院	
郑佳雯	上海商学院高等技术学院	
徐诗雨	上海行健职业学院	
朱茹丽	四川工商职业技术学院	
尹子珂	天津职业大学	
王懋	云南能源职业技术学院	
姚李佳	浙江越秀外国语学院	

表 4.7 2023"中国教育电视台·外研社杯"职场英语挑战赛演讲大赛全国决赛获奖名单

选手	学校	奖项
王露阳	焦作大学	特等奖
陈松巍	深圳职业技术大学	
吴姗珊	顺德职业技术学院	
江展濠	深圳职业技术大学	
阳敏	湖北中医药高等专科学校	

（待续）

（续表）

选手	学校	奖项
郭鸿韬	长沙航空职业技术学院	
肖佳成	株洲师范高等专科学校	特等奖
张贝宁	上海工商外国语职业学院	
谢嘉弘	广东省外语艺术职业学院	
李诗欣	深圳技师学院	
闫虹霖	黑龙江生态工程职业学院	
夏婧怡	武汉城市职业学院	
柴梦婕	湘中幼儿师范高等专科学校	
陆杨逸	常州纺织服装职业技术学院	
范圣瑶	南通师范高等专科学校	一等奖
樊祖澳	九江职业技术学院	
沈乔茜	南昌大学共青学院	
沈舒冰	嘉兴学院	
贺勇	浙江交通职业技术学院	
颜修平	浙江商业职业技术学院	
晋怡然	北京经济管理职业学院	
王康乐	重庆水利电力职业技术学院	
黄林慧	闽江师范高等专科学校	
董家欣	贵阳职业技术学院	
杨佩瑶	河北政法职业学院	二等奖
麻少轩	湖南汽车工程职业学院	
丁子洋	吉林工业职业技术学院	
冷星宇	四川西南航空职业学院	

（待续）

（续表）

选手	学校	奖项
张原	天津滨海汽车工程职业学院	
欧阳丽娜	天津国土资源和房屋职业学院	二等奖
张郁	嘉兴学院	
赵佳雯	浙江交通职业技术学院	

3）"外教社·词达人杯"全国大学生英语词汇能力大赛

"'外教社·词达人杯'全国大学生英语词汇能力大赛"由上海外国语大学中国外语战略研究中心、上海外国语大学中国外语教材与教法研究中心和上海外语教育出版社联合举办，包括高职高专非英语专业组，分校赛、省赛和全国决赛三个阶段，均采用线上方式。全国总决赛于 2023 年 5 月 27 日举行，高职高专非英语专业组共 314 名选手获奖，其中特等奖 9 名、一等奖 36 名、二等奖 90 名、三等奖 179 名，特等奖获奖名单如表 4.8 所示（其他奖项名单略）。[8]

表 4.8　"外教社·词达人杯"全国大学生英语词汇能力大赛特等奖获奖名单

选手	学校	奖项
杨传智	上海第二工业大学	
殷齐彦	江苏联合职业技术学院苏州旅游与财经分院	
金巍明	郑州铁路职业技术学院	
潘艺欣	湘中幼儿师范高等专科学校	
王露阳	焦作大学	特等奖
叶紫怡	上海工商外国语职业学院	
钟业翔	浙江东方职业技术学院	
林芷妍	湖南高速铁路职业技术学院	
郑文聪	广东省外语艺术职业学院	

5. 学术会议

2023 年，职业院校外指委、有关学术团体、各出版社等组织了多场全国性的职业外语教育学术会议，这些会议通常都包括外语专业和公共英语的议题。相关会议按时间顺序列举，如表 4.9 所示。[1]

表 4.9　2023 年全国性职业外语教育学术会议

时间	会议名称	会议主题／议题	主办、承办单位
2023 年 4 月 20—23 日	2023 高职英语教学改革学术论坛	新时代、新航标、新征程	职业院校外指委、北京语言大学出版社
2023 年 5 月 19—21 日	融通 融合 融汇——2023 年高等职业教育外语教学研讨会	同商新时代职业教育外语教学使命，共话"职普融通、产教融合、科教融汇"焦点，齐研职业教育高质量发展路径	职业院校外指委、高等教育出版社
2023 年 5 月 27 日	2023 职业教育外语人才培养创新发展论坛	聚焦职普融通、科教融汇、产教融合，落实外语类专业教学标准和课程标准等	职业院校外指委、大连理工大学出版社
2023 年 10 月 23 日	全国职业外语教材"三教"改革研讨会	依据《中等职业学校英语课程标准（2020 年版）》和高职英语新课标建设中国特色高质量职业外语教材体系，推动教材建设服务教师发展、教学创新与人才培养	教育部职业教育发展中心、职业院校外指委、外语教学与研究出版社、北京外国语大学中国职业外语教育发展研究中心

二、热点问题剖析

2023 年，继续探讨和落实新课标仍然是当前全国高职院校公共英语教学

1　感谢相关出版社提供的信息。

最主要的任务之一。近几年职业院校本科建设有加速之势，2023 年教育部正式批准和公示三所新的职教本科院校，各省更多的高职院校向教育部提出升格申请，职业本科公共英语教学成为这些院校亟须解决的问题。

1. 高职英语新课标的落实

2021 年颁布的高职英语新课标是高职公共英语教学史上第三个正式颁布的课标，距离上一个课标的颁布已有 21 年之久。新课标是国家规范，各高职院校都有义务遵循，国家也会通过教学评估等方式进行检查，比如教育部职业技术教育中心研究所（即现在的教育部职业教育发展中心）在 2021 年就向各出版机构发文检查课标的落实情况。[1] 教育部职业教育与成人教育司于 2023 年 9 月向各省教育厅下发《关于开展职业教育国家教学基本文件落实情况自查工作的通知》，高职英语新课标列入现行国家教学基本文件清单，是被检查的文件之一。[3]2021 年 4 月，教育部职业技术教育中心研究所组织了第一期课标培训，之后相关出版社在各自组织的部分会议中安排了新课标的解读等议题，但总体来看，从新课标颁布至今，针对新课标的培训活动偏少，还有不少院校及公共英语教师对课标的理解不够深入、贯彻还不得力，未来非常有必要加强对新课标的宣传、研讨及执行。

与历史上的两个课标相比，新课标在课程目标、内容、学业质量等方面均有根本性变化。在课程目标上，新课标实现了从知识、技能、能力到英语学科核心素养的转变，确立了职场涉外沟通、多元文化交流、语言思维提升、自主学习完善四个发展目标。新课标发布前的高职公共英语教学对沟通、文化关注较多，对自主学习有所关注，但几乎没有直接关注语言思维。关于这四个发展目标如何在教学任务中落实，新课标并未给出直接的答案，需要广大公共英语教师研究和探索。在课程设置上，新课标实现了从基础英语、专业英语、行业英语等总体学科类型的课程设置到职业类型的课程设置，基础模块的内容直接从职场通用英语开始，而直到现在还有不少高职

1　根据职教所〔2021〕112 号文件。

院校的公共英语教学内容仅限于语言本身，需要根据新课标改造和完善校本英语课程体系。[9]高职在校生参考人数最多的高等学校英语应用能力考试是基于上一个课标《高职高专教育英语课程教学基本要求（试行）》而开发的，现在课标变了，考试与新课标的衔接也理应提上日程。[10]

2. 职业本科建设

2014 年，国务院印发《关于加快发展现代职业教育的决定》，提出了探索和发展本科层次职业教育的目标。该政策的出台不仅是对职业教育价值的重新认识，也标志着职业教育体系结构的优化和升级。2019 年颁布的《国家职业教育改革实施方案》更是明确提出了开展本科层次职业教育试点的具体行动。这一系列政策的实施有效推动了职业教育的质量提升和范围扩展。

随着首批 15 所高职院校升格为职业本科院校，本科层次职业教育试点工作正式开展，标志着我国职业教育进入了一个新的发展阶段。到 2023 年，已有 35 所职业本科院校（含公示中的院校），预计未来将有更多院校加入，这不仅增加了职业教育的层次和广度，也对提升职业教育的整体质量和社会认可度起到了重要作用。

公共英语是职业本科教育的一门重要公共基础课，由于职业本科的正式建设只是近几年的事，职业本科的公共英语教学在不同程度上存在在照搬高职专科英语教学的基础上延长学习年限或盲目套用普通本科高校英语教学模式的现象。[11]与高职公共英语相比，职业本科公共英语层次更高；与普通本科大学英语相比，职业本科公共英语具有职业类型特征。职业本科的层次性和职业性该如何定义和落实，在未来一段时间内可能还需要我们不断地研究、讨论和完善。现有 35 所职业本科院校的公共英语教学在如何实践？有什么困难和创新之处？需要已有本科院校及时总结，为新的职业本科院校提供参考。但比较遗憾的是，公开发表的相关理论探讨和实践总结还比较少，中国知网上直接相关的论文截至 2023 年底仍不足 50 篇。目前，高职专科英语和普通本科大学英语已有国家颁布的课标，需要教育行政部门适时启动职教本科公共英语课标的研制，并在中、高职核心素养和词汇表基本协调的基础上继续解决中、专、本一体化的问题。[2][11][12][13]

三、部分论文文献信息[1]

曹兰、肖桂兰、李霄翔，2022，高等职业院校英语校本课程体系构建研究 [J]，《外语研究》(4)：48-52，58。

常红梅，2021，《高等职业教育专科英语课程标准（2021 年版)》课程实施部分解读 [J]，《中国外语》(5)：16-20。

常红梅、刘黛琳，2022，高等职业教育专科英语课程标准的历史沿革与新版课程标准的实施建议 [J]，《外语界》(5)：29-33。

李霄翔、吴寒、韩茂源，2021，《高等职业教育专科英语课程标准（2021 年版)》中的学业质量研究 [J]，《中国外语》(5)：21-25。

马俊波、凌双英、周瑞杰、王朝晖，2022，高职阶段通用英语词汇表编制及使用建议 [J]，《外语教育研究前沿》(1)：37-42。

马俊波、王朝晖、凌双英、周瑞杰，2021，《高等职业教育专科英语课程标准（2021 年版)》课程结构的理据和要点 [J]，《外语界》(5)：10-15。

文秋芳、张虹，2021a，《高等职业教育专科英语课程标准（2021 年版)》核心素养的确立依据及其内涵解读 [J]，《外语界》(5)：2-9。

文秋芳、张虹，2021b，《高等职业教育专科英语课程标准（2021 年版)》阐释——研制背景、过程与特色 [J]，《中国外语》(5)：4-11。

肖桂兰、曹兰、李霄翔，2021，高职英语多维混合式教学模式研究——基于《高等职业教育专科英语课程标准（2021 年版)》的校本视角 [J]，《外语界》(5)：16-22。

---

1 请于本书附录查看相关文献的详细摘要。另外，鉴于核心期刊中职业外语教育相关论文偏少，因此本部分汇总了 2021—2023 年的重要文献，拟从 2024 年起仅纳入当年期刊论文。

肖潇、周俊华、孟庆尉、王凤云，2023，共同体视阈下职业教育规划教材编写逻辑理路探索——以《新标准职业英语教程》为例 [J]，《中国职业技术教育》（32）：28-34。

许家金，2022，高职阶段行业英语词汇表编制及"四用"教学原则的实施 [J]，《外语教育研究前沿》（1）：43-49。

[1] 中华人民共和国教育部，2021，教育部办公厅关于印发高等职业教育专科英语、信息技术课程标准（2021 年版）的通知 [OL]，http://www.moe.gov.cn/srcsite/A07/moe_737/s3876_qt/202104/t20210409_525482.html（2024 年 2 月 13 日读取）。

[2] 文秋芳、张虹，2021，《高等职业教育专科英语课程标准（2021 年版）》核心素养的确立依据及其内涵解读 [J]，《外语界》（5）：2-9。

[3] 中华人民共和国教育部，2023，关于开展职业教育国家教学基本文件落实情况自查工作的通知 [OL]，http://www.moe.gov.cn/s78/A07/A07_sjhj/202309/t20230919_1081450.html（2024 年 2 月 13 日读取）。

[4] 北京外研在线数字科技有限公司，2023，VETS 介绍 [OL]，https://www.vets.cn/（2024 年 2 月 14 日读取）。

[5] 外语教学与研究出版社，2023，国才理念 [OL]，https://etic.claonline.cn/about-ETICAdvantages（2024 年 2 月 14 日读取）。

[6] 高教社外语，2023，2023 年全国职业院校技能大赛高职组英语口语赛项圆满落幕 [OL]，https://mp.weixin.qq.com/s?__biz=MzA5MzMyODUyMg==&mid=2651477524&idx=1&sn=901a25d359c4103240c71e5528da5bc4&chksm=8ba173f1bcd6fae7a7789892bdcc5810e2ee15dd955162eac07a17c5e328aeac89cb00f3f1c4&scene=27（2024 年 2 月 15 日读取）。

[7] 外语教学与研究出版社，2023，"中国教育电视台·外研社杯"职场英语挑战赛官网 [OL]，https://vep-new.fltrp.com/categorys/41708882166419456（2024 年 2 月 15 日读取）。

[8] 外教社，2023，2023 年"外教师社·词达人杯"全国大学生英语词汇能力大赛四号通知 [OL]，https://mp.weixin.qq.com/s?__biz=MzU1MDkxMTIwMg==&mid=2247497227&idx=1&sn=1b28e29763e4dc3807a19d4442c2a3af&chksm=fb9bdb86ccec52905c20d83e22fc12283f8591643ba3ebbe41dcbcd7a9d63d1487cbefd381af&scene=27（2024 年 2 月 15 日读取）。

[9]　马俊波、王朝晖、凌双英、周瑞杰，2021，《高等职业教育专科英语课程标准（2021 年版）》课程结构的理据和要点 [J]，《外语界》（5）：10-15。

[10]　郑大湖，2021，高等学校英语应用能力考试改革成效——考试利益相关者视角 [J]，《外语测试与教学》（1）：14-20。

[11]　胡素芳，2023，高质量发展背景下职业本科院校大学英语课程体系构建研究 [J]，《江西电力职业技术学院学报》（2）：116-118。

[12]　马俊波、常红梅，2020，高职公共英语教育发展报告（2009—2019）[J]，《中国职业技术教育》（29）：67-72。

[13]　常红梅（编），2020，《中国职业教育外语教育发展报告（2009—2019)》[C]。北京：高等教育出版社。

第二节 英语专业 [1]

一、年度情况概述

在党的二十大精神和全国职业教育大会精神的指引下，在国家职业教育相关政策的支持下，全国职业院校英语类专业建设实现了较大飞跃。这一进步体现在产教融合的深化以及专业适应性的提升上，使得专业建设在理论与实践的结合上达到了新的高度。2023 年，我国高等职业院校英语类专业建设和发展呈现出以下几个显著特点：政策引导和支持明显增强，教学标准建设逐步完善，产教融合模式不断创新，专业建设活动日益丰富，复合型人才培养模式成效显著。本节综述我国高等职业院校英语类专业在 2023 年的建设和发展情况，包括与英语类专业建设相关的职业教育政策、国家级项目、英语类专业建设活动、学术讲座和论坛等。

1. 国家政策

2022 年 12 月，中共中央办公厅、国务院办公厅印发了《关于深化现代职业教育体系建设改革的意见》（本节简称《意见》），提出了"以提升职业学校关键能力为基础，以深化产教融合为重点，以推动职普融通为关键，以科教融汇为新方向，持续推进现代职业教育体系建设改革，优化职业教育类型定位"的总体要求。同时，《意见》明确了"探索省域现代职业教育体系建设新模式""打造市域产教联合体""打造行业产教融合共同体"三大战略任务，部署了"提升职业学校关键办学能力""加强'双师型'教师队伍建设""建设开放型区域产教融合实践中心""拓宽学生成长成才通道"以及"创新国际交流与合作机制"等五项重点工作。[1]

结合《意见》提出的新要求、新任务，职业外语教育立足现代职业教育

---

1 本节作者：常红梅，北京联合大学；王月会，北京经济管理职业学院；傅帅，北京联合大学。

体系建设改革，不断加强内涵建设，多措并举做好政策的落实，推动职业外语教育高质量发展。一是坚持育人为本，落实立德树人根本任务，对接新经济、新技术下的新职业、新岗位，结合经济发展需要和行业企业发展现状，明晰人才培养定位，精准对接市场需求，将新方法、新技术、新工艺、新标准等产业先进元素纳入外语教学中，完善外语类专业教学标准体系建设；要明确各层级人才培养目标、培养规格，把握工作岗位、工作任务与工作场景的区别，从而明确各层次之间的逻辑关系和人才培养定位，完善中、高、本外语类专业人才培养的有机衔接。二是深化产教融合，坚持以教促产、以产助教、产教融合、产学合作。产教融合是凸显类型教育的重要特征之一。职业外语教育要主动服务经济转型升级、产业结构调整以及新业态和新商业模式的发展，把针对区域经济社会发展对外语人才知识、能力、素质等方面的新要求作为创新人才培养的突破口，强化实践教学，实现人才培养与市场需求的精准对接。三是职业外语教育要夯实国际化特色内涵，强调复合性、应用性和实践性导向，体现外语类人才应具备的知识、能力和素质。要发挥语言优势，在国际交往、对外交流中发挥更大的作用，不断提升服务国际化专业建设与发展的能力。要加强与国际院校开展交流合作，探索开发与国际先进标准对接，输出优质职业教育资源，充分发挥语言的国际化优势，为推动职业教育走向国际舞台发挥更大作用。

2. 国家级项目

1）职业教育国家级教学成果奖

2023 年 7 月 21 日，教育部正式公布了 2022 年国家级教学成果奖获奖项目名单，职业教育领域共有 572 个项目获奖。其中，特等奖 2 项、一等奖 70 项、二等奖 500 项。[2] 由职业院校外指委推荐，常红梅主持的"服务'一带一路'建设的'外语+'高职多语种人才培养模式的探索与实践"和刘海霞主持的"基于学科核心素养的中职英语跨省市教学诊断与课程改革研究与实践"荣获 2022 年职业教育国家级教学成果二等奖，详见表 4.10。其中，常红梅主持的成果奖由北京联合大学、北京青年政治学院、广西国际商务职业技术学院、义乌工商职业技术学院、闽江师范高等专科学校等职业院校外指委委员单位作为核心成员共同参与，代表了近几年越南语、泰语、西班牙语等多个语种人才培养模式探索的创新成果。

表4.10　2022年职业教育国家级教学成果奖 [1]

成果名称	完成人	完成单位	奖项
服务"一带一路"建设的"外语+"高职多语种人才培养模式的探索与实践	常红梅、老青、叶秀娟、穆洁华、刘杰英、盛湘君、何少娴、江波、冀冉、孙一力、朱倩倩、黄恒拾、杨信、朴美玉、贾一村、张赫、田夏、刘黛琳、李扬	北京联合大学、北京青年政治学院、广西国际商务职业技术学院、义乌工商职业技术学院、闽江师范高等专科学校、同济大学、国家开放大学、北京双雄对外服务公司	二等奖
基于学科核心素养的中职英语跨省市教学诊断与课程改革研究与实践	刘海霞、李淑静、傅渝稀、古燕莹、鞠纯杰、刘宏、贺伟华、夏英、苏永昌、于红、张涛	北京教育科学研究院、外语教学与研究出版社、重庆市教育科学研究院、北京市经济管理学校	二等奖

2）首批"十四五"职业教育国家规划教材

2023年6月19日，教育部为落实党中央、国务院关于教材建设的决策部署和新修订的职业教育法，根据《"十四五"职业教育规划教材建设实施方案》和《教育部办公厅关于组织开展"十四五"首批职业教育国家规划教材遴选工作的通知》要求，经有关单位申报、形式审查、专家评审、专项审核、专家复核、面向社会公示等程序，共确定7251种教材入选首批"十四五"职业教育国家规划教材，涵盖全部19个专业大类、1382个专业。[3]首批入选"十四五"职业教育国家规划外语类教材共232种，其中中职教材26种，高职专科教材201种，职教本科教材5种。表4.11仅列举了新入选

1　此处只列举了职业教育英语教学成果奖获奖名单。

的英语专业类教材，未包括已是"十三五"职业教育国家规划的教材；也未列入公共基础课的教材。

表 4.11 "十四五"职业教育国家规划教材（英语专业类）

教材名称	第一主编	申报单位	出版单位
《冶金专业英语（第3版)》	侯向东	山西工程职业学院	冶金工业出版社
《城市轨道交通客运服务英语口语（第2版)》	程逆	武汉铁路职业技术学院	人民交通出版社
《港口机械与电气专业英语》	董丽	青岛港湾职业技术学院	大连海事大学出版社
《民航地勤服务英语》	蒋焕新	长沙航空职业技术学院	中国科技出版传媒股份有限公司
《民航服务英语》	丁国声	河北对外经贸职业学院	中国民航出版社
《民航客舱实用英语口语教程》（上、下册）	李姝	沈阳师范大学	清华大学出版社
《汽车英语（第4版)》	黄星	长春汽车工业高等专科学校	人民邮电出版社
《新编民航乘务员英语教程》	李勇	中国民航管理干部学院	高等教育出版社
《医疗通识英语》	崔红	宁波卫生职业技术学院	浙江大学出版社
《点击职业英语职业英语模块新视角跨境电商英语》	曾用强	广东省外语艺术职业学院	大连理工大学出版社
《会计英语（第五版)》	于久洪	北京经济管理职业学院	中国人民大学出版社
《跨境电商专业英语（第二版)》	王群	浙江农业商贸职业学院	立信会计出版社
《实用会计英语（第四版)》	李海红	岭南师范学院	大连理工大学出版社
《外贸英文函电》	张颖	安徽工商职业学院	电子工业出版社

（待续）

(续表)

教材名称	第一主编	申报单位	出版单位
《外贸英语函电（第三版）》	王珍	浙江长征职业技术学院	大连理工大学出版社
《旅游职业英语》	解峰	太原旅游职业学院	北京理工大学出版社
《旅游专业英语教程》	扈畅	黄河水利职业技术学院	北京师范大学出版社
《点击职业英语职业英语模块文秘英语（第四版）》	卢丽虹	广东水利电力职业技术学院	大连理工大学出版社
《行知行业英语》	《行知行业英语》改编组	上海交通大学	高等教育出版社
《乐学英语视听说高级教程》（上、下册）	吴耀武	西安外国语大学	外语教学与研究出版社
《旅游实践英语（第3版）》（上、下册）	吴云	上海旅游高等专科学校	北京旅游教育出版社
《旅游职业英语（第二版）》	《旅游职业英语》编写组	北京青年政治学院	高等教育出版社
《商务英语口语》	凌双英	安徽国际商务职业学院	中国人民大学出版社
《涉外能源工程实用英语》	刘清	宁夏工业职业学院	化学工业出版社
《实用IT英语（第3版）》	李一	深圳信息职业技术学院	人民邮电出版社
《世纪商务英语函电与单证（第六版）》	刘杰英	广西国际商务职业技术学院	大连理工大学出版社
《世纪商务英语口语教程基础篇I、基础篇II（第六版）》	刘杰英、周春花、朱晓琴	广西国际商务职业技术学院	大连理工大学出版社

（待续）

（续表）

教材名称	第一主编	申报单位	出版单位
《世纪商务英语——外贸英文函电》	周新云	湖南外国语职业学院	大连理工大学出版社
《世纪商务英语综合教程（第七版）》	王君华、戴莹	河南经贸职业学院	大连理工大学出版社
《世纪应用英语语法教程（第二版）》	刘旺余	河南职业技术学院	大连理工大学出版社
《小学英语教学技能实训》	朱莹	济南幼儿师范高等专科学校	复旦大学出版社
《新发展商务英语视听说教程》（1—4册）	何高大、杨曙、周艳芳、朱婕	湘南学院	北京理工大学出版社
《新航标职业英语·空乘及旅游英语听说（修订版）》	谢金艳	北京青年政治学院	北京语言大学出版社
《新航标职业英语·商务英语听说教程》（1—2册）	廖华	北京电子科技职业学院	北京语言大学出版社
《新航标职业英语·英语视听说教程》	常红梅	北京联合大学	北京语言大学出版社
《新时代实用英语视听说教程（第2版）》（1—3册）	邹申	上海外国语大学	南京大学出版社
《英语听力》（1—3册）	周雪峰、黄奕云	河北对外经贸职业学院	大连理工大学出版社
《商务英语口语与实训》	赵越	江西外语外贸职业学院	现代教育出版社
《新发展国际商务礼仪英语教程》	任杨	北京外国语大学	北京理工大学出版社
《幼儿教师口语》	张越	襄阳职业技术学院	北京首都师范大学出版社

（待续）

（续表）

教材名称	第一主编	申报单位	出版单位
《新理念职业英语电子商务英语》	王燕蕙	天津商务职业学院	北京邮电大学出版社
《商务英语函电》	王冕	河南工业职业技术学院	河南科学技术出版社
《创新高职英语基础教程实用学生用书修订版》（1—2 册）	孙冻、王恬	酒泉职业技术学院	华东师范大学出版社
《艺术设计英语》	付万荣	宁夏职业技术学院	吉林大学出版社
《致用英语（第二版）口语教程》（上、下册）	金利民	北京外国语大学	外语教学与研究出版社
《致用英语（第二版）听力教程》（1—4 册）	方健壮、杨振兴	广东省外语艺术职业学院	外语教学与研究出版社
《商务英语综合教程》	陈锦阳	浙江宇翔职业技术学院	浙江大学出版社
《旅游英语综合教程（第三版）》	李晓红	浙江旅游职业学院	中国人民大学出版社
《新世纪大学应用英语综合教程》（1—3 册）	傅玉	上海外国语大学	上海外语教育出版社
《新编金融专业英语：微课版》	张成思	中国人民大学	人民邮电出版社
《中国文化英文教程》	姜怡	大连理工大学	大连理工大学出版社
《医学人文英语（第二版）》（上、下册）	杨劲松（总主编）	广东医科大学	复旦大学出版社

3. 专业建设活动 [1]

1）研制职业教育外语类专业教学标准

2021 年，教育部发布了《职业教育专业目录（2021 年）》，职业教育外

1　本部分信息来自职业院校外指委 2023 年工作总结。

语类专业目录进行了修订，形成了中、高、本目录一体化。2022 年，职业教育第一批专业简介和标准修（制）订工作完成，包括外语类专业（中高本共 32 个）简介以及专业教学标准的研制和修订工作。

2023 年，在教育部、行办的领导下，职业院校外指委组织专家经过多轮统稿，完成了第一批 17 个专业教学标准、第二批应用外语专业教学标准以及新增的职业本科应用法语专业简介修改和完善工作，多措并举推动标准落地，并重点在北京、上海、陕西、江苏等地深入开展标准实施情况调研，推动外语类专业教学标准落地实施。

2）2023 年职业教育外语类课题研究

2023 年，职业院校外指委发布《2023 年度职业教育新标准下外语教学改革与研究》专项课题，立项 178 项；完成职业教育英语课程标准与外语类专业教学标准专项课题中期检查 176 项，重点课题答辩 40 项；完成有关外语教育创新改革的 362 项课题结题。全国 300 多所中职、高职、职业本科、应用型本科，以及 2000 多个教师团队积极参与。

4. 重要会议及论坛

1）职业院校外指委 2023 年度工作会议 [4]

2023 年 4 月 7—9 日，职业院校外指委在北京召开 2023 年度工作会议。该会议由职业院校外指委主办，北京联合大学承办，外语教学与研究出版社协办。会议聚焦"外语职业教育高质量发展"这一主题，回顾了职业院校外指委在 2022 年的大事件，并制订了 2023 年的工作计划，以期全面提升职业院校外语类人才培养质量。职业院校外指委常务副主任兼秘书长常红梅教授以"攻坚克难，守正创新，开创外语教育新局面"为题，作了工作报告。她回顾了职业院校外指委在 2022 年完成的十项工作，包括组织机构与制度建设、专业教学标准制定、课程思政建设、专项科研课题立项、国家级项目推荐等，同时解读了 2023 年的工作计划。

2）新时代职业教育外语教学改革与发展论坛[5]

2023 年 4 月 14—15 日，由中国职业技术教育学会外语教育工作委员会主办，外语教学与研究出版社、深圳职业技术学院承办的"新时代职业教育外语教学改革与发展论坛"在深圳举行。论坛以"守正创新，传承超越"为主题，采用"线上＋线下"的方式进行，万余位职业院校外语教师参会，为外语教学的改革创新与高质量发展，谋划新举措、贡献新方案。论坛的"教学改革"专题特邀"双高"职业院校院系负责人，就职业教育高质量发展背景下高职院校专业转型、外语教学改革等主题分享经验见解。论坛还举行了全国职业院校外语教师发展联合培训基地揭牌仪式和国家级职业教育"双师型"教师培训基地成员单位揭牌仪式。

3）第十七届全国职业院校外语教育与国际合作高级论坛[6]

2023 年 4 月 21 日，由上海外国语大学、陕西省职业技术教育学会共同主办，西安航空职业技术学院、陕西职业技术学院协办，上海外语教育出版社承办的"第十七届全国职业院校外语教育与国际合作高级论坛"在西安举行。论坛以"职业教育高质量发展与中国式现代化"为主题，设立主旨报告、专题报告、平行论坛三大模块，围绕职业教育高质量发展中的"三融"（普职融通、产教融合、科教融汇）育人机制、"三教"（教师、教材、教法）改革攻坚、国际合作路径、贯通培养方案等多个分议题展开深入探讨。论坛上还举行了外教社"传播新时代"数字平台发布仪式和"职业教育新标准下的外语教学改革与研究课题"发布仪式。

4）第二十八届"说专业·说课程·说专业群·说教材"研讨会[7]

2023 年 5 月 12 日，由中国职业技术教育学会主办的"第二十八届'说专业·说课程·说专业群·说教材'研讨会"在武汉举行。研讨会以"英语教育：新理念、新逻辑、新标准"为主题，助力深化职业教育"三教"改革，增强外语教育服务专业升级和数字化转型的能力，以高质量外语教育为社会主义现代化建设提供人才支撑。来自全国职业教育领域的专家学者，以及中高职院校的院系负责人、外语骨干教师共计 2.2 万人线下线上同时参会。在"说专业·说课程·说专业群·说教材"案例展示环节，23 所中高职院校教学团队从课程设计、专业建设、教材使用等维度分享了优秀教学案例，共享先进创新理念与改革实践经验，提炼教学成果与范式，提升育人实效。

5. 职业技能大赛

随着职业教育的不断深入发展，职业教育人才培养愈发突出职业性、实践性和应用性。职业技能大赛反映了最新的职业技能要求和行业对技能型人才的需求，其竞赛理念、技术标准和比赛规则也体现了职业技能的内涵与要求。[8]高职英语类技能大赛作为职业技能大赛的重要组成部分，对高职英语教学发挥着重要的引领作用，能够有效指导和促进高职英语教学改革与发展。

1）2023 年全国职业院校技能大赛高职组英语口语赛项[9]

2023 年 7 月 12—15 日，"2023 年全国职业院校技能大赛高职组英语口语赛项"在江西外语外贸职业学院举行，来自全国 31 个省、自治区、直辖市和新疆生产建设兵团的 60 支参赛队伍参加了比赛。

大赛由教育部、国家发展和改革委员会、科学技术部等 36 个部委单位主办，江西省教育厅、江西省商务厅承办，江西外语外贸职业学院、职业院校外指委、高等教育出版社、外语教学与研究出版社协办。

大赛通过教育部中国大学生在线官方微博、"高教社外语"视频号、高教云平台同步直播，吸引了 150 万人次在线观摩大赛盛况，共享职业教育改革创新成果。人民网、新华网、光明网、中国网、中国教育电视台、江西电视台、江西教育电视台、《中国教育报》等多家媒体单位报道或转载了赛况。

作为全国职业院校技能大赛中唯一的语言类赛项，高职组英语口语赛项立足学科，倡导"我学，我说，我成功"，突出对接教学标准，注重专业核心技术技能。该届高职组英语口语赛项分为"中国故事""情景交流""职场描述"和"职场辩论"四个环节。其中，"情景交流""职场辩论"采用师生同赛的形式，师生结为竞赛共同体，同台参赛，在教学相长中推动技能创新，体现了"学以致用、学用结合"的理念。经过三天的激烈比拼，该赛项英语专业组、非英语专业组各评出一等奖3名、二等奖6名、三等奖9名。

最后，共有18组英语专业组选手获奖（另有18组非英语专业组选手获奖，获奖名单见表4.5），名单如表4.12所示。

表 4.12　2023 年全国职业院校技能大赛高职组英语口语赛项决赛获奖名单（英语专业组）

选手	单位	奖项
邓铭焰、童芳	金华职业技术学院	一等奖
孙珍珍、何兰君	江西外语外贸职业学院	
王诗雯、周尧	南通师范高等专科学校	
蔡炜增、伍时燕	顺德职业技术学院	二等奖
黄金琦、郭媛媛	山东外国语职业技术大学	
郝彬彬、胡贞贞	成都纺织高等专科学校	
李怡凤、彭翊	湖南外国语职业学院	
黄锦涛、黄冬梅	广东农工商职业技术学院	
何敏、卢俐芃	广西国际商务职业技术学院	
杨佳怡、牛妮妮	西安翻译学院	三等奖
李燕、王馨婕	云南交通职业技术学院	
杜雨昕、刘会	河南经贸职业学院	
许俊杰、喻凤	安徽城市管理职业学院	
周诗杰、张银杰	海南外国语职业学院	
林威、梁晶	天津商务职业学院	
王嘉铭、许欣燕	上海工商外国语职业学院	
石宏伟、张颖	大连职业技术学院	
江宏斌、杨秋娜	黎明职业大学	

二、热点问题剖析

近年来，职业外语教育的热点问题包括"职业教育外语类专业标准体系建设"和"职业外语教育中的课程思政"等。

1. 职业教育外语类专业标准体系建设

在 21 世纪的全球化背景下，各领域，特别是经济、文化交流和科技发展等领域，对外语人才的需求日益增强。为适应这一趋势，教育部在 2021 年颁布了新修订的《职业教育专业目录（2021 年）》，旨在全面提升职业教育外语类专业的培养质量和适应性。此次专业目录修订不仅反映了我国对新兴职业岗位需求的快速响应，还体现了对数字化技术在外语教育中应用的重视。目录的修订涵盖了中高本专业一体化设计、新增专业的设立、对现有专业内容的优化调整，以及教育方法的现代化，特别强调了对跨文化交际能力的培养和提升技术应用能力。国内外语教育专家围绕专业目录修订，提出了一系列实施建议，旨在帮助各职业院校更好地理解和落实目录要求，从而培养出符合时代需求的高质量复合型外语人才。[10] 这些建议包括：深化课程内容与思政教育的融合、紧密对接新兴职业岗位、加强专业升级与数字化改造、明确各层次外语教育的定位，以及加速非通用语种的发展。[11] 通过借鉴国内外成功案例，专家们特别在校企合作、师资队伍建设、利用人工智能和大数据等技术提高教学效率和质量等方面，提出了具体而富有前瞻性的实施策略。

2023 年，职业院校外指委组织完成了第一批 17 个专业教学标准和第二批应用外语专业教学标准的修订工作，同时对新增的职业本科应用法语专业进行了简介修改和完善。未来，随着这些标准的颁布和实施，各职业院校要进一步解读并指导标准的落地实施，确保教育教学质量与时俱进。

然而，新版职业教育专业目录和教学标准的实施在资源分配、师资培训、评估与监控体系建设等方面还面临诸多挑战。为了克服这些挑战，需要政府、教育机构、企业和社会各界共同努力，持续投入资源，加强研究，不断更新和优化教育内容和方法。只有这样，才能为我国培养出更多高质量的复合型外语技术技能人才，满足社会经济发展和国际交流的需求，提升国家的国际竞争力。

2. 职业外语教育中的课程思政

当前全球化和信息化时代背景下，职业外语教育不仅注重语言技能的培养，还更加重视课程思政的深入融合，旨在通过教育实践，培育具有国际视野和中国情怀的新时代人才。在这一过程中，我们应始终坚持立德树人的根本任务，将其贯穿于教育和教学的全过程，确保学生不但能够掌握外语技能，而且能够在跨文化交流中传播中国文化，增强文化自信。为了实现这一目标，职业教育在外语教育领域持续进行课程思政的探索和实践，关注解决"培养什么人""如何培养人""为谁培养人"的根本问题。这一探索过程涉及如何在外语教育中加强对学生跨文化交际能力的培养；如何让学生在学习外语的同时，理解和尊重多元文化，发展成为能够在国际交往中自信地讲述中国故事、展示中国方案的复合型人才。此外，外语类专业的内涵升级也紧密围绕增强国家认同感、传播中国文化等核心素养，这不仅反映在专业知识和技能的培养上，还体现在培育学生的道德、智力、体质、美育和劳动教育等方面。通过这种全面发展的教育模式，职业教育旨在培养出既具备高水平外语技能，又拥有深厚中国情怀和国际视野的复合型技术技能人才，进一步提高外语教育的育人质量和效果。[10][12] 在实践中，这要求教育者不断创新教育方法和内容，例如，通过引入具有中国文化元素的外语教学材料、组织国际交流活动、利用现代信息技术促进跨文化互动等方式，使学生在学习外语的同时，能够深入了解和传播中国文化，将学生培养成能够在全球舞台上自信表达、有效沟通的国际化人才。这种教育模式的实施，不仅能够提升学生的外语能力和文化自信，还能够为促进世界各国人民之间的相互理解和友好合作作出积极贡献。

三、部分论文文献信息 [1]

常红梅、王月会，2021a，职业教育外语类专业目录修订解读 [J]，《外语电化教学》(2)：4，24-29，44。

常红梅、王月会，2021b，高职外语教育发展的成就、挑战与趋势 [J]，《中国职业技术教育》(5)：75-80。

金靓、杨劲松，2022，人工智能赋能教育背景下高职课程结构嬗变探究——以外语类课程为例 [J]，《职教论坛》(5)：65-70。

李亮，2022，改革开放以来我国职业教育英语教材建设回眸与展望 [J]，《中国职业技术教育》(23)：72-77。

---

[1] 中华人民共和国教育部，2022，中共中央办公厅 国务院办公厅印发《关于深化现代职业教育体系建设改革的意见》[OL]，http://www.moe.gov.cn/jyb_xxgk/moe_1777/moe_1778/202212/t20221222_1035691.html?eqid=c2911fc5000aa44d000000066474aa15（2024 年 2 月 26 日读取）。

[2] 中华人民共和国教育部，2023，教育部关于批准 2022 年国家级教学成果奖获奖项目的决定 [OL]，http://www.moe.gov.cn/srcsite/A10/s7000/202307/t20230724_1070571.html（2024 年 2 月 26 日读取）。

[3] 中华人民共和国教育部，2023，教育部办公厅关于公布首批"十四五"职业教育国家规划教材书目的通知 [OL]，http://www.moe.gov.cn/srcsite/A07/moe_953/202306/t20230629_1066321.html（2024 年 2 月 26 日读取）。

[4] 北京联合大学外语部，2023，我校承办教育部职业院校外语类专业教学指导委员会 2023 年度工作会议 [OL]，https://ldwyb.buu.edu.cn/art/2023/4/11/art_10771_709071.html（2024 年 2 月 26 日读取）。

[5] 外语教学与研究出版社，2023，守正创新，传承超越：新时代职业教育外语教学改革与发展论坛成功举办 [OL]，https://www.fltrp.com/c/2023-04-17/517828.shtml（2024 年 2 月 26 日读取）。

1　请于本书附录查看相关文献的详细摘要。另外，鉴于核心期刊中职业外语教育相关论文偏少，因此本部分汇总了 2021—2023 年的重要文献，拟从 2024 年起仅纳入当年期刊论文。

[6] 上海外语教育出版社，2023，职业教育高质量发展与中国式现代化——第十七届全国职业院校外语教育与国际合作高级论坛成功举办 [OL]，https://www.fltrp.com/c/2023-04-17/517828.shtmlhttps://mp.weixin.qq.com/s?__biz=MjM5MDY3MTY3NA==&mid=2650951313&idx=1&sn=fd9680f9b338976b86c53669a8f33aeb&chksm=bdb7d8c48ac051d26be008335cd541bab0984160da4d5a90a3a767905ed7121394b00afff24d&scene=27（2024 年 2 月 26 日读取）。

[7] 光明日报，2023，英语教育：新理念、新逻辑、新标准——第二十八届"说专业·说课程·说专业群·说教材"研讨会举办 [OL]，https://baijiahao.baidu.com/s?id=1765941191180554651&wfr=spider&for=pc（2024 年 2 月 26 日读取）。

[8] 卢志海，2019，技能大赛引领下高职旅游管理专业 OBE 教学改革探索与实践 [J]，《中国职业技术教育》（26）：17-20，25。

[9] 高教社外语，2023，星辉熠熠 韶华灼灼 | 2023 年全国职业院校技能大赛高职组英语口语赛项圆满落幕 [OL]，https://mp.weixin.qq.com/s?__biz=MzA5MzMyODUyMg==&mid=2651477524&idx=1&sn=901a25d359c4103240c71e5528da5bc4&chksm=8ba173f1bcd6fae7a7789892bdcc5810e2ee15dd955162eac07a17c5e328aeac89cb00f3f1c4&scene=27（2024 年 2 月 26 日读取）。

[10] 常红梅、王月会，2021，职业教育外语类专业目录修订解读 [J]，《外语电化教学》（2）：4，24-29，44。

[11] 王月会，2021，新版职业教育专业目录视域下外语类专业的发展探析 [J]，《北京经济管理职业学院学报》（2）：42-45。

[12] 常红梅、王月会，2021，高职外语教育发展的成就、挑战与趋势 [J]，《中国职业技术教育》（5）：75-80。

第三节 非通用语专业 [1]

一、年度情况概述

随着"一带一路"倡议的深入实施和中国对外开放的不断扩大，我国的外经贸活动和人文交流已经步入了一个新的发展阶段。在这一过程中，全球经济一体化的加速推进，不仅为我国在国际贸易、商务服务、跨境物流、跨境电商、涉外事务管理以及国际文化产业等领域的发展提供了广阔空间，也极大地促进了对高端外语人才的需求。特别是在非通用语种领域，这种需求的增长直接推动了职业教育的快速发展和语种教育的多样化。截至 2023 年底，我国高等职业院校所开设的外语语种数量已经达到 32 种，覆盖了一系列服务于"一带一路"倡议的关键语种，如阿尔巴尼亚语、阿拉伯语、爱沙尼亚语、保加利亚语、波兰语、波斯语、柬埔寨语、捷克语、拉脱维亚语、老挝语、立陶宛语、罗马尼亚语、马来语、马其顿语、蒙古语、孟加拉语、缅甸语、葡萄牙语、塞尔维亚语、斯洛伐克语、斯洛文尼亚语、匈牙利语、意大利语、印地语、印度尼西亚语等。这些语种的教育和培训，不仅为我国的企业"走出去"战略提供了坚实的语言服务支撑，也为促进国际文化交流和经济合作贡献了重要力量。在这一背景下，职业教育在非通用语种的发展上显示出前所未有的活力和重要性。通过增加语种的多样性，职业教育为学生打开了更广阔的国际视野和职业发展空间，同时也为我国在"一带一路"倡议下的国际合作与交流提供了强有力的人才支持和语言保障。[1] 未来，随着对外开放的进一步深化和国际合作的不断扩大，职业教育外语语种的发展将继续发挥不可替代的作用，为我国的国际影响力提升和全球化发展战略实施贡献更多力量。

---

1 本节作者：常红梅，北京联合大学；王月会，北京经济管理职业学院；傅帅，北京联合大学。

1. 重要会议及论坛

1）2023 中国—东盟商科职教合作论坛 [2]

2023 年 9 月 15—16 日，由全国外经贸职业教育教学指导委员会、职业院校外指委指导，广西壮族自治区教育厅和广西壮族自治区商务厅主办，广西国际商务职业技术学院、全国商贸职教集团、广西商务职业教育集团、广西商业职业教育教学指导委员会、中国—东盟商科职业教育联盟共同承办的"2023 中国—东盟商科职教合作论坛"在南宁举行。大会期间，还举行了广西国际商务职业技术学院与东盟国家高校、行业企业合作共建项目揭牌仪式、2023 中国—东盟职教合作新发展对话会和"双高计划建设"研讨会。论坛共邀请约 200 位国内外嘉宾参加，并通过职教联盟云学院、学校直播平台同步直播，线上观看人数超 7000 人次。职业院校外指委受邀参加"2023 中国—东盟商科职教合作论坛"并在论坛上致辞，提出要坚持对标教育强国建设目标，更好地支持各职业院校推动与东盟院校的合作，提升外语类专业对外开放水平，为助力"一带一路"倡议作出积极贡献。

2）职业院校非通用语种国际化建设研讨会暨葡萄牙语职业教育产教联盟成立大会 [3]

2023 年 7 月 13 日上午，"职业院校非通用语种国际化建设研讨会暨葡萄牙语职业教育产教联盟成立大会"在湖南外国语职业学院举行。安哥拉中国总商会、湖南总商会分别与葡萄牙语职业教育产教联盟现场签订战略合作协议，共同探索人才培养和产教融合新模式。成立后的葡萄牙语职业教育产教联盟将以语言为支点，"撬动"葡萄牙语专业人才发展"新拐点"，全力促进产教融合与校际校企合作，助力中非经贸深度合作，推动金砖国家之间的人才互动与友好往来。据悉，葡萄牙语职业教育产教联盟成员主要由国内开设葡萄牙语专业的高职高专院校、在葡萄牙语国家的中资企业、各行业组织及华人企业商会组成。目前，联盟理事单位包括湖南外国语职业学院、海南外国语职业学院、广东科学技术职业学院、江西外语外贸职业学院等 12 家

校企单位，会员单位有安哥拉海山国际集团、通用矿业、中国德瑞集团等
107 家单位。

2. 专业活动 [1]

1）职业院校外指委组织完成"传播新时代"多语种系列数字课程（职业院校版）

为扎实推进习近平新时代中国特色社会主义思想进教材、进课堂、进头脑，职业院校外指委组织完成了 16 个单元的阅读课程数字资源建设，以期增强学生用英语表达中国特色话语体系、传播习近平新时代中国特色社会主义思想的能力，全面提升外语课程铸魂育人功能。

2）职业院校外指委组织完成"十四五"教育强国推进工程职业教育产教融合项目申报

为发挥语言优势，服务教育强国战略，落实党的二十大报告提出的13 个强国目标建设任务，职业院校外指委完成了"响应'一带一路'建设的小语种国际语言服务"项目申报工作。通过合作开发非通用语种国际服务实践项目、联合开发课程教学资源等措施，培养服务"一带一路"共建国家的"小语种＋专业"高素质复合型技术技能人才。

3. 学生赛事

2023 年 10 月 20—23 日，由中国日语教学研究会职业教育分会、中日职业教育联盟主办，职业院校外指委东语（日韩语）专委会等协办，J.TEST中国事务局等赞助的"第十一届全国高等职业院校日语技能大赛"在山东外国语职业技术大学举行，来自全国 13 个省市 31 所高职院校的 160 多名选手参加了大赛。该项赛事是国内唯一面向高等职业院校日语相关专业学生的全国性专业大赛，由个人赛项（命题演讲和即席回答）和团体赛项（职业情景

1　本部分信息来自职业院校外指委的 2023 年工作总结。

剧）组成。个人赛项重点考查学生的日语表达及应变能力，团体赛项重点考查学生的日语综合运用水平、职业素养和团队协作能力。赛事的宗旨是以赛代练，以赛促教，以赛促学，进一步加强对高职院校日语专业学生口语表达能力和职业素养的培养，推动教育教学改革，促进学生日语应用能力的整体提升。赛事紧密结合高职高专教学特点，充分体现了工学结合特色，为高职高专院校提供了展示教育教学成果的平台，为日语专业师生提供了展示风采的机会，同时也为学生在未来职场的可持续发展奠定了良好的基础。[4]

4. 教材建设

2023 年 6 月，教育部公示首批"十四五"职业教育国家规划教材，涵盖全部 19 个专业大类、1382 个专业。共有 232 种教材入选首批"十四五"职业教育国家规划外语类教材，其中中职教材 26 种，高职专科教材 201 种，职教本科教材 5 种。表 4.13 仅列举了新入选的非通用语专业教材，未包括已是"十三五"职业教育国家规划的教材，也未列入英语教材。

表 4.13 "十四五"职业教育国家规划教材（非通用语专业类）

教材名称	第一主编	申报单位	出版单位
《基础德语（第五版）》（上、下册）	王志强	上海外国语大学	同济大学出版社
《基础韩国语》（1—4 册）	管淑珍、申延子、张善粉、崔贞爱	威海职业学院	大连理工大学出版社
《实用日语听力教程（第二版）》（1—3 册）	孙艳华	淮阴师范学院	上海外语教育出版社
《实用综合日语（第二版）》（1—5 册）	叶琳	南京大学	上海外语教育出版社
《职场日语表达实训教程（第三版）》	张艺	山东外事职业大学	大连理工大学出版社

（待续）

（续表）

教材名称	第一主编	申报单位	出版单位
《致用日语会话教程》（1—3册）	王晓东	鲁东大学	外语教学与研究出版社
《实用商务日语会话（第二版)》	宿久高	吉林大学	上海外语教育出版社
《实用商务日语写作（第二版)》			
《汉法翻译教程（第二版)》	罗顺江	山东外事职业大学	北京大学出版社
《致用日语综合教程（第二版)》（1—4册）	赵平	贵州黔南科技学院	外语教学与研究出版社

二、热点问题剖析

1. "一带一路"倡议对非通用语人才的需求

　　"一带一路"倡议的深入实施涉及上百个国家和地区，对经济、贸易、基础设施建设、科技创新等多领域的合作提出了新的要求。这一宏大的国际合作框架不仅要求参与国家具备强大的外语沟通能力，还需要培养一批既懂外语又具备跨领域专业知识和技能的复合型人才。特别是在中国与东盟国家经贸合作不断深化、中欧班列加强共建国家互联互通，以及中国电商巨头积极拓展国际市场等背景下，对泰语、越南语、西班牙语等语种人才的需求日益增长，给非通用语种专业的发展带来了前所未有的机遇。

　　然而，面对这一需求的快速增长，当前我国高等职业教育在非通用语种专业的数量和质量，特别是在涉外商务、旅游等服务领域的多语种复合型人才供应上仍存在一定的不足。为此，北京联合大学联同多所职业院校积极探索和实践"外语＋"人才培养模式，专注于西班牙语、泰语、越南语等关键语种，通过课程体系、教学方法和实践环节的创新，旨在培养符合"一带一路"建设需求的多语种复合型人才。这种人才培养模式不仅惠及师生，促进了学生的全面发展，也为企业提供了宝贵的人才支持，为中国与共建国家的经济文化交流与合作贡献了力量，同时，这一创新实践也获得了2022年职业教育国家级教学成果奖二等奖，展现了其在职业教育领域的示范和引领作用。[5]这一成果的取得不仅证明了职业教育在服务国家战略、促进国际交流与合作中的重要作用，也为职业教育指明了今后的发展方向，即继续深化"外语＋专业"人才培养模式的探索，扩大非通用语种专业的设置，提升教育质量，为"一带一路"倡议下的国际合作培养更多、更优质的复合型人才。

2. 非通用语种专业建设问题 [1]

虽然非通用语种人才需求旺盛，但目前高等职业院校非通用语种专业建设还处于比较薄弱的阶段。

一是非通用语种专业布局不均衡，不能满足社会需求。以应用法语为例，从全国范围看，目前设置高职应用法语专业的院校数量呈现"东高西低"的态势，由东部沿海地区（17所）到中部腹地（8所，实招的有5所），再到西部边远地区（7所，实招的有4所），逐渐降低。这种区域分布与地区经济社会发展水平和对外开放程度密切相关。面对非通用语种专业布局不均衡的挑战，一个有效的解决办法是加大对中西部及边远地区职业院校，特别是非通用语种专业建设的支持和投资。国家可通过财政补贴、政策倾斜等方式鼓励和引导更多的教育资源流向这些地区，同时，通过建立国家级的非通用语教育中心或平台，促进资源共享，提高这些地区非通用语种专业的吸引力和竞争力。未来发展方向应着重于构建更为均衡和全面的非通用语教育网络，确保每个地区都能根据其经济社会发展需要，培养相应的语言人才。

二是非通用语种专业课时不够，复合型人才培养难以实现。很多学校在课程设置上虽然兼顾了外语与专门化方向的培养，比如外语＋跨境电商、外

---

1 本部分信息参考了职业院校外语类专业教学标准研制调研报告。

语＋旅游等，但在具体执行时往往只能对教学内容进行削减，最终导致学生无论是外语水平还是专业化能力都不能满足企业需求。针对课时不足和复合型人才培养难以实现的问题，学校应通过创新课程体系和教学方法，如采用项目式学习、情景模拟等教学方式，提高教学效率和质量；同时，可以探索与企业合作的双元制教学模式，让学生在企业实践中进行学习，这样既能增强学生的专业知识和外语应用能力，又能提升其职业技能。未来，教育部门应更加注重课程内容的实用性和前瞻性，确保教育培养与市场需求同步。

三是实习实训不理想，学生的实操能力有待提高。职业院校在人才培养方案中都对学生的实习实训提出了明确的要求，但就非通用语种专业而言，实施效果不理想，很多院校缺少相应的实训平台和企业资源。对于实习实训不理想的问题，建议学校与行业企业建立更紧密的合作关系，共同开发实训基地和项目，提供具有针对性的实习机会。此外，政府和教育机构应加大对实习实训基地建设的投入，为学生提供更多、更高质量的实践平台。未来的发展方向应着重于实训资源的多元化和国际化，提高学生的实操能力和国际竞争力。

四是教材建设和实践不足，未能体现类型教育特征。很多非通用语种专业没有职业教育相关教材，只能使用高等教育教材，因此需要校企共同开发教学培训教材、共建实习实训基地、共享校企资源等来凸显职业教育特色，避免人才需求与培养脱节。面对教材和实践材料不足的问题，院校应与企业、行业协会合作，共同开发符合职业教育特点的教材和案例库，同时利用现代信息技术，如在线学习平台和虚拟仿真实验室等，丰富教学资源和手段。未来，非通用语种专业的教材开发应更加注重实用性和互动性，以适应职业教育的发展需要。

五是证书空缺，难以证明非通用语水平。以西班牙语为例，按照现有的政策，高职应用西班牙语专业学生既无参加全国西班牙语专业四级考试的资格（仅面向在校本科生），也无面向国内非专业学生的西班牙语水平考试可参加。目前仅能参加由西班牙塞万提斯学院举办的 DELE（Diplomas de Español Como Lengua Extranjera），即对外西班牙语水平证书考试。但因考试费用昂贵、考试地点较少、用人单位普遍不了解等局限性，参加 DELE 考试并最终获取证书的比例并不理想。对于证书空缺和语言水平难以证明的问题，建议教育主管部门与国际语言组织合作，引入或开发更多适合高职学生的语言水平测试和认证体系；此外，也可以探索建立国家级的非通用语水平评估体系，提供更多层次的认证选项。未来的发展方向应当是构建一个全面、多层次、得到国际认可的语言能力认证体系，帮助学生更好地证明自己的语言能力，增强就业竞争力。

三、部分论文文献信息 [1]

常红梅、叶秀娟、穆洁华，2023，服务"一带一路"建设的"外语+"高职多语种人才培养模式研究 [J]，《中国职业技术教育》（25）：91-95。

[1] 常红梅（编），2020，《中国职业教育外语教育发展报告（2009—2019)》[C]。北京：高等教育出版社。

[2] 广西国际商务职业技术学院，2023，2023 中国—东盟商科职教合作论坛在我校成功举办 [OL]，https://www.gxibvc.edu.cn/info/1829/12368.htm （2024 年 2 月 26日读取）。

[3] 三湘都市报，2023，全国葡语职业教育产教联盟落户湖外，用语言架起联通世界的桥梁 [OL]，https://baijiahao.baidu.com/s?id=1771400575760356222&wfr=spider&for=pc （2024 年 2 月 26 日读取）。

[4] 搜狐网，2023，第十一届全国高等职业院校日语技能大赛成功举办 [OL]，https://www.sohu.com/a/731072795_121123987 （2024 年 2 月 26 日读取）。

[5] 常红梅、叶秀娟、穆洁华，2023，服务"一带一路"建设的"外语+"高职多语种人才培养模式研究 [J]，《中国职业技术教育》（25）：91-95。

---

1 请于本书附录查看相关文献的详细摘要。

第五章　外语教师教育与发展

第一节　高校外语教师 [1]

一、年度情况概述

在党的二十大精神和 2023 年全国教育工作会议精神指引下，得益于国家对高等教育创新与质量提升的重视，我国高校外语教师教育与发展工作持续提升。2023 年，高校外语教师群体在教学方法、课程与教材内容建设、学术研究发展等方面展现出显著进步。教育部及相关学术指导委员会发布的一系列政策和支持措施，也为外语教师的专业发展提供了坚实基础。

1. 教师教育政策

1 月 12 日，2023 年全国教育工作会议在北京召开。会议指出，要着力发展支撑引领国家战略实施的高等教育，在全面提高人才自主培养质量、造就拔尖创新人才和服务区域经济社会发展、优化布局结构上先行先试，进一步加强高校分类管理的顶层设计，加快探索高校分类评价改革。[1] 2 月 18 日，教育部教师工作司印发了《教育部教师工作司 2023 年工作要点》，其中提出了健全高校教师发展体系的要求，包括完善高校教师发展制度，加强高校教师发展中心建设；面向高校负责拔尖创新人才培养的教师开展专题培训，提升高校创新人才培养能力；开展中西部高校青年骨干教师国内访学；深入实施中西部高校青年教师专业能力发展数字化培训；支持高校教师教育师资出国访学研修；继续举办高校青年教师国情教育研修班和中小学领导人员师德师风教育示范研修班。[2]

1　本节作者：傅帅，北京联合大学；张琳涛，北京外国语大学。

2. 学术研讨

1）外语教师研修班

4月8—9日，由北京外国语大学中国外语与教育研究中心和外语教学与研究出版社联合举办的"外语教育课程思政建设：教学与评价"研修班在线上线下同步举行。该研修班特邀北京外国语大学张莲教授、电子科技大学胡杰辉教授与江苏大学吴鹏教授，从外语课程思政教学意义与路径出发，结合"教学之星"大赛教学设计，系统讲解外语课程思政教学设计、课堂教学实施、思政建设评价与思政教学研究的原则与方法，进一步推动外语教育思政育人落地、落细、落实。[3]

6月3—4日，由北京市教育委员会、北京外国语大学中国外语与教育研究中心和外语教学与研究出版社联合举办的"四新建设背景下的ESP教学与研究"研修班在线举行。该研修班特邀加利福尼亚州立大学圣贝纳迪诺分校Sunny Hyon教授、重庆大学黄萍教授、浙江万里学院莫莉莉教授、集美大学张海燕教授、南京林业大学李擎副教授和湖南医药学院吴丽琴副教授主讲，深入剖析"四新"建设背景下专门用途英语课程建设内涵，系统讲解教学设计与研究方法，交流分享创新举措与实践经验，助力院校汇聚学科交叉优势，精准对接行业需求，推进外语教学创新，服务国家人才战略。[4]

7月15—16日，外语教学与研究出版社举办的"全国高等学校外语学科中青年骨干教师高级研修班"第一期——"大学英语课堂教学：目标、设计与评价"研修班在北京举行。该研修班特邀电子科技大学胡杰辉教授、河南科技大学张丹教授、成都理工大学易舫副教授和华中科技大学孔德麟副教授，与200余位参班教师共同探讨大学英语课堂教学原则与目标设定方法，示范教学设计与促学评价实施，分享课程建设与专业发展经验，帮助广大教师提升大学英语教学质量，为培养符合国家经济和社会发展需求的新人才贡献力量。[5]

7月18—19日，外语教学与研究出版社举办的"全国高等学校外语学科中青年骨干教师高级研修班"第二期——"外语教材编写与使用：理念与方法"研修班在北京举行。该研修班特邀浙江大学何莲珍教授，北京外国语大学张虹教授、李朝晖老师，浙江财经大学张迅副教授和鲁东大学毕晨光副教授，深入讲解外语教材编写的原则与方法，结合案例展示深入分析灵活使用外语教材的优秀实践，探讨外语教材理论与实践研究，帮助来自 160 余所院校的 200 余位参班教师领会教材编写理念，理解教材设计，深挖教材内涵，优化教材使用，开展教材研究，以期助力高校外语教材编写质量与使用效果提升。[6]

2）外语教育学术研讨会

为深刻把握高等教育时代脉搏，凝聚外语教育改革共识，北京外国语大学等机构主办的"第七届全国高等学校外语教育改革与发展高端论坛"于 3 月 25—26 日在北京举行。[7] 与会学者以党的二十大精神为指引，围绕"大道致远，知行合一"这一主题，共探外语教育现代化建设新路径，共绘外语教育高质量发展新华章。教育部外指委和大外教指委于论坛期间组织召开 2023 年工作会议；教育部外指委组织"外语类专业课程思政教学研讨"特邀论坛，为高等外语教育高质量发展谋篇布局。

9 月 23—24 日，由北京外国语大学中国外语与教育研究中心、外语教育学专业委员会（筹）主办，外语教学与研究出版社协办的"外语教育学首届高端论坛"在北京举行。论坛围绕外语教育学主题，从多个研究维度与交叉视角展开讨论。200 多位外语教育领域专家、研究者、大中小学一线教师、各学段英语教研员齐聚北京外国语大学，共同探讨如何提升外语教育整体质量，审度当下外语教育面临的核心议题、实践需求与相应的解决措施，助推外语教育高质量发展。[8]

10 月 13—15 日，由中国英汉语比较研究会英语教学研究分会主办，四川大学承办，外语教学与研究出版社、四川省普通本科高等学校外国语言文学类专业教学指导委员会、四川省高等教育学会高校外语专委会和外语语言训练省级实验教学示范中心（四川大学）协办的"第十届中国英语教学国际研讨会"在成都举行。来自国内外的 300 余位英语教育界专家学者和教育从业者齐聚成都，围绕大会主题"推进数字化转型，创新英语教育"进行了深入探讨、交流，超过 1.5 万人次在线观看了主会场会议。[9]

11 月 3—5 日，由中国英汉语比较研究会外语教师教育与发展专业委员会主办，上海师范大学外国语学院和上海外语教育出版社联合承办，外语教学与研究出版社协办的"第十届全国外语教师教育与发展学术研讨会"在上海师范大学举行。该大会是外语教师教育理论与实践研究者的一次学术盛会，主题是"数智时代中国外语教师教育与发展理论与实践创新研究"，包括 5 场主旨发言、4 场特色发言、45 场专题研讨、团队展示、教学展示、分组发言、圆桌讨论和研究生论坛等活动，吸引了来自海内外的多位学者和全国各地的 420 余位高校教师、中小学教师、教研员、教育工作者和研究生与会。[10]

11 月 19 日，"《外语教育研究前沿》编委会会议暨创刊 15 周年纪念研讨会"在北京举行。《外语教育研究前沿》期刊编委、审稿编辑与作者代表等专家学者共聚一堂，针对期刊在新时期的建设与发展和外语教育研究前沿话题进行深入研讨，以期进一步促进中国外语教育理论创新和传播，启迪更多高质量研究成果产出和应用，为我国外语教育改革与发展作出更大贡献。[11]

12 月 17 日，由北京外国语大学中国外语与教育研究中心、外语教学与研究出版社和《外语教育研究前沿》编辑部共同组织的"第九届'创新外语教育在中国'学术论坛暨'多语种教学改革虚拟教研室'学术研讨会"在北京举行。论坛的主题是"云共同体成员学习发展评估研究"。近百位专家学者和多语种教学改革虚拟教研室成员从全国各地汇聚线下参加论坛，就云共同体成员学习发展评估的理论、实践和相关研究展开研讨。在线观看直播量逾 1.4 万人次。[12]

3. 科研项目申请

9 月 22 日、9 月 25 日和 10 月 18 日，2023 年国家社会科学基金项目（本节简称"国社科"）、全国教育科学规划项目（本节简称"全规划"）和教育部人文社会科学研究一般项目（本节简称"教育部人文"）的评审结果陆续公布。2023 年度与教师及高校外语教师相关的课题数量与 2022 年相比均有所减少。根据官方网站数据[13][14][15]，三类项目的各级别项目选题中，与教师相关的项目共 125 项（国社科：全规划：教育部人文 =10：62：53），比 2022 年减少约 4.58%。与高校外语教师相关的项目共 6 项（国社科：全规划：教育部人文 =3：0：3），比 2022 年减少 2 项。在国社科方面，宁波大学雷军的"高校外语教师虚拟教学能力结构与发展研究"获得重点项目，对外经济贸易大学芮晓晨的"新文科背景下全英教学中的跨学科教师合作模式研究"获得青年项目，复旦大学朱彦的"合作式英语教师教育生态系统构建研究"获得一般项目。在教育部人文方面，汉江师范学院齐雁飞的"教育生态观下的混合式英语教学行动研究"，曲阜师范大学张立昌的"英语专业教师教育课程群知识图谱及应用平台建设研究"，长安大学张姗姗的"活动理论视角下高校 EMI 教师专业发展研究"均获得规划基金项目。以上项目关注高校外语教师的教学能力发展、跨学科合作、教师专业成长、教学方法与实践等方面，旨在全面提升高校外语教师的教学水平和专业素养，为高校外语教育改革和发展提供理论支持和实践指导，具有重要的现实意义。

4. 实践活动

为全面推进高校外语课程思政高质量建设，落实立德树人根本任务，外语教学与研究出版社于 2023 年 5 月启动"全国高校外语课程思政教学案例大赛"。大赛旨在通过搭建沟通和交流课程思政育人实践的赛事平台，全面提升课程思政建设的深入性、创新性与有效性，助力高校服务国家战略，培养新时代所需的高素质外语人才。大赛秉承公平、公正原则，组织评委会评审，最终评选出特等奖 105 名，一等奖 224 名，二等奖 403 名，三等奖 1041 名。[16]

12 月 6 日，"2023 年外研社'教学之星'大赛"全国总决赛于北京举行，线上同步直播。19 组参赛教师团队同台争辉，互学互鉴，共享智慧教学新路径，近 7 万位教师观摩赛事，共探人才培养新范式。全国总决赛由教学设计介绍、课堂教学展示及现场问答三个环节组成。参赛教师团队深入挖掘教材内涵，科学运用数字化资源与平台，充分展现了深度融合语言教学与育人目标、有机融汇教学技艺与数字素养的创新育人探索，尽展新时代教师的蓬勃风采。最终，清华大学团队荣获全国总冠军；浙江大学和苏州大学团队荣获亚军，电子科技大学、北京科技大学和西安交通大学团队获得季军。[17]

二、热点问题剖析

1. 外语教育学视角下的教师教育与发展

2024 年 1 月，外语教育学被正式增列为外国语言文学下设的二级学科。该学科的建立不仅标志着外语教育学研究已取得显著成果，更为外语教师教育与发展提供了新的理论和实践路径。2023 年，以北京外国语大学王文斌教授为首的专家团队就外语教育学专业筹建和谋划进行了广泛的讨论。随着外语教育学专业的正式出现，在这一语境下继续探讨外语教师教育与发展十分必要。目前，外语教师教育与发展面临现实挑战。一方面，外语教师的专业发展需求与现有体系之间存在供需不平衡的问题。现行的教师教育体系往往注重理论知识的讲授，忽视实践技能的培养，尤其是跨文化交际能力、信息技术应用能力等。此外，外语教师教育中还缺乏有效的跨学科融合，教育内容往往局限于传统的语言学习，未能充分吸收心理学、教育学等相关领域的研究成果，限制了教师专业成长的深度和广度。另一方面，外语教师教育的质量监控机制尚不完善。虽然教育部门和学术机构已经认识到外语教师教育质量的重要性，但在实际操作中对教育质量的评估标准模糊，缺乏系统的质量监控和反馈机制，导致教师教育的质量参差不齐，难以确保所有外语教师都能获得高质量的专业发展机会。面对这些问题，构建有效的外语教师教育体系成为迫切任务。首先，需要强化理论与实践的结合，通过增设实践机会、同侪交流等方式，加强教师的实践技能培训。其次，跨学科融合应成为外语教师教育的重要方向，可借鉴心理学、教育技术等领域的理论和方法，丰富外语教育的内容和形式。此外，建立和完善外语教师教育的质量监控机制，明确教育质量的评估标准，定期进行教育质量的检测和反馈，对提高教育质量至关重要。相信随着外语教育学专业的正式设立，未来外语教师教育与发展研究能获得更大空间。

2. 外语教师的数智化发展

在教育数字化转型的浪潮中，外语教师的数智化发展成为教育领域内的一个热点话题。随着信息技术的迅猛发展，特别是大语言模型和人工智能技术的进步，外语教育领域迎来了前所未有的挑战与机遇。但在实践过程中，外语教师面临着多重挑战，亟需系统性解决方案来推动教育质量的整体提升。首先，外语教师的数字化工具应用能力显著不均衡。一方面，部分教师能够灵活运用信息技术进行教学创新，如利用大数据分析学生学习行为，个性化设计教学方案；另一方面，仍有大量教师对数字化教学工具的操作感到陌生和困惑，难以在教学中有效整合数字资源。这种能力差异直接影响了数字化教育资源的有效利用，限制了教育数字化转型的步伐。其次，尽管市场上涌现出大量优质的数字化教学资源和工具，但外语教师在如何选择、整合和创新性地使用这些资源方面遇到了难题。缺乏明确的指导和有效的培训机制使得教师难以从海量的资源中筛选出真正适合自己教学需求的工具，也阻碍了教学模式的创新与发展。此外，教育观念的传统性也是外语教师数智化发展的一大阻碍。传统的教学观念和方法根深蒂固，教师将信息技术的应用仅限于教学辅助工具，而忽视了其在推动教育理念、教学模式乃至评价体系创新中的潜力。这种观念的局限性，不仅影响了教师对数字化教育的认同度和参与度，也制约了数字化转型过程中潜在创新的激发。针对以上问题，加强外语教师的数字化培训显得尤为迫切。这不仅包括操作技能的训练，更重要的是提升教师对数字化教育价值的认知，激发其探索教育技术融合教学的热情。同时，高校应建立健全的数字资源共享平台，提供明确的资源筛选和应用指南，助力教师高效利用数字技术。此外，推动教育观念的现代化，引导教师从传统的"知识传授者"向"学习引导者"和"创新实践者"转变，能够进一步促进外语教育的数字化转型，实现教育模式的根本性变革。只有通过这些综合措施，我们才能真正解锁外语教师数智化发展的潜力，推动外语教育迈向高质量的未来。

三、部分论文文献信息 [1]

Li, X. & P. Ke. 2023. Becoming feedback literate: A case study of a Chinese university EFL teacher [J]. *The Asia-Pacific Education Researcher* 33: 471-479.

Liang, C. & S. Yu. 2023. Investigating critical language awareness pedagogy in China: A case study of a Chinese university EFL teacher [J]. *Language Awareness*: 1-19.

Qian, L. 2023. Chinese EFL university teachers' perceptions of culture teaching and their pedagogical practices [J]. *Language and Intercultural Communication*: 1-14.

Sun, P. P. & X. Luo. 2023. Understanding English-as-a-foreign-language university teachers' synchronous online teaching satisfaction: A Chinese perspective [J]. *Journal of Computer Assisted Learning* 40: 685-696.

Wang, K., R. Yuan & I. Lee. 2023. Exploring contradiction-driven language teacher identity transformation during curriculum reforms: A Chinese tale [J]. *TESOL Quarterly*: 1-32.

范临燕，2023，中国高校多语教师信念与教学实践研究 [J]，《外语与外语教学》（6）：73-85。

李春梅，2023，高校英语教师行动研究的现状、问题与对策（1999—2022）[J]，《外语教育研究前沿》（2）：85-91。

文秋芳、毕争，2023，云共同体教师学习形成性评估框架与应用 [J]，《外语界》（2）：8-15。

---

1 请于本书附录查看相关文献的详细摘要。

徐锦芬、杨昱，2023，大学英语教师课堂情绪调节策略使用调查与研究 [J]，《外语教学》（1）：54-60。

杨姗姗、束定芳、王蓓蕾，2023，高校外语教师教育者在教材编写中的专业发展研究 [J]，《外语教学》（6）：49-55。

[1] 中华人民共和国教育部，2023，加快建设高质量教育体系 办好人民满意的教育——2023 年全国教育工作会议召开 [OL]，http://www.moe.gov.cn/jyb_xwfb/gzdt_gzdt/moe_1485/202301/t20230112_1039188.html（2024 年 3 月 25 日读取）。

[2] 中华人民共和国教育部，2023，教育部教师工作司关于印发《教育部教师工作司 2023 年工作要点》的通知 [OL]，http://www.moe.gov.cn/s78/A10/tongzhi/202304/t20230427_1057568.html（2024 年 3 月 25 日读取）。

[3] 全国高校外语教师研修网，2023，深化思政育人理念，强化思政教学实践，落实立德树人目标——记"外语教育课程思政建设：教学与评价"研修班 [OL]，https://teacher.unipus.cn/workshop/detail.php?WorkshopID=615（2024 年 3 月 26 日读取）。

[4] 全国高校外语教师研修网，2023，紧跟 ESP 教研前沿，助力行业人才培养——记"四新建设背景下的 ESP 教学与研究"研修班 [OL]，https://teacher.unipus.cn/workshop/detail.php?WorkshopID=619（2024 年 3 月 26 日读取）。

[5] 全国高校外语教师研修网，2023，2023 暑期研修 | 深化教育理念，精进教学能力，提升育人质效——记"大学英语课堂教学：目标、设计与评价研修班" [OL]，https://teacher.unipus.cn/workshop/detail.php?WorkshopID=621（2024 年 3 月 26 日读取）。

[6] 全国高校外语教师研修网，2023，2023 暑期研修 | 深研教材，赋能课堂，助力教材建设与人才培养——记"外语教材编写与使用：理念与方法研修班" [OL]，https://teacher.unipus.cn/workshop/detail.php?WorkshopID=620（2024 年 3 月 26 日读取）。

[7] 新华网，2023，第七届全国高等学校外语教育改革与发展高端论坛举办 [OL]，http://www.xinhuanet.com/edu/20230329/2e494ae53bd84b008df8dd8589bd1789/c.html（2024 年 3 月 25 日读取）。

[8] 外研社外语学术科研，2023，担当时代重任，探索外语教育何为——外语教育学首届高端论坛成功举办 [OL]，https://mp.weixin.qq.com/s?__biz=MjM5ODcwMjgzMw==&mid=2651650283&idx=2&sn=9d99830e89ef934b4b3baa4e0486cd22&chksm=bd3ee3758a496a631689a92d5daf82909d1bacd735b535f3c690b2ce6c25e818265099c57dc6&scene=27（2024 年 3 月 26 日读取）。

[9] 外语学术科研网，2023，推进数字化转型，创新英语教育——第十届中国英语教学国际研讨会成功召开 [OL]，https://iresearch.unipus.cn/news/detail.php?NewsID=6749（2024年3月26日读取）。

[10] 上海师范大学外国语学院，2023，"第十届全国外语教师教育与发展学术研讨会"在我校圆满举行 [OL]，https://waiyu.shnu.edu.cn/24/d2/c15052a795858/page.htm（2024年3月26日读取）。

[11] 外语学术科研网，2023，《外语教育研究前沿》编委会会议暨创刊15周年纪念研讨会成功召开 [OL]，https://iresearch.unipus.cn/news/detail.php?NewsID=6765（2024年3月26日读取）。

[12] 外语学术科研网，2023，第九届"创新外语教育在中国"学术论坛暨"多语种教学改革虚拟教研室"学术研讨会成功举办 [OL]，https://iresearch.unipus.cn/news/detail.php?NewsID=6781（2024年3月26日读取）。

[13] 全国教育科学规划领导小组办公室，2023，全国教育科学规划2023年度立项课题名单 [OL]，https://onsgep.moe.edu.cn/edoas2/website7/level3.jsp?infoid=1335260046576122&id=1695604311856297&location=null（2024年3月28日读取）。

[14] 全国哲学社会科学工作办公室，2023，2023年国家社会科学基金年度项目和青年项目立项结果公布 [OL]，http://www.nopss.gov.cn/n1/2023/0922/c431027-40083454.html（2024年3月28日读取）。

[15] 中华人民共和国教育部，2023，教育部社科司关于2023年度教育部人文社会科学研究一般项目立项的通知 [OL]，http://www.moe.gov.cn/s78/A13/tongzhi/202310/t20231019_1086367.html（2024年3月28日读取）。

[16] 高等英语教学网，2023，获奖名单公布！2023年全国高校外语课程思政教学案例大赛 [OL]，https://heep.fltrp.com/contents/170891518364749824?type=1（2024年3月28日读取）。

[17] 外语教学与研究出版社，2023，群"星"争辉绽教学智慧，巅峰论剑话育人新路——2023年外研社"教学之星"大赛全国总决赛举办 [OL]，https://www.fltrp.com/c/2023-12-07/521539.shtml（2024年3月28日读取）。

第二节　基础外语教师 [1]

一、年度情况概述

2023 年，基础外语教育改革的步伐不断加快，这要求基础外语教师队伍迅速响应、积极应对，并实现自身的快速成长与转型。这一年，得益于良好的政策保障，基础外语教师的教育机制改革和队伍建设得到了有力的推动和深化。教师培训和专业发展紧密围绕新时期基础外语教育的核心问题和难点，按需施策、提质增效。专业活动与学术交流活动形式多样、成果丰硕，为教师们提供了广阔的视野和丰富的经验。面对新时期教学改革，把握前沿动态、适应新教育范式、重构课堂模式，是时代赋予基础外语教师的重大课题与挑战。

1. 基础外语教师教育相关政策

2023 年度，教育部启动了"国家优秀中小学教师培养计划"（简称"国优计划"）。该计划旨在从以"双一流"建设高校为代表的高水平高校选拔专业成绩优秀且乐教适教的学生，作为"国优计划"研究生进行培养。在强化其学科专业课程学习的同时，亦强调对教师教育模块课程的系统学习，以全面提升其教育教学能力与专业素养。"国优计划"研究生毕业后从教可获得四个方面的政策支持：一是免国家中小学教师资格考试认定取得中小学教师资格；二是探索建立"双一流"建设高校与优质中小学的"订单"培养合作关系；三是鼓励各地将"国优计划"研究生作为基础教育教师人才，做好引进工作；四是"国优计划"培养高校要建立从教毕业生专业发展跟踪服务机制，持续给予支持。

2023 年，《教育部关于开展国家基础教育教师队伍建设改革试点的通知》发布，计划在上海市、山东省、青海省、福建省厦门市、湖南省常德市、黑

1　本节作者：卿婕，北京市第 35 中学；张静静、崔琳琳，首都师范大学。

龙江省黑河市嫩江市、浙江省温州市瓯海区、河南省商丘市永城市、广西壮族自治区桂林市荔浦市、重庆市云阳县等省、市、县 10 个地区开展国家基础教育教师队伍建设改革试点，鼓励支持地方探索深化基础教育教师队伍建设改革的新思路和新举措。

这一年，国家继续加强乡村教师队伍建设，支持乡村教育振兴。教育部深入实施"特岗计划"，改革"乡村优秀青年教师培养奖励计划"。同时，教育部等 10 部门联合印发了《国家银龄教师行动计划》，重点支持中西部脱贫地区，欠发达的民族县、革命老区县、边境县，以及新疆生产建设兵团团场等义务教育阶段学校。

2023 年是全面贯彻落实党的二十大精神的开局之年。国家层面通过推进高质量教师教育体系建设，进一步提升教师培训质量、提高教师待遇、加强乡村教师队伍建设等，为建设高质量教师队伍提供了全面保障。在积极和支持性的政策环境下，基础外语教师正迎来更加宽广的专业发展空间和成长路径。

2. 外语教师教育和培训

2023 年，基础外语教师教育和培训紧密围绕基础外语教学的重点、热点、难点问题开展，注重"需求"导向，培训方式灵活创新，注重长期效果及持续跟踪。

1）"国培计划"

2023 年，教育部要求深化"国培计划"改革，深入推进需求导向的精准培训，落实教师培训数字化转型。在此指引下，各地区"国培计划"英语学科项目亦结合教学改革与学员自身发展需求，组织开展了具有针对性和实效性的培训。9 月 18 日，2023 年"国培计划"示范项目英语学科培训者研修项目与贵州省"省培计划"中小学英语教师能力提升培训项目在北京外国语大学开班，50 位来自全国各地的"国培计划"示范性项目学员及 200 位贵州省"省培计划"高中英语骨干教师学员参与了为期10天的多模块、多场景学习研讨。11月30日，由吉林外国语大学承办的"国培计划（2023）"G3303农村学校县级骨干教师新课改教学实施能力提升培训（小学英语）项目举办了结业仪式，10个学习小组以合唱、诗朗诵、谈体会等形式，汇报了培训成果。在该项目中，98名参训学员完成了20天的集中培训课程和30天的返网研修。

2）"歆语工程"

2023年7月14日上午，由湖南省教育厅主办、北京外国语大学承办、北京外国语大学教育培训中心组织实施的"歆语工程"湖南省初中英语骨干教师培训项目开班仪式在北京外国语大学举行，来自湖南省各地区的60位初中英语骨干教师参加了为期15天的培训。培训结合湖南民族地区的初中英语教师教学实际情况，提供了定制化解决方案，并采用专家讲座、案例教学、微格实践、专题研讨等多种形式。

3）其他培训项目与活动

"启航计划"是北京师范大学对在基础教育领域任教的毕业生予以奖金奖励和职后支持的公益行动。2023年6月20日，"启航计划"北京师范大学2023届赴基层任教毕业生岗前公益培训活动举行。赴基层任教的毕业生和在校学生代表通过线上和线下的方式参加了培训。该项目后续还将向"启航计划"校友开放"强师在线"等平台资源，在附校试点建立"青年教师成长工作室"。

"卓越教师工作室"是北京教育学院为培养北京市基础教育领军人才、凸显培训示范引领而设立的高端研修项目。2023年3月1日，北京教育学院举行了2023年北京市卓越教师培养项目和新时代中小学名师培养项目启动暨春季学期师干训项目开班典礼。教育部"双名计划"北京教育学院培养基地项目、北京市卓越教师培养项目、新时代名师培养项目等83个项目的2584名学员，以线上线下相结合的方式参加了活动。

3. 专业活动与学术交流

2023年，针对基础外语教师的各类竞赛与学术交流活动不断优化与创新，呈现出品牌效应突出、专业性进一步提升、影响范围持续扩大、参与教师主动性增强等新气象。

1）专业活动

2023年2月14日—8月31日，外语教学与研究出版社举办了"外研之星"全国中小学英语教学展评活动，来自全国30个省、自治区、直辖市的1000多位一线教师报名参加活动。该活动共评选出20名特等奖，45名一等奖及若干名二等奖、优秀奖。

2023年7月1—2日，北京市中小学新任教师第七届"启航杯"教学风采展示活动在北京教育学院举行。活动现场按学科学段分成21个展示会场，参加展示的新教师从选题中任选一个进行8—10分钟的微格模拟课堂教学。北京市的63位各学科专家对现场展示进行了评审。活动同步进行现场直播，吸引了33,942人次观看。

"2023年全国中小学英语分级阅读教学说课大赛"由外语教学与研究出版社组织，吸引了近2600位来自全国各地的优秀教师参加。9月22日，来自全国9个省市的14位晋级选手齐聚北京，进行了精彩的说课展示，决赛同步线上直播，吸引了35,398人次观看。

2023年10月22—26日，"第十七届全国高中英语教师教学基本功大赛暨教学观摩研讨会"在重庆举行，23位来自全国各地的优秀教师参加了现场授课比赛，来自全国30多个省市的近千位英语教育专家学者、教研员、一线英语教师参加了会议。会议包含专家学术报告、高中英语教师教学基本功大赛现场授课及现场说课、优秀课展评及微格课、论文交流与评选、选手教学反思、专家点评与指导、现场观摩与研讨、教学教研资源展示等环节。该赛事的初中组比赛于2023年5月7—11日在青岛举行，小学组比赛于6月2—4日在线举行。

2）学术交流

2023 年 4 月 7—8 日，由北京师范大学外国语言文学学院、外语教学与研究出版社联合主办的"第六届英语教学与测评学术研讨会"以线上线下相结合的方式举行，超 9 万人次在线参会。会议以"教—学—评：面向学习，面向未来"为主题，共邀请 183 位发言人进行了 113 场发言，充分展示了大、中、小学英语测评与教学的最新研究前沿、理论成果和实践案例。

2023 年 4 月 15—16 日，由北京外国语大学主办的"2023 全国基础外语教育改革与发展研讨会"在郑州举行，近 1000 位来自全国各地的教育界人士围绕"基础外语教育高质量发展的内涵与路径"这一主题，对面向未来的人才培养方向与路径、构建教育良好生态的发展与未来、课堂教学改革与实践创新进行了交流。

2023 年 5 月 10—12 日，由北京外国语大学和外语教学与研究出版社联合主办的"第十五届全国英语自然拼读与分级阅读教学研讨会"在北京外国语大学举行，来自全国各地的 700 多位一线英语教师、教研员、教研主任、校长及高校研究者参加了研讨会。会议以"新课标背景下的英语阅读教学新生态"为主题，邀请了数十位国内知名英语教学专家，以"新课标"为基准，从教学内容、课程构建、教学活动设计、作业设计、测评等角度，深入剖析了当前中小学英语阅读教学现状。同时，来自全国各地的优秀一线教师结合阅读教学实践，通过自然拼读绘本与主教材融合教学课例、分级绘本与主教材融合教学课例、英语戏剧教学课例、百科绘本课例等精彩的教学示范课，全方位呈现了英语阅读教学实践的最新成果。

2023 年 6 月 15—16 日，由北京外国语大学主办的"2023 年全国中小学英语分级阅读同课异构教学展示研讨会"以线上线下相结合的形式举行。研讨会以"深耕阅读教学，共话育人蓝图"为主题，分小学和中学两个分会场，共设置四个分论坛进行同课异构教学展示，同时包含专家评课讲座、教学实践分享、高考英语解析、2023 国家新闻出版署出版融合发展（外研社）重点实验室课题招募等环节，吸引了全国 29,688 人次观看。

2023 年 7 月 21—25 日，由中国教育技术协会中小学外语教育信息化应用工作委员会主办的"第二十届中小学骨干英语教师新课程教学高级研修班"在长春举行。会议聚焦"阅世界·读中国——数智英语阅读与中外优秀文化融合互鉴"这一主题,面向小学、初中、高中三个学段开展了主旨报告、优秀课例展示与案例分享、课例点评及座谈会、工作坊等研讨活动,吸引了超80万人次参与。

2023年7月27—30日,以"中国新发展 世界新机遇——开创英语教育开放合作新局面"为主题的"2023国际英语教育中国大会"在澳门举行。来自20多个国家和地区的1600余位高校英语教育专家学者、中小学英语教研员、骨干教师及教育工作者通过主旨发言、专题发言、微论坛、工作坊、课例展示、论文发言、海报张贴及国际英语教育创新展示活动等多种形式分享了前沿的英语教育研究和实践成果。

2023年8月1—4日,"中小学英语教师教学实践与研究能力提升研修班"举行。来自全国18个省、自治区、直辖市的中小学英语教师参加了研修。研修通过主题讲座、案例分享、小组讨论、展示汇报、专家点评等方式,从研究选题、论文写作、投稿发表等方面对与会教师进行了深入指导。

2023年11月9—12日,由北京师范大学外国语言文学学院、外语教学与研究出版社、中国英语阅读教育研究院联合举办的"第九届全国中小学英语阅读教学学术研讨会"在北京举行。会议以"素养立意的阅读教学"为主题,设置了"阅读课堂评价""单元整体教学视角下的读物与教材的融合""读写教学实践"三个专题,来自全国各省市的阅读教育专家、优秀教研员及近千位教师代表参会。70余位分享人以研讨课、说课、个人发言、团队展示、海报等形式,就英语绘本与主教材融合教学、读写关联等英语阅读教学热点话题进行了交流。

二、热点问题剖析

2023年是义务教育英语新课标颁布后的第一年,基础外语教育领域积极投入对新课标的深入理解和实践探索中,有力推动了"双减"背景下对学生英语学科核心素养的培养。关于"单元整体教学""思维品质与英语教学""学科育人""教—学—评一体化"等主题的研究和实践仍在积极有序地推进。随着教育改革的不断深化，基础外语教育领域面临的重点和难点问题逐渐凸显，这要求基础外语教师教育与培训者密切关注教师发展的实际需求，提高培训实效、加强实践指导，从而更好地引导和支持教师的专业发展。

1. 英语学习活动观的研究和践行

继《普通高中英语课程标准（2017 年版 2020 年修订）》（简称《高中新课标》）首次提出英语学习活动观后，《义务教育英语课程标准（2022 年版）》（简称《义教新课标》）再次强调"秉持英语学习活动观组织和实施教学"。英语学习活动观要求英语学习在体验中进行、在实践中运用、在迁移中创新，这是整合课程六要素、培养核心素养的重要路径。

践行英语学习活动观要求教师转变教学观念，不能仅将英语教学局限于基础知识、基本技能、过程和方法，而要增强课程育人的自觉性，从为学生终身发展作出阶段性贡献的角度来审视、思考英语课程的教学目标、教学过程和教学方法。[1] 目前，基础外语教师对英语学习活动观的内涵理解仍不够充分，难以区分其与任务型教学方式；构建活动时容易忽视学生的主体性，或存在逻辑性不强、脱离主题引领等问题。此外，教师在实操中还存在活动目标不明确、活动过程习题化、活动方式程式化等问题。[2]

2. 英语教学中跨学科主题学习

《义教新课标》明确规定要"设立跨学科主题学习活动，加强学科间相互关联，带动课程综合化实施，强化实践性要求"，以培养学生的核心素养和综合能力，如创造力、批判性思维及沟通合作能力等。要实现外语学科跨学科主题学习，教师仍面临多重挑战。首先，需解决学生语言能力与认知水平不匹配的问题，确保两者同步提升。其次，要有效融合语言学习与跨学科知识，防止二者脱节。最后，需围绕主题进行深入探究，设计真实情境下的教学活动，并在有限课时内高效完成教学任务。[3] 这一变革要求外语教师更加精准地聚焦教学的核心目标，创新融合跨学科知识，设计具有实践性和探究性的教学活动，并联动开展教学实施与评估。

3. 信息技术赋能英语教学

我国外语教育信息化已进入语言智能教育新阶段，以大数据、人工智能等为代表的数字信息技术逐渐影响着外语教育生态，既精通教育技术又精通教学的智慧型外语学科教师是教育信息化时代的召唤。21 世纪的教师需要具备的信息素养包括技术信息素养、数据素养、技术素养、视觉素养、批判推理素养及统计素养。[4] 然而，信息技术在当前的中小学英语课堂上仍主要作为演示工具使用，而其他更为智能的资源管理与共享功能、媒体语言训练功能、多元学习策略培养功能等的应用并不充分。[5]

4. 培养学生的中华文化传播能力

外语教学承担着培养学生的文化意识、帮助学生树立文化自信的重任，而外语课程是体现中外文化碰撞，对比中外优秀文化最具优势的课程。但是，当前一线外语教师在文化意识培养，特别是文化自信建设方面的意识尚显不足，对于中外文化的理解以及鉴赏优秀文化的能力有待提升。[6] 很多教师在教学中仅停留在表面的文化现象，缺乏对文化背后历史渊源和深层内涵的深入挖掘，也未能对不同文化现象间的关联进行系统分析。此外，他们在开展文化传播相关的教学活动时，形式相对单一，对文化知识的补充和阐释往往不够全面。[7]

明师国际教育研究院在 2023 年围绕"传统文化走进英语课堂"对全国英语教师进行了一次广泛调研。调研结果显示，基础外语教师对于提升自身的"文化进课堂"教学能力具有热切期望与发展需求。例如，教师期望增强自身的传统文化素养，学习经典且高效的教学案例，并掌握更多将传统文化融入英语教学的方法。同时，他们也表达了构建更多教研共同体的愿望，以共同推进"传统文化走进英语课堂"的实践与研究工作。

三、部分论文文献信息 [1]

安欣、沈希、周颖、白荐楠、李玉顺，2023，英语教师视角下人工智能与教学的融合发展：机遇、挑战与提升路径 [J]，《现代教育技术》(2)：71-79。

褚文秀、刘宏刚，2023，英语教师心理韧性结构的个案研究 [J]，《外语研究》(5)：71-76。

崔琳琳、杨鲁新、雷霞辉，2023，研究型优秀中学外语教师的养成：拓展学习理论视角 [J]，《基础外语教育》(4)：22-28。

孙二军、李诗萌，2023，中小学英语教师职前语言能力框架建构及发展策略——基于一线资深教师的质性研究 [J]，《教师教育研究》(6)：92-99。

张琳涛、杨鲁新，2023，高中英语教师写作评价素养现状的个案研究 [J]，《外语教育研究前沿》(3)：64-72。

周洲，2023，基于课例研究的实践共同体对外语教师专业发展影响的案例研究 [J]，《山东外语教学》(6)：64-73。

---

[1] 姚成贺、王守仁，2023，素养本位的基础教育英语课程教学 [J]，《外语教学理论与实践》(6)：42-50。

[2] 李涛涛、田建荣，2021，英语学习活动观实施的困境与超越 [J]，《课程·教材·教法》(5)：96-102。

[3] 王蕾、刘诗雨，2023，在英语教学中开展跨学科主题学习的意义与关键问题解决 [J]，《英语学习》(7)：4-11。

[4] Kimberly, T. 2012. The best online literacy resources for teachers and students [OL]. https://www.teachthought.com/literacy/21-literacy-resources-for-the digital-teacher/ (accessed 17/02/2024).

[5] 李志伟，2022，理论引领，技术赋能，做信息化时代智慧型外语教师——评《信息技术与外语教育：理论和实践》[J]，《中国科技论文》(11)：13-16。

1　请于本书附录查看相关文献的详细摘要。

[6] 胡新秀，2022，初中英语教学中提升学生文化自信的实践探索 [J]，《中小学外语教学（中学篇)》(11)：56-60。

[7] 郭翔，2021，英语阅读教学中落实文化意识培养目标的实践探究 [J]，《中小学外语教学（中学篇)》(2)：38-43。

第三节　职业外语教师 [1]

一、年度情况概述

2023 年对高职外语教师而言，是一个具有里程碑意义的年份。教育部等部门联合印发的《职业学校兼职教师管理办法》和《国家银龄教师行动计划》，不仅为高职外语师资队伍的扩充和多元化发展提供了政策支持，也为高职外语教育注入了新的活力和资源。这些措施有助于缓解高职外语教师在数量和质量上面临的双重压力，同时也为师资队伍的可持续发展奠定了基础。随着疫情的影响渐渐消散，线下的高职外语教师研修活动得以全面恢复，除了相关学术会议，职业院校外指委、出版社等机构还举办了多个内容丰富、形式多样的研修班。这些研修班不仅讲授专业知识和教学方法的更新，也为教师们提供了交流和学习的平台，极大地提升了教师的专业能力和教学水平。在多项教学能力比赛中，高职外语教师的表现也很精彩。他们不仅在比赛中展现了高超的教学技巧和创新能力，也通过比赛取得了多项优秀成果，这不仅为个人职业发展增光添彩，也为高职外语教育的整体提升作出了贡献。此外，职业院校外指委联合多家出版社面向广大外语教师发布专项课题，激发了广大教师的研究热情和创新意识。这些专项课题旨在解决高职外语教育中的实际问题和挑战，得到了教师们的积极响应和参与。这种方式不仅促进了高职外语教育的科研和实践相结合，也为高职外语教育的发展提供了理论支撑和实践案例。

1. 教师教育政策

2023 年 7 月，教育部等十部门印发了《国家银龄教师行动计划》。该计划主要涵盖五大领域，其中职业教育领域聚焦深化产教融合，重点支持具有地方产业重大需求、需进一步提升办学条件的职业院校；民办教育领域聚焦

1　本节作者：常红梅，北京联合大学；马俊波，深圳职业技术大学；傅帅，北京联合大学。

各级各类民办学校发展，重点支持急需高素质教师的民办普通本科高校和高等职业院校。[1]产教融合有困难的高职外语类专业可利用好该计划创造的条件，引进符合要求的"内退内养"或退休一线工作人员开展专业教学和实训教学。外语师资薄弱的高职院校则可弹性引进高水平院校的退休教师，通过开展课程教学、教学与实训指导、专业和团队建设指导等，提升专业建设和教育教学水平。

2023年8月，教育部等四部门印发了《职业学校兼职教师管理办法》，明确了聘请兼职教师的条件、程序、组织管理和经费保障等，通过多种措施提高企事业单位选派兼职教师的积极性，鼓励和吸引更多技术技能人才到职业院校兼职任教。该文件明确提出，兼职教师要主动参与职业学校教师队伍建设，协助加强职业学校专任教师"双师"素质培养。[2]"产教融合"一直是高职外语类专业的一个难点，"双师"教师一直是高职外语教师发展的一个薄弱环节，积极利用好新颁布的《职业学校兼职教师管理办法》，有助于解决这两个长期存在的问题。

2. 教师研修

职业院校外指委不断对全国高职外语教师的状况进行调研，对各地高职外语师资培训进行指导，并积极参与到一些重要的培训项目中。各大出版社也组织了内容丰富的培训班，在宣传、辅导各自教材的同时，客观上促进了高职外语教师的整体发展。

2023年，职业院校外指委指导北京市大学英语研究会（高职组）、安徽省职业院校外语教学工作委员会、福建省职业院校外指委、黎明职业大学、浙江旅游职业学院、陕西职业技术学院、扬州市职业大学、上海工商外国语职业学院等开展师资培训工作，完成了对职业教育专业、课程、师资面临的主要问题的调研。

高职外语教材的主要出版社，如外语教学与研究出版社、上海外语教育出版社、高等教育出版社、大连理工大学出版社等在2023年组织了多个研修班，聚焦高职外语教育当前的一些热点和重点领域，详见表5.1。

表 5.1　2023 年高职外语教育研修班

时间	名称	主题	概况	主办单位
2023 年 7 月	2023 年全国高等职业学校英语教学发展与创新研修班	强国强教强师	来自全国近 3000 位职业院校专家学者、一线教师参加研修班。北京联合大学常红梅教授、广东省外语艺术职业学院曾用强教授、北京外国语大学杨鲁新教授作主旨报告。	外语教学与研究出版社
2023 年 7 月	2023 年高校外语教师暑期高级研修班	外语教师教学能力及教学素养提升等	包括 5 个主题，来自全国 29 个省、自治区、直辖市 665 所高校的 5287 位教师参加，培训专家包括何伟、邓耀臣、邹为诚、老青、王朝晖、刘杰英、张康等。	高等教育出版社
2023 年 7—8 月	2023 年暑期全国外语教师发展研修班	教育高质量发展与卓越外语教师培养	面向全国高校教师（含大学外语、外语专业和高职高专外语教师），培训人数超过 9000 人，邀请了国内知名的外语专家，在银川、呼和浩特等十几个地方进行培训。	上海外国语大学中国外语教材与教法研究中心、上海外语教育出版社
2023 年 7—8 月	2023 全国高等院校英语教师暑期研修班	高等院校英语教师专业与职业能力发展等	来自全国 21 个省、自治区、直辖市的英语负责人及骨干教师代表共 300 余人参加。职业院校外指委常红梅常务副主任、曾用强副主任、刘杰英副主任等专家作报告。	大连理工大学出版社

3. 教学能力比赛

基于"以赛促教"理念，高职外语教师不仅指导学生参加各类技能比赛，通过比赛促进学生学习并检验教学质量，还亲自参加各类教学能力比赛，以提升自己的教学能力，宣传优秀的教学理念和教学方法。高职外语教师在 2023 年的各类教学能力比赛中取得了比较优异的成绩。

1）2023 年全国职业院校技能大赛教学能力比赛

"2023 年全国职业院校技能大赛教学能力比赛"于 9 月 15 日—11 月 26 日举行。比赛分为中等职业教育组、高等职业教育组（含本科层次职业教育），共 37 个代表队的 908 个教学团队参赛。经过网络初评和决赛评审，共产生一等奖 98 个，二等奖 180 个，三等奖 266 个，其中高职外语教师共获得 4 个奖项，如表 5.2 所示。[3]

表 5.2 "2023 年全国职业院校技能大赛教学能力比赛"高职外语教师获奖名单

参赛单位	参赛内容	教师姓名	奖项
江西现代职业技术学院、江西交通职业技术学院	Road and Bridge Connecting the World 语架连心桥 丝路通世界	吴巧玲、乔里格、章欣欣、彭洁	高职公共基础课程组 一等奖
山西工程职业学院	Dough Figurine Promotion 非遗产品之面塑推广	牛素娟、王梓妍、郭孟圆、刘奇玥	高职公共基础课程组 三等奖
滨州职业学院	Communicate Skillfully 职场沟通	赵玉霞、杜航、董美银、王雯	高职公共基础课程组 三等奖
云南交通运输职业学院	Crewman Orientation Training 船员入职培训	郭雯、谢东梅、毕建瑶、桂佩霖	高职公共基础课程组 三等奖

2）2023 年外研社"教学之星"大赛（高职组）

"外研社'教学之星'大赛"创办于 2013 年，由北京外国语大学中国职业外语教育发展研究中心、北京外国语大学中国外语与教育研究中心、北京外国语大学中国外语教材研究中心、北京外国语大学中国外语测评中心、外语教学与研究出版社等机构联合举办。2023 年的赛题为"外语教材的有效使用：数字赋能，创新育人"，比赛分为初赛、全国复赛、全国半决赛、全国总决赛四个阶段，最后有 7 个团队获得 2023 年外研社"教学之星"大赛（高职组）全国总决赛冠军、亚军、季军、一等奖等奖项，获奖名单见表 5.3。[4]

表 5.3　2023 年外研社"教学之星"大赛（高职组）全国总决赛获奖名单

姓名	学校	奖项
张文超、秦乐乐、王晨溪、石念新、王墩田	东营职业学院	冠军
王英、刘淑义、张晶钰、姚瑶、曹小芹	南京旅游职业学院	亚军
励坤杉、吴霞鑫、凌来芳	浙江金融职业学院	季军
吴瑾、文霞武、蒋小玲、谢莉、梁婷婷	湖南外国语职业学院	一等奖
夏云、王薇薇、徐福文、虞晓向	无锡商业职业技术学院	
徐明星、王姣、乔杉、韦雅琪	江苏航空职业技术学院	
荣宁宁、陈丽、樊文霞	天津商务职业学院	

3）第十四届"外教社杯"全国高校外语教学大赛（职业院校组）

"'外教社杯'全国高校外语教学大赛"由上海外国语大学主办、上海外语教育出版社承办，每年举行一次，按照大学英语组、职业院校组、英语类专业组三年一轮的赛制循环举行。"第十四届'外教社杯'全国高校外语教学大赛"为职业院校组比赛，分为分赛区比赛、全国决赛和总决赛三个阶段。2023 年 12 月 8—10 日，全国决赛和总决赛在上海举行，获奖名单如表 5.4 所示（三等奖略）。[5]

表 5.4　"第十四届'外教社杯'全国高校外语教学大赛"（职业院校组）全国决赛、总决赛获奖名单

姓名	学校	奖项
冯天卓	陕西交通职业技术学院	特等奖
陆天容	大连东软信息学院	一等奖
李青	北京青年政治学院	
高欣	扬州市职业大学	
周聪慧	武汉城市职业学院	二等奖

（待续）

（续表）

姓名	学校	奖项
宋思	湖南工业职业技术学院	
张圣	贵阳职业技术学院	
金敏	兰州石化职业技术大学	二等奖
孙骞	淄博师范高等专科学校	
王丽艳	长春汽车工业高等专科学校	

4）2023 年外语课程思政优秀教学案例现场交流活动

"2023 年外语课程思政优秀教学案例现场交流活动"由高等教育出版社、全国高校教师网络培训中心和《中国外语》编辑部共同举办，共收到来自全国 29 个省、自治区、直辖市 458 所院校的 890 件参赛作品，最终评出全国优秀教学案例特等奖 24 件、一等奖 37 件、二等奖 58 件，高职院校获奖名单如表 5.5 所示（二等奖略）。[6]

表 5.5 "2023 年外语课程思政优秀教学案例现场交流活动"高职院校获奖名单

姓名	学校	奖项
邓音、高俊霞、喻锋、吴莉娜、刘晓毅	广东环境保护工程职业学院	
黄辛、喻红、贾丽萍、赫艺杰	成都纺织高等专科学校	
唐思琪、唐胜蓝	四川文化产业职业学院	
滕婷婷、段晓凯、卢巧巧、蔡蒙蒙	浙江广厦建设职业技术大学	特等奖
张春艳、刘美	大连东软信息学院	
邓冬至、薛艳玲、胡瑞、殷阳丽	四川建筑职业技术学院	
方葭苇、薛子豪、汪建兰、刘洪香、周寒	四川托普信息技术职业学院	一等奖

（待续）

（续表）

姓名	学校	奖项
郑禄娟、侯珏、罗惠中、陈露、于阳	四川现代职业学院	一等奖
伍杨、刘悦、柴艳利、梁欣、刘大利	四川文轩职业学院	
王冕、李玮佳、张煜烁、林小贺、于笑莹	河南工业职业技术学院	
郑菁菁、陈文杰、张小红、孙金丹、阚常娟	上海工艺美术职业学院	
方祯鑫、邹美英、贾先伟、王志慧、桂玲	上海工商职业技术学院	
匡薇、罗熙、黄小蕊	武汉职业技术学院	
张晓嘉、朱乐、杨爽、李琳琳	天津商务职业学院	

5）2023 年外语微课优秀作品现场交流活动

"2023 年外语微课优秀作品现场交流活动"由高等教育出版社、全国高校教师网络培训中心与《中国外语》编辑部共同举办，共收到来自全国 29 个省、自治区、直辖市 524 所院校的 1160 件作品，其中 169 件作品进入全国展示环节，最终 66 件作品获得全国优秀作品一等奖和二等奖，另外 69 件作品获得三等奖，高职高专英语组一、二等奖获奖名单如表 5.6 所示（三等奖略）。[7]

表 5.6　"2023 年外语微课优秀作品现场交流活动"高职高专英语组获奖名单

姓名	学校	奖项
李华、李娟、李文卓、赵丽君	晋中师范高等专科学校	一等奖
赖姝彦、李萍、任梦佳、冯鑫、郑玉蓉	深圳信息职业技术学院	
任丹、孟帆、王柯瑾、张龙彦	云南工商学院	

（待续）

(续表)

姓名	学校	奖项
黄丹卉、甘饴、沈月辉	南京交通职业技术学院	一等奖
李英瑞、柴娟、马晶、廖扬、张华敏	重庆电子工程职业学院	
郑航天、吕大、马雅琳、范丁齐、郭冬梅	吉林交通职业技术学院	
代欣、雷启莲、柏佩利、黄俊超	川南幼儿师范高等专科学校	二等奖
韦妮、康义、刁莉丽、万雪婵	广西工业职业技术学院	
杨爽、张晓嘉、李琳琳	天津商务职业学院	
王慧颖、赵炳国、刘硕、刘小爱	河北软件职业技术学院	
陈紫薇、叶辰萌、谢冰、叶丽、周聪慧	武汉城市职业学院	
高冲、李伟	天津轻工职业技术学院	
李娜、皮芳、陈跃华	长沙航空职业技术学院	
钱微、谢菲、宋国芳	浙江越秀外国语学院	
许定洁	重庆电子工程职业学院	
王丹丹、张桂华、吕云鹤、刘爽、高丽杰	河北旅游职业学院	
魏立娅、宁贵霞、罗朝、刘秀苗、刘同灵	河北轨道运输职业技术学院	
徐艳秋、朱景烨、赵云玲、魏媛、唐淑敏	河北司法警官职业学院	
薛庆利、王红巧、杨国胜	河南职业技术学院	
李丽、周文慧、蒋兰兰、阿孜古丽·巴拉提	阿克苏职业技术学院	

4. 教研和科研

　　高职外语教研一直呈蓬勃发展之势，并取得比较显著的进步。常红梅教授主持的"服务'一带一路'建设的'外语＋'高职多语种人才培养模式的探索与实践"和刘海霞教授主持的"基于学科核心素养的中职英语跨省市教学诊断与课程改革研究与实践"荣获 2022 年职业教育国家级教学成果二等奖。其中，常红梅教授主持的项目代表了近几年多语种人才培养模式探索的创新成果。

高职外语教师的科研热情总体上比较高，在省级纵向科研项目申请中有所收获，但在 2023 年教育部人文社会科学研究一般项目、全国教育科学规划项目和国家社会科学基金项目的申报中结果不理想。高职院校外指委及有关学术机构联合多家出版社设立针对高职外语教师的课题，积极搭建科研平台，提升高职外语教师的科研能力，相关活动如表 5.7 所示。[1]

表 5.7　职业院校外语教育教研课题

项目名称	发布单位	概况
2021 年度职业院校外语教育改革研究课题	职业院校外指委、外语教学与研究出版社	2021 年 4 月发布通知，2023 年 7—12 月开展结题验收工作，共收到 341 项申报，181 项课题获批立项，其中 159 项课题已经顺利结题，另有 20 项课题申请延期结题、2 项课题申请撤项
2022 年度职业教育外语类课程与专业课程思政建设研究课题	职业院校外指委、高等教育出版社	2022 年 3 月发布通知，最终 111 个项目立项，2023 年 11 月进行中期检查，立项的 111 项课题全部通过中期评审
2022 年职业教育英语课程标准与外语类专业教学标准专项课题	职业院校外指委、大连理工大学出版社	2022 年 3 月发布通知，2023 年进行中期检查，75 项课题全部通过中期评审
2023 年度职业院校外语教育改革专项课题	中国职业技术教育学会外语教育工作委员会	2023 年 4 月发布通知，最终 68 项课题获批立项
2023 年度职业教育新标准下外语教学改革与研究课题	职业院校外指委、上海外语教育出版社	2023 年 5 月发布通知，共收到 279 项申报，最终 178 项中标（其中重大 1 项，重点 61 项，一般 97 项，自筹 19 项）

1　感谢相关出版社提供的资料。

二、热点问题剖析

1. 信息化素养的"实"与"势"

信息技术赋能外语教学一直是高职外语教学的热点，这是因为信息技术一直在快速发展中，数字计算机、多媒体、互联网、人工智能、大数据、生成式人工智能一直在改变着我们的生活，而这些在生活中被广泛应用的技术势必会被应用于教学领域。[8] 在过去一段时间，微课、慕课、私播课、翻转课堂和混合式教学模式在高职外语教学中得到一定程度的应用，还有部分教师探索基于大数据、人工智能和虚拟现实的教学模式。[9]

在这一过程中，高职外语教师的信息化素养不断提升，但总体上呈现出参差不齐的现状。相比较而言，年轻教师对信息技术接受得更快，也更乐于在课程中应用信息技术。一部分热衷于参加信息化教学比赛以及慕课、微课建设的教师，其信息化水平提升更快，而部分教师对于学习信息技术有畏难情绪，部分技术平台缺乏整合也给教师带来大量额外的工作量，从而影响了他们应用信息技术的积极性。

信息技术的发展势不可挡。在过去，信息技术只是帮助我们传授知识的一种手段；而现在，生成式人工智能则可以自己生成知识。要应对这一挑战，高职外语教师有必要继续提升自己的数字素养。教育部于2022年底发布了《教师数字素养》教育行业标准，用于对教师数字素养的培训与评价。[10]《教师数字素养》预期会带来新一轮教师信息技术的培训和评价，高职外语教师可利用此机会，提升对数字素养价值的认识，积极参与具有针对性的数字素养培训，并组织开展数字化教学研究与创新实践。

2. 高职外语教师的共同体建设

高职外语教师有较高的认同和共识，有相似的工作内容和工作目标，因此具有建立共同体的基本条件。此外，不同地域、学校的高职外语教师在学历、学术能力、教学等方面差异较大，需要得到普通本科同行在学术上的支持以及一线从业者在实践经验上的支持，因此也有建立各种共同体的强烈需求。在内容上，高职外语教师可以根据需要建立学习共同体、教学共同体、竞赛共同体、学术共同体等，如东、西部高职外语教师可建立学习共同体，促进师资队伍质量的整体提升；高职外语教师和对高职教育感兴趣的普通本科外语专家可建立学术共同体，推动高职外语教育类型的完善，共同促进外语教育学的发展。在形式上，既可采用实体共同体，也可采用虚拟共同体。

2021 年，教育部开始启动"虚拟教研室"建设，到 2023 年已连续发布了三批虚拟教研室建设名单，包括几十个外语类虚拟教研室。这些虚拟教研室在理论基础、组织管理和共同体实践等方面创立的虚拟实践共同体路径，可为高职外语教师类似共同体的建设提供宝贵经验。[11] 文秋芳教授提出组织线上共同体，并率先在全国范围内成立云教研共同体，已于 2021—2023 年完成两期建设，希望通过云教研共同体在全国培养一支外语教学研究骨干队伍。[12][13] 第三批"产出导向法"云共同体暨教育部"多语种教学改革虚拟教研室"建设也已于 2023 年底启动，招募对象包括高等职业院校的外语教师。[14] 高职外语教师可积极参与这种共同体，或者创立类似的共同体，通过共同体促进自身发展。

三、部分论文文献信息 [1]

常红梅、刘素琴、高新宁，2021，高等职业教育外语教育发展报告（2009—2019）[J]，《职业技术教育》（33）：61-65。

马瑜、李霄翔，2021，"学—研—教"模式下高职院校外语教师学习共同体的实证研究 [J]，《江苏高教》（5）：80-84。

1　请于本书附录查看相关文献的详细摘要。另外，鉴于核心期刊中职业外语教育相关论文偏少，因此本部分汇总了 2021—2023 年的重要文献，拟从 2024 年起仅纳入当年期刊论文。

[1] 中华人民共和国教育部，2023，教育部等十部门关于印发《国家银龄教师行动计划》的通知 [OL]，http://www.moe.gov.cn/srcsite/A10/s7151/202308/t20230829_1076752.html（2024 年 2 月 18 日读取）。

[2] 中华人民共和国教育部，2023，教育部等四部门关于印发《职业学校兼职教师管理办法》的通知 [OL]，http://www.moe.gov.cn/srcsite/A10/s7151/202310/t20231030_1088124.html（2024 年 2 月 18 日读取）。

[3] 全国职业院校技能大赛执行委员会，2023，关于对 2023 年全国职业院校技能大赛教学能力比赛拟获奖项目名单进行公示的通知 [OL]，http://www.nvic.edu.cn/News/Detail?id=e495eae8-b7a7-4c05-be21-d846dae4b7dd（2024 年 2 月 18 日读取）。

[4] 外研职教，2023，激荡教学智慧，共育时代英才 | 2023 年外研社"教学之星"大赛（高职组）全国总决赛成功举办 [OL]，https://mp.weixin.qq.com/s/63N-GC6rWUn2MNG3t-cZNA（2024 年 2 月 19 日读取）。

[5] 上海外语教育出版社，2023，教学比武巅峰对决——"外教社杯"全国高校外语教学大赛全国总决赛成绩揭晓 [OL]，https://mp.weixin.qq.com/s?__biz=MjM5MDY3MTY3NA==&mid=2650952785&idx=1&sn=ee49365e54d72f694bd3901cea552618&chksm=bdb7c2048ac04b12c635cac5aa0b06224501d0653adf975285b26856b526ecb0e7ef0c6c2254&scene=27（2024 年 2 月 19 日读取）。

[6] 高教社外语，2023，2023 年外语课程思政优秀教学案例现场交流活动成功举办 [OL]，https://mp.weixin.qq.com/s?__biz=MzA5MzMyODUyMg==&mid=2651491251&idx=1&sn=1932b01b452c152ecfa1e58f5201687a&chksm=8ba1ae56bcd62740b6c18253b1b96b31b9ec69f9b4315fffd6011e64d152ed5d826e50bf25a5&scene=27（2024 年 2 月 20 日读取）。

[7] 高教社外语，2023，"2023 年外语微课优秀作品现场交流活动"成功举办 [OL]，https://mp.weixin.qq.com/s?__biz=MzA5MzMyODUyMg==&mid=2651490503&idx=1&sn=d136891726e9de034f1bc073e0f8894a&chksm=8ba1ad22bcd624344922483f1deb915f78a7a676eca159c3fb119199b82825817e15c9ad092f&scene=27（2024 年 2 月 20 日读取）。

[8] 马俊波，2007，M-learning 与外语教学的对接：从 CALL 到 MALL[J]，《外语电化教学》(5)：30-36。

[9] 常红梅（编），2020，《中国职业教育外语教育发展报告（2009—2019）》[C]。北京：高等教育出版社。

[10] 中华人民共和国教育部，2022，教育部关于发布《教师数字素养》教育行业标准的通知 [OL]，http://www.moe.gov.cn/srcsite/A16/s3342/202302/t20230214_1044634.html（2024 年 2 月 20 日读取）。

[11] 赵雯、李广利，2022，大学英语课程群虚拟实践共同体建设研究 [J]，《外语界》(4)：16-21。

[12] 文秋芳，2022，专栏引言："云连接论"研究 [J]，《外语教育研究前沿》(1)：3。

[13] 文秋芳，2022，"云连接论"的构想和应用 [J]，《外语教学与研究》(1)：66-78。

[14] 外研社高等英语资讯，2023，第三期"产出导向法"云共同体暨教育部"多语种教学改革虚拟教研室"招募通知 [OL]，https://mp.weixin.qq.com/s/oUeNLx1wRHjO3MIwjZt_Hg（2024 年 2 月 21 日读取）。

第六章 信息技术与外语教育教学

第一节 信息技术应用 [1]

2023 年 5 月 29 日，习近平总书记在主持中共中央政治局第五次集体学习时强调，教育数字化是我国开辟教育发展新赛道和塑造教育发展新优势的重要突破口。[1] 回顾 2023 年，国家将教育数字化作为教育现代化的重要内容，纵深推进国家教育数字化战略行动，为教育强国建设提供了有力支撑。在此背景下，我国外语教育正在经历技术赋能带来的诸多优势和挑战。

一、年度情况概述

本部分将结合研究成果、课题立项、学术活动和事件等，概述 2023 年度外语教育信息化现状，揭示教育数字化转型背景下外语教育教学发展特征和趋向。

1. 数字化资源建设与应用

数字化资源的构建与运用已成为外语教育领域的重要趋势，对优化外语教学资源配置、满足学习者多样化需求等具有重要作用。

首先，国家一直重视虚拟仿真实验教学资源，鼓励各级各类院校积极构建和完善虚拟仿真实验教学服务支撑体系，推进教育数字化转型。截至 2023 年底，国家智慧教育平台累计注册用户突破 1 亿，浏览量超过 367 亿次，访客量达 25 亿人次。[2]2023 年，我国外语教育领域积极探索教学资源的数字化建设和转型升级，利用新兴技术建设数字化外语教学资源。北京外国语大学联合北京外研在线数字科技有限公司共同建设的"跨文化交际视域下

---

1 本节作者：张帅、郭赟静，北京外国语大学。

走进韩国"虚拟仿真外语教学系统为探索外语类虚拟仿真教学提供了范式。该课程强调学生参与的教学设计（student co-created teaching and learning），设置历史文化、自然风貌和经济教育三个学习模块。其课程设计以跨文化交际能力的培养为核心，综合人文素养、专业知识和语言应用能力提高为导向，同时注重批判性、创造性和自主学习能力为主的高阶思维和技术应用能力培养，对于推进新文科背景下的外语学科建设与教学创新大有裨益。[3]

其次，以慕课为代表的开放教育资源建设与应用得到重视，且体现出明显的人工智能技术赋能慕课设计的趋向。[4]2023 年 12 月 14—16 日，由世界慕课与在线教育联盟和联合国教科文组织教育信息技术研究所联合主办，清华大学、米兰理工大学共同承办的"2023 世界慕课与在线教育大会"在意大利米兰召开。大会以"人工智能驱动下的未来大学和教育重构"为主题，展示各国高等教育数字化发展进程、态势及水平。中国高校外语慕课联盟秘书长李莉文教授详细阐述了联盟在实践领域取得的显著成果，包括涵盖 14 个语种的 500 多门慕课课程，以及涵盖 11 个语种的"中国社会与文化主题"系列视频。此外，联盟积极拓展国际合作，共同推动资源共享与合作。这些成果不仅推动了外语教育的数字化转型，也为全球教育共同体的发展贡献了中国智慧和中国方案，展现了中国在全球教育领域的影响力和贡献。[5]

2. 技术赋能外语教与学创新

随着信息技术及人工智能研究的迅猛发展，技术增强的外语教与学已成为必然趋势。2023 年，我国外语界持续开展技术赋能外语教学创新，进行了诸多有益的探索。在外语教学方面，传统的教学模式正在被更具互动性、探究式的教学方法所取代，涌现出基于语料库的语言教学、虚拟仿真实验教学等新思路和新方法。语料库能够为外语学习提供真实、丰富的素材，同时，学生能以研究者身份自主探究、发现和掌握语言规律，进而显著提升自身的学习成效。[6]虚拟仿真技术因其独有的多感性、沉浸性和交互性特征，为学生营造了传统语言课堂中无法获取的真实学习情境以及沉浸式的心理感受，在提升学习者学习体验和效果方面具备巨大潜力。[7]

在外语学习方面，信息技术的应用不仅限于传统的多媒体工具，还包括人工智能、大数据、虚拟现实等先进技术。这些技术为学生提供了个性化的学习体验，实现了教学资源的精准推送和实时反馈。比如，ChatGPT 聊天系统能够为学习者提供知识查询、范例生成、查错纠错、测试评估、场景会话等学习方式，将人机共生外语学习的理念付诸实践，使人类的语言智能和机器的语言智能互相适应，相互促进，从而实现语言能力的共同演进和优化。[8]

3. 技术赋能语言测评创新

2023 年是人工智能技术迅速发展和广泛应用的一年，特别是在教育评价领域，外语智能测评技术取得了显著的进步。根据 2023 年度教育部人文社会科学研究一般项目立项结果，智能语言测评系统研发、技术赋能的外语测评成为学界关注的热点话题，比如"基于用户画像的国际中文学习者在线学习行为及成绩预测模型研究""基于眼动和皮电反应技术的英语听力测试反应过程研究"等。[9]

外语测评相关会议同样体现出技术赋能语言测评的发展趋向。2023 年 4 月 7—8 日，由北京师范大学外国语言文学学院、外语教学与研究出版社联合举办的"第六届英语教学与测评学术研讨会"召开。参会教师和研究者聚焦促学评价、多元评价、数字化评价等研究议题，从诊断测评工具的研发及教学应用、语言测评中的技术创新、基于多模态的语言测评等多重视角，阐述技术赋能语言测评的潜势，为外语教学、学习、管理、测试与评价的改革提供新理念、新思路和新方法。[10]

4. 其他学术活动与事件

2023 年 8 月 10—12 日，由中国英汉语比较研究会语言智能教学专业委员会和环太平洋地区计算机辅助外语教学协会联合主办，北京外国语大学网络教育学院和人工智能与人类语言重点实验室、内蒙古师范大学外国语学院联合承办，《语言智能教学（英文）》期刊编辑部、北京外研在线数字科技有限公司联合协办的"GLoCALL2023 学术年会暨 2023（第 19 届）语言智能教学国际会议"在呼和浩特举行。会议以"人工智能与数字化语言教学"为主题，围绕信息技术辅助语言教学理论研究、虚拟现实／增强现实在语言教学中的应用、新兴教育技术与立德树人、信息技术辅助的语言教学环境构建、技术赋能外语教师教育、人工智能在语言教育领域的应用等专题论坛，深入探讨语言教育领域的技术革新、技术赋能的语言教学实践与研究，以推动我国外语教育数字化进程。[11]

2023 年 11 月 10—12 日，由上海外国语大学和中国人工智能学会主办，上海外国语大学国际教育学院和中国人工智能学会智能教育技术专业委员会承办的"2023 智能技术和语言学习国际研讨会"在上海举行。会议以"人工智能赋能教育"为主题，与会专家从技术应用、教育哲学、策略制定、评估方法、社会生态等多角度出发，全面分析了人工智能对教育领域的深刻影响。[12]

二、热点问题剖析

本部分重点剖析 2023 年我国外语教育数字化进程中显现的热点问题，具体探讨大语言模型支持的外语教学创新、云教研共同体赋能外语教师发展，以及新形态外语教材建设与应用，以期为外语教师、研究者和政策制定者提供启示。

1. 大语言模型支持的外语教学创新

大语言模型（Large Language Models，简称 LLMs）是用于描述海量文本的向量表示和生成概率的自然语言处理技术，可以有效地表达语言的词汇、句法和语义特征，在语言理解、对话交互、内容创作和逻辑推理等任务方面具有独特优势。[13]2023 年，随着技术的不断发展和应用的深入，大语言模型的教育应用研究进入了大众视野，引发了广泛的关注与讨论。

以大语言模型的代表性产品 ChatGPT 聊天系统为例，其能够开展对话辅导、技能训练、讲授演示、协同创造、交互评价等五类自动化教学行为，所表现出来的跨领域自然语言理解与生成能力为智能教学系统提供了新型"能力基座"，为智能教学系统开发模式的创新、促进个性化学习、提升教学效率等提供全面、有效的支撑。[14] 有学者指出，ChatGPT 的问世给外语教育教学带来了新的变革趋向，但也在一定程度上阻碍了学生批判性思维的发展。如何在使用 ChatGPT 的过程中有效培养外语学习者的批判性思维能力，尽力规避其对批判性思维能力的消极影响，值得外语教师和研究者持续思考与探究。[15]

2. 云教研共同体赋能外语教师发展

随着信息技术的发展和教育模式的创新，传统的教研组织形式正在向更加开放、灵活和协作的模式转变。基于产出导向法的云教研共同体是北京外国语大学中国外语与教育研究中心、外语教学与研究出版社联合创立的新型教研组织。[16] 该云教研共同体在文秋芳教授团队的带领下，聚焦基于产出导向法的多语种教学改革实践与研究，引领了外语教研领域的新趋势，围绕云教研共同体领导力框架构建与应用 [17]、云教研共同体学员活动参与度提升策略 [18]、云教研共同体成员负面情绪调节策略 [19]、云教研共同体教师学习形成性评估框架与应用 [20]、云教研共同体情境中的教师身份认同转变 [21] 等话题进行探索，揭示教师参与教研活动过程中的复杂性和动态性 [22]，促进教师充分利用云教研共同体资源，通过实践性参与、建立结盟关系等方式发展其教学和研究能力 [23]，建构互学共建的在线协作教研文化。

上述研究成果不仅展示了云教研共同体赋能外语教师发展的实际效益，也为类似新型教研组织的建设、线上线下混合式教师研修项目的实施等提供了宝贵的经验和启示。[24] 在云教研共同体建设方面，需充分利用互联网泛在性和可及性的优势 [25]，促进跨地区、跨院系、跨语种教师知识共享，推动教育数字化转型背景下的教师发展模式创新 [26]。随着云教研共同体的进一步推广和完善，这一新型教研组织形式将在未来的外语教育和教研领域发挥更大的作用，为提升教育质量和促进教师专业发展作出更多贡献。[27]

3. 新形态外语教材建设与应用

教育数字化转型背景下，教材作为实施教学的关键要素与知识的核心载体，呈现出从稳定、静态、封闭的纸质教材向多样、动态和开放的新形态教材转变的趋势。[28]2023 年，我国新形态外语教材建设、应用与研究开始得到学界关注。国家外语教材建设重点研究基地北京外国语大学中国外语教材研究中心发布的 2023 年度中国外语教材研究专项课题招标启事中，专门将新形态外语教材开发理论与实践研究、基于新形态外语教材的混合式教学研究、基于新形态外语教材的移动学习研究、新形态外语教材中的师生互动关系研究等议题纳入课题目录，鼓励教师和研究者聚焦新形态外语教材建设与应用研究[29]。未来新形态外语教材建设与应用需持续关注混合式教学的教材设计与开发、嵌入慕课和学习平台的新形态教材建设与应用、人工智能赋能慕课转型升级等重要议题，瞄准教育技术赋能的教材立体化、数字化发展趋向，有效推动新形态外语教材设计理论创新与实践探索，持续赋能外语教育数字化转型和高质量发展。

三、部分论文文献信息[1]

陈延潼，2023，深度学习视域下 SPOC 外语教学模式应用研究 [J]，《外语界》
　　（4）：91-96。
陈忆浓、张玉双，2023，虚拟仿真实验教学的本科生外语运用能力培养效能
　　研究 [J]，《外语界》（6）：89-96。
侯俊霞、苏芳、陈颖、张燕、胡志雯，2023，西部高校大学英语在线课堂互
　　动质性研究 [J]，《外语电化教学》（2）：30-35。

1　请于本书附录查看相关文献的详细摘要。

胡杰辉、张铁夫，2023，中国高校外语教师数字素养的信念与实践研究 [J]，《外语与外语教学》（5）：73-85。

廖晓丹、陈坚林，2023，韩国英语数字教材的编制特点与启示 [J]，《外语教育研究前沿》（2）：69-77。

魏爽、李璐遥，2023，人工智能辅助二语写作反馈研究——以 ChatGPT 为例 [J]，《中国外语》（3）：33-40。

[1] 晋浩天、陈鹏、周世祥，2023，2023 教育热词里的高质量发展 [N]，《光明日报》，2023-12-26。

[2] 中华人民共和国教育部，2024，教育部：国家智慧教育平台累计注册用户突破 1 亿 [OL]，http://www.moe.gov.cn/jyb_xwfb/xw_zt/moe_357/2024/2024_zt02/mtbd/202401/t20240129_1113178.html（2024 年 4 月 1 日读取）。

[3] UNIPUS 智慧教学与研究，2023，"外语＋虚仿"重磅优质资源推荐｜北京外国语大学"跨文化交际视域下走进韩国"虚拟仿真实验教学课程 [OL]，https://mp.weixin.qq.com/s/yV7kOJXXoBd7FprF6EAvcg（2024 年 4 月 1 日读取）。

[4] Zhang, J. & H. Qi. 2023. Simulation of English MOOC platform based on machine learning and language recognition system [J]. *Soft Computing*. doi: 10.1007/s00500-023-08803-8

[5] 中华人民共和国教育部，2023，2023 年 12 月教育信息化和网络安全工作月报 [OL]，http://www.moe.gov.cn/s78/A16/gongzuo/gzzl_yb/202402/t20240208_1114750.html（2024 年 2 月 28 日读取）。

[6] 张春青，2023，《如何利用语料库进行语言教学》述评 [J]，《语料库语言学》（2）：167-173。

[7] 陈忆浓、张玉双，2023，虚拟仿真实验教学的本科生外语运用能力培养效能研究 [J]，《外语界》（6）：89-96。

[8] 秦颖，2023，人机共生场景下的外语教学方法探索——以 ChatGPT 为例 [J]，《外语电化教学》（2）：24-29。

[9] 中华人民共和国教育部，2023，教育部社科司关于 2023 年度教育部人文社会科学研究一般项目立项的通知 [OL]，http://www.moe.gov.cn/s78/A13/tongzhi/202310/t20231019_1086367.html（2024 年 4 月 1 日读取）。

[10] 外语教学与研究出版社，2023，第六届英语教学与测评学术研讨会 [OL]，https://www.fltrp.com/conference/far/（2024 年 4 月 1 日读取）。

[11] 中国英汉语比较研究会语言智能教学专业委员会，2023，我校成功举办 GLoCALL2023 学术年会暨 2023（第 19 届）语言智能教学国际会议！[OL]，https://www.chinacall.org.cn/conference2023/（2024 年 4 月 1 日读取）。

[12] 中国新闻网，2023，第三届智能技术和语言学习国际研讨会（AiTELL2023）在沪举办 [OL]，http://www.sh.chinanews.com.cn/kjjy/2023-11-17/118671.shtml（2024 年 4 月 1 日读取）。

[13] 刘明、吴忠明、廖剑、任伊灵、苏逸飞，2023，大语言模型的教育应用：原理、现状与挑战——从轻量级 BERT 到对话式 ChatGPT[J]，《现代教育技术》（8）：19-28。

[14] 张志祯、张玲玲、米天伊、丘诗萍，2023，大型语言模型会催生学校结构性变革吗？——基于 ChatGPT 的前瞻性分析 [J]，《中国远程教育》（4）：32-41。

[15] 张震宇、洪化清，2023，ChatGPT 支持的外语教学：赋能、问题与策略 [J]，《外语界》（2）：38-44。

[16] 文秋芳，2022，"云连接论"的构想和应用 [J]，《外语教学与研究》（1）：66-78。

[17] 文秋芳、毕争，2023，云共同体领导力框架构建与应用 [J]，《中国外语》（6）：58-65。

[18] 孙曙光、张虹，2023，云共同体学员活动参与度提升策略研究 [J]，《中国外语》（6）：66-72。

[19] 张文娟、张伶俐，2023，云共同体负面情绪人际调节策略研究 [J]，《中国外语》（6）：73-80。

[20] 文秋芳、毕争，2023，云共同体教师学习形成性评估框架与应用 [J]，《外语界》（2）：8-15。

[21] 张虹、孙曙光，2023，云共同体西部教师身份认同的转变类型：一项多案例研究 [J]，《外语界》（2）：30-37，79。

[22] Zhang, S. & Z. Dong. 2024. Language teacher motivation, autonomy and development in East Asia [J]. *Asia-Pacific Journal of Teacher Education* 52: 117-120.

[23] 张帅、罗少茜，2023，高校英语教师评价者身份认同个案研究 [J]，《外语教育研究前沿》（2）：78-84。

[24] 张帅、唐锦兰、胡晓娜，2023，外语教师智能教育素养发展研究——以线上线下混合式教师研修项目为例 [A]。载唐锦兰（编），《外语智慧教学研究前沿》[C]。北京：外语教学与研究出版社。233-257。

[25] 李思萦、张帅，2023，《基于虚拟互动的第二语言教与学》评介 [J]，《现代外语》（5）：727-731。

[26] 张帅、唐锦兰、王琦，2022，教育技术在外语教育学中的内涵、定位及作用 [J]，《外语教学》(4)：56-61。

[27] 张帅、王琦，2022，人工智能与外语教育发展现状 [A]。载文秋芳、杨佳（编），《世界语言教育发展报告》[C]。北京：外语教学与研究出版社。48-56。

[28] 吴永和、颜欢、陈宇晴，2023，教育数字化转型视域下的新型教材建设及其标准研制 [J]，《现代远程教育研究》(5)：3-11，21。

[29] 北京外国语大学中国外语教材研究中心，2023，2023 年度中国外语教材研究专项课题招标启事 [OL]，https://www.bfsutextbook.cn/article/246（2024 年 4 月 1 日读取）。

第二节　网络外语学历教育教学 [1]

2023 年，以数字技术为代表的第四次产业革命加速推进，以生成式人工智能为代表的新应用不断涌现，教育也正快步进入以大模型、大数据、大算力为特征的数字时代。2023 年初，教育部怀进鹏部长在"世界数字教育大会"上提出，我国将深化实施教育数字化战略行动，一体推进资源数字化、管理智能化、成长个性化、学习社会化，以教育数字化带动学习型社会、学习型大国建设迈出新步伐。这也为 2023 年度网络外语学历教育教学理论与实践发展指明了方向。进一步充分应用数字技术，构建资源更加丰富、方式更加灵活、学习更加便捷的终身学习体系，提升终身教育的适应性、有效性和覆盖面，已成为网络外语学历教育教学显著的年度特征。

一、年度情况概述

本部分概述 2023 年高等学历继续教育规模、重要文件和瞩目事件，勾勒网络外语学历教育教学数字化发展的年度背景。

1. 教育规模

2023 年全国教育事业发展基本情况显示，我国成人本专科招生人数为 445.49 万人，比 2022 年增长 1.24%，在校生人数为 1008.23 万人，比 2022 年增长 7.99%；网络本专科招生人数为 163.42 万人；在校生人数为 739.97 万人。[1] 由此可见，高等学历继续教育仍然是国民教育的重要供给和支撑，在建设全民终身学习的学习型社会、学习型大国这一重大国家发展战略中发挥着不可忽视的作用。

根据《教育部关于推进新时代普通高等学校学历继续教育改革的实施意见》，自 2025 年秋季起，高等学历继续教育不再使用"函授""业余"的名

1　本节作者：蔡静，北京外国语大学。

称，统一为"非脱产"，主办高校要按照成人认知规律、职业发展需要、学科专业特点创新教育教学模式，充分发挥信息技术优势，结合实际开展线上教学与面授教学、自主学习与协作学习等相结合的混合式教学。[2]2023年，已有部分高校启动专业调整和课程优化，以数字化作为新时期高等学历继续教育高质量发展的重要引擎，积极将新理念、新技术引入终身学习领域，努力构筑人人皆学、处处能学、时时可学的继续教育新生态。

2. 重要文件

为深入贯彻党的二十大精神和习近平总书记关于继续教育与学习型社会建设的重要指示，2023年8月，教育部印发《学习型社会建设重点任务》，学历继续教育教学改革创新成为加快推进学习型社会建设的五项重点任务之一。[3]该文件注重目标导向，每项任务都细化了2023—2025年的量化建设目标。其中，推进学历继续教育教学改革创新的目标是2023—2025年，每年培育100个左右学历继续教育教学改革创新案例，推动学历继续教育综合改革走深走实。文件要求各级各类高校充分认识学习型社会建设的重要意义，发挥自身学科专业特色优势，积极参与，主动作为。文件发布后，全国高校积极响应。高等继续教育领域共申报了832项任务，其中包括100项学历继续教育教学改革创新任务。[4]"数字赋能""数字化转型""数字继教"等成为任务标题中的高频词，充分呼应了党的二十大报告所强调的数字化在促进全民终身学习中的战略定位和重要价值。

3. 瞩目事件

1）GLoCALL2023学术年会暨2023（第19届）语言智能教学国际会议

2023年8月10—12日，由中国英汉语比较研究会语言智能教学专业委员会和环太平洋地区计算机辅助外语教学协会联合主办，北京外国语大学网络教育学院和人工智能与人类语言重点实验室、内蒙古师范大学外国语学院联合承办，《语言智能教学（英文）》编辑部、北京外研在线数字科技有限公司联合协办的"GLoCALL2023 学术年会暨 2023（第 19 届）语言智能教学国际会议"在呼和浩特举行。会议主题为"人工智能与数字化语言教学"，来自 11 个国家 50 余所高校的约 170 位专家学者、教师围绕计算机辅助外语教学的最新理论研究，VR、AR、MR 在语言教学中的应用，具身认知、体验式学习等 VR 理论研究，新兴教育技术与立德树人，计算机辅助外语教学的基础设施和环境构建，计算机辅助外语教学与外语教师教育，人工智能在教育领域的应用等多个话题，深入探讨语言教育领域的技术革新，分享全球新技术与外语教学的最佳实践，共同推动全球外语教育的数字化进程。[5]

2）2023（第二十二届）中国远程教育大会

2023 年 11 月 17 日，由中国高等教育学会、中国教育学会、中国成人教育协会、中国教育技术协会、国家开放大学指导，《中国远程教育》杂志社主办的"2023（第二十二届）中国远程教育大会"在北京举行。会议以"教育数字化与学习型大国建设"为主题，立足国家战略，从顶层设计、科学理念、实践探索等多个维度，进行多领域、跨学科、专题性的研讨与交流，推动中国终身学习、在线教育发展，传播教育新理念、新成果，助力教育数字化转型与学习型大国建设。来自全国各高校继续教育、成人教育学院，开放大学体系、职业院校以及行业企业的近 800 位嘉宾参会。[6]

3）我国网络教育办学实例纳入 ISO 国际标准

国际标准化组织（International Organization for Standardization，简称 ISO）正式发布 ISO/TR 29996《教育与学习服务 远程与数字学习服务 案例分析》国际标准。北京外国语大学网络教育办学实例作为全球唯一高校领域的案例纳入标准。案例涵盖"需求分析""理论框架""资源开发""教学实践""助学支持""学习评估"和"技术优势"环节，分别展现了北京外国语大学网络教育"以需求响应和可行性分析为核心的立项评估机制""以学习者为中心的教育生态学模型""基于'多模态、多媒体、多环境'教学理论的学习资源研发""基于人工智能和虚拟仿真技术的智慧外语教学实践""以实证研究为基础的全流程助学支持"及"形成性和终结性考核相结合的测评体系"等突出特征。国际标准化组织是世界上最大、最权威的国际标准化专门机构，所发布的标准被全球各领域组织广泛借鉴和参考。该标准由中国标准化研究院牵头，联合各国研制，历时两年，面向全球各行业征集远程与数字学习服务实践。北京外国语大学网络教育办学实例作为我国选送的先进案例成功入选，成为全球远程与数字化学习服务案例之一。[7]

二、热点问题剖析

本部分重点剖析 2023 年度我国网络外语学历教育教学在课程思政、资源和平台建设、教学模式、学习分析四方面的热点话题，以期为新时期网络外语学历教育教学理论和实践发展提供参考。

1. 课程思政

《高等学校课程思政建设指导纲要》要求"全面推进高校课程思政建设，发挥好每门课程的育人作用"。[8]《大学英语教学指南（2020 版）》提出英语课程应以立德树人为根本任务，以提高课程质量为抓手，对标一流课程建设要求，将课程思政理念和内容有机融入课程。[9]如何全面贯彻党的教育方针，将思想政治教育融入外语人才培养和专业课程教学过程中，探索具有网络教育特色、满足成人培养需要的外语课程思政模式具有十分重要的现实意义。2023 年也是网络教育外语课程思政研究和实践持续深入开展之年。

课程思政的内涵是实施课程思政的指引。网络教育外语课程思政的内涵是贯彻党和国家教育方针的具体要求，服务国家软实力提升和文化繁荣需求，结合网络教育办学特色、外语学科特点和课程性质，以成人学习者为中心，依托现代信息技术，将社会主义核心价值观融入大学英语教学全过程，培养具有专业素养、家国情怀和国际视野的跨文化国家建设者。基于此，网络教育外语课程思政的建设原则也应覆盖教学目标、内容、模式和评价等教学全过程：建立以"思政元素"为抓手的"教学目标、思政目标和人才培养目标三位一体"的教学目标；教学内容将外语知识技能与价值认同、文化自信、家国情怀、职业道德、法治意识等思政育人内容有机融合；充分利用信息技术优势，采用线上线下混合式教学模式；课程评价注重评价内容和评价主体多元化，将形成性评价和终结性评价相结合，并融入即时反馈技术，及时向学习者提供客观公正的评价反馈。[10]

除了理论探讨，网络教育外语课程思政的实践路径也值得关注。韩喜春等采用课例研究的方式，解构公共英语课程教材思政内容，拆解出人与自我、人与社会、人与国家三个人格发展维度和若干子类及具体培养项，将思政育人目标细化到单元学习的每一部分，使课程思政教学目标更清晰、更具操作性。[11]章婷婷等从教学实践中提炼出以学习成果为导向（Outcome-based Education，简称 OBE）的教学模式，以学习成果为依据确定教学目标，反向设计课程教学，并建立学习过程电子档案，开展多元化学习评价，将课程思政教学延伸至第二课堂，基于学习成果反馈持续改进课程思政教学设计与过程。[12]充分发挥现代信息技术优势也是网络教育外语课程思政的鲜明特征。穆思融立足多模态教学，通过数字化学习平台推送文字、音频、视频多媒体课程思政学习资源，实施线上线下混合式课程思政教学，引导学生在线讨论分享，课内、课外学习相结合，通过问卷星实时在线检测学习效果。整合运用现代信息技术手段，有助于网络教育外语课程思政教学融入文性、工具性、思想性于一体，达到协同育人的效应。[13]

全面推进网络教育外语课程思政建设，教师队伍是关键。但是，目前领域内外语教师课程思政意识和能力仍有待加强。应借助技术优势，组建全国和地方性的网络教育外语教师课程思政虚拟教研共同体，交流分享优秀外语课程思政教学案例，促进网络教育外语教师课程思政育人能力发展。此外，研制网络教育外语课程思政建设质量标准、评价体系和激励机制，健全课程思政研究和实践成果鉴定细则，作为教师考核评价、岗位聘用、职称晋升、评优奖励等的重要内容和指标，也将进一步提升教师课程思政教研的积极性和成效。[10]

2. 资源和平台建设

《中国教育现代化2035》强调构建服务全民的终身学习体系，推进教育资源数字化和普惠应用，促进人的全面发展。[14] 没有丰富的基础资源与先进的信息技术作为底层支持，网络外语教育教学就是无源之水、无本之木。

2023年，生成式人工智能技术的飞速发展对网络外语教育教学资源和平台建设提出了更高要求。随着结构化知识向数智化生成性知识转变，单向度的课程资源传输已经无法满足人工智能时代的学习需求，今后的资源和平台建设需要朝着智能、交互和个性化方向发展：研发沉浸式虚拟仿真课件，提供情景化和具身化外语学习体验；嵌入智能检索和推荐功能，参考学生学习风格和职业发展需求，推送个性化学习资源；借助智能人机交互，随时随地满足学生答疑解惑的需求；运用可视化导航技术，让学生精准掌握和自主调控个人学习行为，令其真正成为学习的主人。[15]

首都医科大学外语教学中心作为医学类成人大学英语教学平台，在网络学习资源和平台建设及应用方面作出了有益探索。平台设计融合外语教学特色和智能技术创新，将部分语言训练转为线上形式，成人学生利用碎片化业余时间完成学习任务，有助于缓和工学矛盾。平台的多模态模拟场景为学生提供了仿真的语言环境，助力英语听说能力提升。通过平台互动功能，学生能随时提问，教师可集中回复，有利于消除时空障碍，促进师生交互。平台资源不仅包含英语必修课程，还有供自选自学的医学英语微课、慕课和趣味听说资源，构成了医学英语在线课程群，拓展了成人学生的学习空间，提升了学生的医学外语人文素养。线上平台与线下课堂相得益彰，有助于提高成人学生的英语学习质量和学习效果。[16]

人工智能发展迅猛，我们也需有前瞻视角，提前规划，加强数字化赋能高质量网络外语教育教学资源和平台建设。有学者提出"AI+"终身语言学习资源的四类数字化、智能化发展路径，具有一定启示意义。第一类是人工智能辅助（AI-assisted）的终身语言学习资源，即利用智能化技术提供语言学习支持，如语音识别与生成可用于训练、评估发音和流利度；图像识别与标注有助于扩展词汇量，加深语境下语言的理解，并能提供可视化语言学习素材。第二类是基于人工智能（AI-based）的终身语言学习资源，主要利用人工智能的推荐算法和自然语言处理能力，通过分析学习行为数据，推送个性化语言学习资源、交互活动和辅助工具，如融媒体学习词典、个性化学习计划、自适应学习平台等，以持续优化学习路径，提高学习效果。第三类是人工智能陪伴（AI-accompanied）的终身语言学习资源，针对具体需求和问题，提供"终身陪伴"的互动学习资源，如虚拟语言伙伴和虚拟语言助教。第四类是面向人工智能（AI-oriented）的终身语言学习资源，包括人机对话、数据决策、数字素养及虚拟协作等数字化理解和表达能力。以上四类语言学习资源层级递升，人机融合程度不断深化，对语言能力的要求也逐层提高。目前，前两种资源和应用建设已初见成效，但后两类学习资源尚待充分关注和研发。[17]

3. 教学模式

2022 年，教育部启动实施了教育数字化战略行动，旨在通过信息化、数字化和智能化加速教与学的方式改变，提高教学效率，以高水平教育数字化引领教育现代化。2023 年，广大网络外语学历教育教师进一步加深学科教学与信息技术的互相融合，在教学模式数智化方面开展了诸多实验。

国家开放大学学士学位英语课程教学团队通过线上线下相结合、校内校外相结合、总部分部相结合的方式，建立了全体系、全流程、跨区域的学位英语网络教学模式，通过国开 APP 和学习平台有效开展教学互动，落实导学助考，引导学生明确学习目的，激发其学习热情，利用课程问题库和人工智能技术提升学习支持服务的即时性和效率。来自全国各地开放大学的师生在网络空间上就学位英语的教学、学习与考试等话题进行积极讨论，形成了一个成员众多、跨越地域、高度交互的教学共同体。今后，课程将基于自适应学习系统，加入人工智能与知识图谱技术，推进实施个性化教学，切实提升教学质量与效率。[18]

"多模态"是网络教育外语课程教学的年度高频词。朱政贤以人文英语系列课程为例，探讨中华优秀传统文化融入成人英语课程的多模态教学策略。[19] 胡恒、李琪尝试探索远程英语教学中文化自觉意识的多模态建构。[20] 唐绍清探究了多模态教学模式下英语专业学生核心素养的发展。[21] 智能信息时代，知识传递方式已然多样化，教学方式也应随之变革。在多模态教学模式下，教师运用文本、图形、声音、动画、影像等多种形式的资源调动学生多元感官，让学生在真实语境中开展体验式学习，促进深度理解和互动实践。基于建构主义学习理论的多模态教学整合设计，将知识理解与运用内植于信息转换、技术呈现的过程中，可以更真实、生动和有效地完成知识和能力构建。实践表明，学生在多模态教学模式下展现的学习活跃度和参与度均显著高于单一的面授教学模式。

技术赋能的多模态外语教学模式，极大改善了传统外语教学单纯依赖文字媒介的问题，也能为具有不同学习风格、需求和水平的成人学生提供个性化的学习选择。然而，这一优势的达成取决于科学周密的教学设计。目前的教学设计在落实个性化教学方面仍有较大提升空间。随着人工智能、大数据和虚拟现实技术的快速发展，数字化赋能已经成为个性化学习的重要支撑。未来可更深入挖掘人工智能优势，借助大数据技术，分析形成学生精准画像，定制"一人一课"的弹性化教学目标、内容和方法，更好地体现智能技术与教育融通后教学模式的生成性、灵活性和包容性特征，使网络外语学历教育教学更加便捷、高效、人性化。

4. 学习分析

近年来，网络外语学历教育学生人数大幅增长，针对数量众多的网络外语学习者开展大数据视角下的学习分析，运用数据阐释学习者的学习行为、轨迹、绩效，发现学习规律、特点和问题，适时提供促学干预和助学支持，对于推进网络外语学历教育教学高质量发展具有重要的实践意义。

目前聚焦网络外语学历教育学生学习行为分析的研究仍然较少，罗红卫等开展的大数据视角下的网络英语学习者行为建模是 2023 年度为数不多的相关研究之一，为大规模开放教育背景下网络外语学习行为的大数据分析提供了借鉴。基于国内外网络学习者模型标准的研究成果，研究者从网络英语学习者的个性特征出发，挖掘网络英语学习者学习偏好、学习交互、学习绩效等特点，建立由个人信息、学习方式、交互活动、学习绩效四部分组成的网络英语学习者行为模型，并据此对两万余名网络英语学习者展开大数据分析。研究发现，经济较为发达地区的网络英语学习者平均年龄普遍较低，移动学习成为年轻一代网络英语学习者所推崇的学习方式，且学习者更乐于接受视频、音频形式的学习内容。教学互动数据分析显示，师生交互密度仍有待提升，教师需要设计更具吸引力的互动话题和在线互动的手段。就学习结果数据分析而言，网络英语学习者的知识水平逐步提升，但课程重修者的学习绩效仍差强人意，因此对进度滞后学生的助学支持也是不容忽视的问题。[22]

借助智能技术的数据分析和精准建模，描绘学生数字画像，生成学习诊断图谱，为学生量身定制个性化学习规划，改变了以往成人外语教学不分年龄、不分学习基础、不分职业背景"一刀切"的弊端。将技术的智能分析与教育对象的差异特点融通，增强课程学习的适配度，将极大提高以"学习者为中心"的网络外语教学成效。因此，未来需要在加大研究力度的同时丰富数据分析维度，加入对学习者动机、能动性、元认知，乃至情绪的综合判断，为教、学、评、测提供更为全面和精细的目标对象数据依据。

三、部分论文文献信息 [1]

高尚，2023，新文科背景下开放大学公共英语课程思政建设研究 [J]，《湖北开放大学学报》(3)：11-17，60。

胡恒、李琪，2023，远程英语教学中文化自觉意识的多模态建构 [J]，《河北开放大学学报》(1)：19-23。

1　请于本书附录查看相关文献的详细摘要。

刘思宇、那达林、苏萍，2023，医学类成人大学英语教学平台的建设及应用——以首都医科大学外语教学中心为例 [J]，《现代职业教育》（35）：69-72。

罗红卫、杨育均、傅龙，2023，网络英语学习者行为建模：大数据视角下的学习分析——基于 20000 多名学习者的数据分析 [J]，《山东开放大学学报》（3）：4-12。

穆思融，2023，多模态教学模式下课程思政元素的融合与应用——以公共英语课程思政实践探索为例 [J]，《河北开放大学学报》（2）：24-28。

唐绍清，2023，英语多模态教学模式下学生核心素养发展探究 [J]，《河北开放大学学报》（2）：29-32。

徐梦真，2023，终身语言学习发展框架及数智资源建设研究 [J]，《终身教育研究》（3）：21-28。

章婷婷、陈彦彦、陈圆圆，2023，基于 OBE 理念的开放教育公共英语课程思政教学模式 [J]，《安徽开放大学学报》（2）：64-69。

张滢、王宇、徐晓茗，2023，高质量发展视域下国家开放大学学士学位英语教学困境与出路 [J]，《陕西开放大学学报》（4）：15-21。

朱政贤，2023，文化自信视域下中华优秀传统文化融入成人英语教学的策略研究——以国家开放大学人文英语系列课程为例 [J]，《新疆开放大学学报》（2）：32-36。

[1] 中华人民共和国教育部，2024，2023 年全国教育事业发展基本情况 [OL]，http://www.moe.gov.cn/fbh/live/2024/55831/sfcl/202403/t20240301_1117517.html（2024 年 3 月 10 日读取）。

[2] 中华人民共和国教育部，2022，教育部关于推进新时代普通高校学历继续教育改革的实施意见 [OL]，http://www.moe.gov.cn/srcsite/A07/moe_743/202208/t20220816_653132.html（2024 年 3 月 10 日读取）。

[3] 中华人民共和国教育部，2023，教育部关于印发《学习型社会建设重点任务》的通知 [OL]，http://www.moe.gov.cn/srcsite/A07/zcs_cxsh/202309/t20230914_1080240.html（2024 年 3 月 10 日读取）。

[4] 中国教育在线，2023，2023 年学习型社会建设（高等继续教育领域）重点任务名单公示 [OL]，https://cdce.eol.cn/news/361797.html（2024 年 3 月 16 日读取）。

[5] 中国英汉语比较研究会语言智能教学专业委员会，2023，我校成功举办 GLoCALL2023 学术年会暨 2023（第 19 届）语言智能教学国际会议！[OL]，https://www.chinacall.org.cn/conference2023/（2024 年 3 月 16 日读取）。

[6] 人民网，2023，聚焦教育数字化与学习型大国建设 第二十二届中国远程教育大会举行 [OL]，http://edu.people.com.cn/n1/2023/1120/c367001-40122229.html（2024 年 3 月 16 日读取）。

[7] 北京外国语大学新闻网，2024，北外网院办学案例纳入 ISO 国际标准 [OL]，https://news.bfsu.edu.cn/archives/303768（2024 年 3 月 16 日读取）。

[8] 中华人民共和国教育部，2020，教育部关于印发《高等学校课程思政建设指导纲要》的通知 [OL]，http://www.moe.gov.cn/srcsite/A08/s7056/202006/t20200603_462437.html（2024 年 3 月 18 日读取）。

[9] 何莲珍，2020，新时代大学英语教学的新要求——《大学英语教学指南》修订依据与要点 [J]，《外语界》(4)：13-18。

[10] 高尚，2023，新文科背景下开放大学公共英语课程思政建设研究 [J]，《湖北开放大学学报》(3)：11-17，60。

[11] 韩喜春、范蓉融、袁晶，2024，开放大学公共英语课程思政建设路径与实践研究 [J]，《河北开放大学报》(1)：17-21。

[12] 章婷婷、陈彦彦、陈圆圆，2023，基于 OBE 理念的开放教育公共英语课程思政教学模式 [J]，《安徽开放大学学报》(2)：64-69。

[13] 穆思融，2023，多模态教学模式下课程思政元素的融合与应用——以公共英语课程思政实践探索为例 [J]，《河北开放大学学报》(2)：24-28。

[14] 中华人民共和国教育部，2019，中共中央、国务院印发《中国教育现代化 2035》[OL]，http://www.moe.gov.cn/jyb_xwfb/s6052/moe_838/201902/t20190223_370857.html（2024 年 3 月 18 日读取）。

[15] 马媛媛，2024，开放大学英语课程数字化转型问题研究 [J]，《河北开放大学学报》(1)：34-38。

[16] 刘思宇、那达林、苏萍，2023，医学类成人大学英语教学平台的建设及应用——以首都医科大学外语教学中心为例 [J]，《现代职业教育》(35)：69-72。

[17] 徐梦真，2023，终身语言学习发展框架及数智资源建设研究 [J]，《终身教育研究》(3)：21-28。

[18] 张滢、王宇、徐晓茗，2023，高质量发展视域下国家开放大学学士学位英语教学困境与出路 [J]，《陕西开放大学学报》(4)：15-21。

[19] 朱政贤，2023，文化自信视域下中华优秀传统文化融入成人英语教学的策略研究——以国家开放大学人文英语系列课程为例 [J]，《新疆开放大学学报》(2)：32-36。

[20] 胡恒、李琪，2023，远程英语教学中文化自觉意识的多模态建构 [J]，《河北开放大学学报》(1)：19-23。

[21] 唐绍清，2023，英语多模态教学模式下学生核心素养发展探究 [J]，《河北开放大学学报》(2)：29-32。

[22] 罗红卫、杨育均、傅龙，2023，网络英语学习者行为建模：大数据视角下的学习分析——基于20000多名学习者的数据分析 [J]，《山东开放大学学报》(3)：4-12。

附录 2023 年度重要成果

【教学类】

Investigating critical language awareness pedagogy in China: A case study of a Chinese university EFL teacher

Chenggang Liang & Shulin Yu

Abstract: As a newly developed principle of language teaching, critical language awareness (CLA) has great potential to promote social justice through language learning. However, the implementation of CLA pedagogy in Chinese educational settings has not been fully explored yet. Informed by the theory of planned behavior (TPB), this case study investigated the implementation of CLA pedagogy in a Chinese EFL writing class by exploring the teacher's attitudes and perceived barriers, and how these factors influenced her intention to adopt the pedagogy. The analyses of multiple qualitative data sources (semi-structured interviews, classroom observations, teaching lesson plans, and course curriculum) revealed that the teacher's intention of adopting CLA pedagogy was positively affected by her high appraisal of CLA. Several challenges were also found to limit the teacher's choice of pedagogy, including the pressure from standardization examinations, the mismatch between the aims of CLA pedagogy and students' actual needs and expectations, as well as insufficient teaching materials and resources. Based on these findings, several implications were suggested for the research of CLA pedagogy in Chinese EFL contexts.

来源: *Language Awareness*, 2023: 1-19

我国基础德语教育发展简史

包俏俏

摘要：本文主要梳理了我国基础德语教育从洋务运动时期到 21 世纪初的发展概况，从学校类型、培养目标、教学大纲等方面系统呈现我国基础德语教育近 150 年的发展变迁。

来源：《现代职业教育》，2023 年第 10 期，第 133—136 页

高等职业教育外语教育发展报告（2009—2019）

常红梅　刘素琴　高新宁

摘要：本研究从教学标准体系建设、招生就业、人才培养模式、师资队伍、评价体系五个方面，对我国高职英语类专业在 2009—2019 年的发展情况进行全面总结与回顾。研究发现教学标准体系建设成绩显著，对规范、提高英语类专业人才培养质量起到了重要指导作用；招生规模稳中有升、就业质量势头良好、社会服务能力不断提升；具有鲜明职业特色的订单式培养、现代学徒制等人才培养模式逐渐形成；教师信息化教学能力、科研能力长足发展；课证融合、以赛促教等职业特色多元化评价体系逐步完善。在高等职业教育的新形势下，高职英语类专业应认清自身的成就与挑战，推动新时代高职英语类专业内涵式发展，为社会培养出更多高素质、复合型技术技能人才。

来源：《职业技术教育》，2021 年第 33 期，第 61—65 页

职业教育外语类专业目录修订解读

常红梅　王月会

摘要：《职业教育专业目录（2021 年）》的颁布，成为我国职业教育中职、高职专科和高职本科专业准入、建设和评价的重要依据。本文重点围绕外语类专业目录修订的背景和依据、主要内容和特点进行解读和说明，并提出实施建议，帮助各院校充分理解目录的内涵和要求，期待院校更好地将其贯彻落实，推动外语类专业高质量发展。

来源：《外语电化教学》，2021 年第 2 期，第 4，24—29，44 页

高职外语教育发展的成就、挑战与趋势

常红梅　王月会

摘要：本文对我国高职外语教育发展的成就、挑战和趋势进行全面总结和分析。在成就方面，高职外语教育的人才培养质量不断提升、非通用语种数量不断增加、标准体系建设成绩显著。同时，高职外语教育也面临着招生专业定位不清晰、专业交叉重复严重、校企融合不够深入、"双师型"师资队伍建设有待提高等挑战。本文从坚持立德树人、深化产教融合、深化人才培养模式改革、深化"三教"改革、服务国家战略五个方面提出了高职外语教育的发展趋势。

来源：《中国职业技术教育》，2021年第5期，第75—80页

服务"一带一路"建设的"外语+"高职多语种人才培养模式研究

常红梅　叶秀娟　穆洁华

摘要：随着国家对外开放进程的持续扩大，"一带一路"倡议深入推进，服务共建国家的多语种复合型人才需求逐步旺盛，多语种专业发展迎来黄金期。高职多语种专业数量有限，面向涉外商务、旅游等服务领域的多语种复合型人才供给存在不足。北京联合大学联合多所职业院校探索服务"一带一路"建设的"外语+"高职多语种人才培养模式，围绕西班牙语、泰语、越南语等多语种专业进行人才培养模式改革，形成相应成果，惠及师生和企业，发挥了示范引领作用，并获得2022年职业教育国家级教学成果奖二等奖。

来源：《中国职业技术教育》，2023年第25期，第91—95页

深度学习视域下SPOC外语教学模式应用研究

陈延潼

摘要：教育信息化的快速发展促使深度学习理论在外语教育领域引发更多关注。本研究在深度学习视域下构建了SPOC外语教学模式。该模式依据U型学习过程理论设计了课前还原下沉、课中体验探究、课后反思上浮三个

教学阶段，包含 12 项课堂教学活动。本研究进而阐述了 SPOC 教学模式在大学英语教学中的实际应用与效果，期望能够促进我国大学英语教学改革。

来源：《外语界》，2023 年第 4 期，第 91—96 页

虚拟仿真实验教学的本科生外语运用能力培养效能研究

陈忆浓　张玉双

摘要：信息技术的快速发展促使虚拟仿真技术在外语教学中逐步兴起，但是虚拟仿真技术在外语教学中的效能研究仍然鲜见。本研究通过问卷调查和访谈方法，考察虚拟仿真实验教学对本科生外语运用能力培养的作用效能。研究发现，虚拟仿真实验教学的多维特征对学习者外语运用能力的培养具有显著的正向影响，学习投入在虚拟仿真实验教学特征与学习者外语运用能力之间具有中介作用，交互方式多样性对外语运用能力具有显著的正向调节效应。本研究最后从交互方式、教师素养、保障力度等方面，提出了通过虚拟仿真实验教学有效提升本科生外语运用能力的相关启示。

来源：《外语界》，2023 年第 6 期，第 89—96 页

新课标下的真实英语教学：内涵、价值及实施建议

程晓堂　王瑶

摘要：语言教学的真实性一直是外语和第二语言教学研究者和实践者关注的焦点问题之一。真实英语教学涵盖真实语言材料、真实任务、真实课堂话语和真实语言课程等重要概念。开展真实英语教学可以激发学生的学习兴趣和动机，培养学生的真实语言运用能力，发展学生的问题解决能力。为实现真实英语教学，教师应该使用真实语言材料，采用真实任务和真实活动，开展真实英语评价。

来源：《课程·教材·教法》，2023 年第 8 期，第 116—122 页

试论中职日语教学构建"学习共同体"

戴冰

摘要：在不断改革中职教学模式的过程中，"学习共同体"的优势逐渐凸显，基于"学习共同体"的中职日语教学成了一个新的教研命题。本文从"学习共同体"的概念解读与优势分析切入，试论中职日语教学构建"学习共同体"，提出"明确师生角色""完善制度保障"等策略，希望能为中职日语教师提供一些思路，使其通过科学、先进的"学习共同体"有效深化日语教学，帮助学生打磨专业技能，发展综合能力。

来源：《学周刊》，2023年第34期，第25—27页

一流本科专业建设背景下外语混合式教学初探
——以"基础德语"课程为例

范黎坤

摘要：信息技术与高等教育在"互联网＋"背景下的深度融合催生了混合式教学。为提升教学效果，本文以内容语言融合教育理念为指导，基于探究社区模型，从教学模式、教学资源、教学活动和评价体系四方面提出"基础德语"课程混合式教学的改革思路和方案。教学实践表明，该模式有利于实现语言技能和学科知识的同步增长，激发学生的学习动机和学习信心，对于提升其自主学习能力和协作沟通能力具有促进作用。

来源：《黑龙江教育（理论与实践）》，2023年第7期，第6—9页

"四新"建设背景下专门用途英语课程跨学科合作教学模式探究
——以复旦大学学术英语（医学）课程为例

范烨　孙庆祥　季佩英

摘要：为更好地服务国家"四新"建设，复旦大学大学英语教学部创新了专门用途英语授课模式，首次联合基础医学院为基础医学专业学生开设由双方教师协同授课的学术英语（医学）课程。本文分析了学术英语（医学）课程的跨学科合作背景、教学目标、教学团队构建、课程设计和师生反馈，

并提出了 ESP 课程跨学科联合授课模式框架和完善方向。

来源：《外语界》，2023 年第 5 期，第 8—15 页

核心素养视域下高中生日语学习者的文化意识培养课例研究
高怀冰

摘要：本文在概述实施日语实践活动教学课例的基础上，提出通过"确定故事内容要点—丰富故事内容—讲故事"三个阶段，从"讲好中国故事"层面实现日语学科核心素养中文化意识的培养。这三个阶段的实施是依靠日语实践活动"理解与梳理""表达和交流""探究与建构"的主要路径完成的。

来源：《中等日语教育》，2022 年第二辑，第 47—55 页

基于英语学科的高中生文化理解力的内涵、价值与培养策略
高琦悦　刘鹏

摘要：基于英语学科的高中生文化理解力指的是高中生对英语学科所蕴含的中外文化的理解能力，其价值体现在助力高中生英语听、说、读、看、写语言技能的提升，加强高中生对中华优秀文化的认同和传承，促进高中生的跨文化交际与传播。为培养基于英语学科的高中生文化理解力，教师要扩充学生的中外文化知识，奠定其文化理解基础；研读英语教材语篇，深挖语篇文化内容；依托单元文化主题，开展项目化学习；组织丰富的文化活动，增强学生的文化体验。

来源：《课程·教材·教法》，2023 年第 10 期，第 105—110 页

基于核心素养的中职日语教学探析
顾丛蔚

摘要：核心素养的提出规定了学生在文化基础、自主发展、社会参与方面素养的发展。本文从解析核心素养内涵出发，结合当前中职院校日语教学现状，明确核心素养培养对中职院校日语教学在语言能力、文化意识、思维

品质和学习能力中的重要意义，并通过教学案例进一步探索如何在课堂教学中培养学生的核心素养。

来源：《新课程教学（电子版）》，2023年第3期，第168—169页

英语文化意识教学的内涵、价值与实施路径

郝俊勇

摘要：开展英语文化意识教学，可以让学生在了解与辨识、学习与探索中加深理解与认同，在理解与表达、尝试与调整中促进包容与交流，在感知与热爱、欣赏与理解中增进领会与尊重。在开展英语文化意识教学时，教师应以单元主题为统领，开展单元整体文化意识教学；以活动为依托，在具体情境中陶冶文化情感；深入体认文化意蕴，以进阶活动提升学生的综合能力；开展多元教学评价，及时进行自我反思与调整。

来源：《课程·教材·教法》，2023年第6期，第119—124页

西部高校大学英语在线课堂互动质性研究

侯俊霞 苏芳 陈颖 张燕 胡志雯

摘要：本研究采用质性研究方法，以西部某高校"基础英语"课程为研究场域，分别对该校5位教师及216名学生的在线教学过程进行整体描述和深入分析。研究发现，大学英语在线课堂互动呈现"无声"文字互动与"即时和延时"反馈相结合的特征，打破了传统的"一对一"互动模式，学生可以同时"自由表达"，促进了多元主体的有效互动，实现了不同物理空间的共同在场，促使学习真正发生，使得学习环境从受限到赋能。该特征的形成是互动主体与环境之间不断协商的结果，是学习者由被动沉默到主动表达的求变过程，以及教师从"唱独角戏"到寻找突破口的主动探索过程。本研究建议在实现线上教育资源均衡配置的同时，重视在线课程互动设计及相关研究，同步推进课堂革命，使之达到"实质等效"的教学效果。

来源：《外语电化教学》，2023年第2期，第30—35页

远程英语教学中文化自觉意识的多模态建构

胡恒　李琪

摘要：为回应新时代外语教育的责任担当，远程教育英语课程应发挥教育技术优势，借由多模态教学设计，全方位建构语言文化学习环境，触发学习者文化自觉意识。本文提出，在多模态课程教学理论指导下确立教学框架及教学步骤，并将文化自觉意识的培养通过教学环节设计内嵌于教学过程中；同时，应考虑语言材料的调整及转向，使学习者在潜移默化中领会文化差异、唤醒文化自觉、建立文化自信。

来源：《河北开放大学学报》，2023年第1期，第19—23页

新文科视域下经贸类高校法语专业建设研究

李梦磊

摘要：新文科视域下经贸类高校法语专业的目标定位应服务国家"一带一路"贸易畅通倡议，培养复合型法语人才；增强跨学科融合，联合院校优势学科催生新的学科增长点；推动专业创新，搭建宽广度授课体系，创新跨专业融合经贸课程内容；为学生未来发展作好顶层设计，建立系统化职业规划体系。然而，当前经贸类高校法语专业面临专业规划未能凸显人才培养优势，课程建设无法对接学生就业需求，师资储备难以满足复合发展目标的问题。基于新文科"跨学科融合"培养人才的逻辑内涵，经贸类高校法语专业人才培养要明确人才培养目标，规划专业特色融合发展，丰富模块课程安排，增强学生的商务实践能力；完善团队师资储备，提升教师的教学能力素养。

来源：《教育理论与实践》，2023年第18期，第51—55页

医学类成人大学英语教学平台的建设及应用
——以首都医科大学外语教学中心为例

刘思宇　那达林　苏萍

摘要：本文介绍首都医科大学外语教学中心作为面向成人学生的在线

学习平台的建设和应用情况。针对成人学生在医学类成人学历教育中面临的实际问题，平台建设之初规划了功能设计思路，通过线上线下混合式教学模式，利用信息技术手段，提供了便捷和优质的教学资源，并据此设计了功能模块。此外，本文还介绍了外语教学中心的教学应用，包括利用线上教学内容和补充教学资源，满足不同学生的需求。这种在线学习平台的建设和应用经验可以为类似平台的发展提供参考。

来源：《现代职业教育》，2023年第35期，第69—72页

初中日语网络课堂教学实践探索

陆文芳

摘要：新冠疫情初期，中学日语教学按照教育部门要求实行了网络课堂教学。相比于传统课堂，网络课堂对网络硬件和软件有较高要求，在授课效果方面存在亲历感较弱、互动效果相对不佳等缺点。针对此类问题，本文以日语线上公开课"樱花——四月的风物诗"为例，从创设情境、发散思维、课后延伸三个层次逐渐递进，进行网络授课实践初探，克服了网络课堂互动性不足的缺点，达到了较好的授课效果。

来源：《中等日语教育》，2022年第二辑，第171—177页

高职阶段通用英语词汇表编制及使用建议

马俊波 凌双英 周瑞杰 王朝晖

摘要：本文介绍了《高等职业教育专科英语课程标准（2021年版）》词汇表的词汇总量、词汇来源、收词单位的确定原则及选词过程，并针对该词汇表的特点尝试提出"根据词汇表安排教材的生词""基于词汇表判断选材的难度""教授必要的构词方法"和"补充必要的词汇信息"四条使用建议，以期发挥该词汇表在高职英语教学中应有的作用。

来源：《外语教育研究前沿》，2022年第1期，第37—42页

大学朝鲜语教学中的中国文化融入研究——以词汇为中心

朴贵花　巨传友

摘要：本文以大学朝鲜语课程为研究对象，探讨中国文化融入大学朝鲜语课程词汇教学的范畴、途径及其与教学提升的关系。本文对汉字词、固有词、外来词三种类型的词汇教学应如何融入中国文化进行研究。通过教学实践及调查发现，与韩国及韩国语有关的中国文化元素，有利于培养学生的中国文化素养和文化自信，激发其学习兴趣，提高教学效果，最终实现"语言工具性"和"文化人文性"的有机统一。

来源：《韩国语教学与研究》，2023年第1期，第110—117页

基于平行语料库的汉朝翻译教学模式研究

朴艺丹

摘要：随着大数据时代的到来，以语料库为工具对语言进行研究的语料库语言学，在语言研究的诸多领域受到广泛关注，且日益彰显其价值和发展潜力。在语料库语言学观照下，本文自建服务朝鲜语专业学生翻译需求的教学平行语料库，探索语料库与翻译教学的结合。构建基于平行语料库的汉朝翻译教学模式，不仅有助于提高汉朝翻译课堂的教学效率，也有利于提高学生的翻译能力和实践能力。

来源：《中国朝鲜语文》，2023年第1期，第67—76页

社会文化理论指导的大学英语课程思政教学有效性研究路径

秦丽莉　赵迎旭　高洋　王永亮

摘要：课程思政作为新兴的教学理念已成为当今大学英语教学改革与创新的核心议题。基于文献梳理，本研究结合大学英语课程思政内涵和社会文化理论中的情感体验（perezhivanie）概念，尝试设计大学英语课程思政教学有效性调研问卷。随后，本研究依据活动理论框架，提出关于大学英语课程思政教学有效性及其影响因素的理论框架，并进一步结合定性和定量研究方

法勾勒出实证研究的路径框架。本研究可以为探究课程思政教学有效性的实证研究提供新思路和新方法。

来源:《解放军外国语学院学报》,2023 年第 1 期,第 78—86 页

英语多模态教学模式下学生核心素养发展探究
唐绍清

摘要:英语核心素养教育以核心素养的发展为导向,旨在激发学生的学习积极性,培养学生在特定情境下的语言理解和表达能力,提升学生的文化意识和思维品质。职场英语核心素养教育即是要运用英语多模态教学模式,培养学习者的语言能力、文化品格、思维品质和学习能力,促进英语学科核心素养的形成,并使学生具备必备的品格和能力,实现人与社会的协调发展。英语多模态教学模式和素养教育理念将引领英语学科育人模式的全面改革。

来源:《河北开放大学学报》,2023 年第 2 期,第 29—32 页

多模态法语阅读教学对高中生阅读动机的影响
王静漪

摘要:阅读是接收信息的重要手段,是学习法语的关键技能之一。随着科技的发展,人类获取信息的方式已不再局限于单一的文字阅读,而是通过视觉、听觉等多种模态一起进行。多种模态的运用不仅可以使信息表达更为全面,还能吸引对话者的注意力,并激发他们的兴趣。因此,本研究在中国人民大学附属中学法语阅读选修课中加入了多模态阅读教学单元,并采用问卷调查、前后测和访谈等研究方法,分析该教学法对学生阅读动机的具体影响。研究结果证实了多模态教学法的积极效果,也为后续的多模态阅读教学提供了参考。

来源:《法语国家与地区研究》,2023 年第 4 期,第 57—67 页

指向课程协同育人功能的英语跨学科主题学习
——定位、内涵、理念、目标、要求及价值
王蕾　刘诗雨

摘要：《义务教育课程方案（2022 年版）》强调义务教育课程应遵循"加强课程综合，注重关联"这一基本原则，英语跨学科主题学习是指向这一原则的教学方式。本文在分析英语跨学科主题学习学科定位的基础上，探讨英语跨学科主题学习的概念内涵、基本理念、培养目标、具体要求，以及开展英语跨学科主题学习的价值，旨在阐明英语跨学科主题学习对落实课程目标、强化课程协同育人功能的意义。

来源：《教学月刊·中学版（外语教学)》，2023 年第 Z2 期，第 3—10 页

外语专业人才的国际传播能力内涵与培养路径
王欣

摘要：国际传播能力是新时代对高校人才培养提出的显性要求，具有广泛的适用性。对外语专业而言，高级写作能力、对外翻译能力以及跨文化沟通能力是国际传播能力的重要内涵。其培养路径包括基于固本守正的新文科跨学科融合，以及师生学术共同体的建构等。

来源：《外语教学理论与实践》，2023 年第 3 期，第 1—8 页

我国中学德语教材跨文化能力培养模式探究
——以教材《WILLKOMMEN》为例
王雅芝

摘要：本文旨在对我国首套按照《德语课程标准》编写的中学德语教材《Willkommen》C1 和 G1 两册进行实证分析，以促进师生在中学德语课堂中更好地运用该教材进行跨文化能力培养。为了达到这一研究目标，本文包括三个研究问题：1）我国中学德语教材的跨文化能力培养模式主要包含哪几个维度的内容？ 2）我国中学德语教材的跨文化能力培养模式的特色是什么？3）如何评价我国中学德语教材中的跨文化能力培养模式？通过分析，本文

构建了我国中学德语教材跨文化能力培养模型，包含情感、认知、行动导向三个维度，并结合课程标准要求阐述了通过教材来实现的建议途径。

来源：硕士学位论文，2023年，北京外国语大学

高职英语多维混合式教学模式研究
——基于《高等职业教育专科英语课程标准（2021年版）》的校本视角

肖桂兰 曹兰 李霄翔

摘要：为落实《高等职业教育专科英语课程标准（2021年版）》的要求，本文基于校本实践提出了围绕教学目标、教学内容、教学方式和手段、实践教学、教学评价、教学管理平台等维度的高职英语多维混合式教学模式，探讨了该模式的构建原则、框架和实施路径。高职英语多维混合式教学模式旨在建立开放、交互、合作的教学环境，促进新时代高职技术人才培养提质增效。

来源：《外语界》，2021年第5期，第16—22页

教育生态背景下高中日语教育学情分析及策略研究

徐惠君 黄燕青

摘要：高中日语教育生态和高等日语教育生态都是教育生态系统的组成部分，两者之间存在着由简单向复杂演替的关系。本研究以F省开设日语课程的高中为调研对象，以问卷及访谈为调查方式，在了解学校情况、考试制度、教材选用、课时分配的基础上，分层次、多元化地考察和分析高中日语的学情现状，并针对调研结果提出相应的优化策略。

来源：《集美大学学报（教育科学版）》，2023年第5期，第74—80页

高职阶段行业英语词汇表编制及"四用"教学原则的实施

许家金

摘要：《高等职业教育专科英语课程标准（2021年版）》是当前及今后相当长时间内职业英语教育的重要行动纲领。在行业英语词汇遴选方面，虽然

确定了各阶段的词汇量，但各行业的具体收词尚缺乏依据，对于如何教授职业英语特色词汇也缺乏指导。本文提出"真材实用、优选常用、单词连用、情境活用"的"四用原则"，基于行业英语语料库自动提取高职英语词汇，确立词汇表，并建议围绕典型短语搭配和职业场景编制词汇教学材料、组织课堂教学和设计学业测评任务。本文基于酒店行业英语词汇的筛选和教学转化开展案例剖析。

来源：《外语教育研究前沿》，2022年第1期，第43—49页

"双减"政策下中学德语小班多样化作业探究

杨晓

摘要：随着《关于进一步减轻义务教育阶段学生作业负担和校外培训负担的意见》落地，各地多措并举落实"双减"要求。本文探讨新课标改革背景下如何改变传统上机械性、重复性的课堂课后作业，然后从作业的要求、形式以及设计策略等方面入手，构建多样化作业模式，并就其如何应用于七年级德语作为第一外语的小班教学提出了相关建议。

来源：《外语教育与翻译发展创新研究》，2023年第13期，第139—141页

高质量发展视域下国家开放大学学士学位英语教学困境与出路

张滢　王宇　徐晓茗

摘要：开放大学现在正处于面向高质量发展的转型升级阶段。学士学位授予质量是检视开放大学教育质量的重要指标，学位英语是关键内容。自2019年全面推出国家开放大学学士学位英语考试以来，考试通过率一直处于较低水平，学位授予率更低。面对这些问题，本文分析了开放大学学士学位英语教学面临的挑战。研究发现，学习者的英语语言知识较为薄弱，且在学习动机系统、学习策略、学习技能、学习深度以及信息素养、时间管理和交互能力等方面存在不足。另外，在学位英语课程设置、课程内容、教学组织与实施、资源开发与应用、教学支持与服务方面也有不少短板。本文提出基

于课程教学团队开展教学改革，精准描绘学习者画像，调整优化课程体系等建议，以提升学位英语教学／考试质量，推动学位授予提质创优，促进开放大学改革与发展。

来源：《陕西开放大学学报》，2023年第4期，第15—21页

文化自信视域下中华优秀传统文化融入成人英语教学的策略研究
——以国家开放大学人文英语系列课程为例

朱政贤

摘要：本文通过厘清中华优秀传统文化与文化自信及成人英语教学的关系，分析中华优秀传统文化如何融入成人英语教学现状及其影响因素，进而提出在英语课程教学实践中强化中国英语教师双重文化身份、引导成人学生加强对中华优秀传统文化的学习、补充中华优秀传统文化内容、运用多元教学素材与课堂组织形式、改进考核评价内容等五个教学策略，以实现加强语言技能，提升人文素养，树立文化自信的多元目标。

来源：《新疆开放大学学报》，2023年第2期，第32—36页

【学习类】

语法体系对日语学习者初级语法习得效果影响的实验研究

蔡妍 林璋

摘要：本研究采用准实验研究法，以学校语法与日语教学语法为理论框架，探讨不同语法体系的日语学习者在初级核心语法项目上的习得效果差异。实验结果表明，与日语教学语法的学习者相比，学校语法的学习者在形容词活用的反应速度，动词活用的正确率，格助词使用的正确率、多样性和复杂度上表现得更加优秀。这与学校语法教学方式的显性程度、不同语法体系带来多义词习得模型不同等因素密切相关。

来源：《高等日语教育》，2023年第1期，第39—49页

<

第二外语法语在线学习投入内在作用机制研究——网络自我效能的调节作用

惠晓萌　冯晓丽

摘要： 本研究以 471 名第二外语为法语的英语专业大学生为研究对象，采用结构方程模型，从情感投入、认知投入和行为投入三个维度，探究二外法语在线学习投入的内在作用机制及其与网络自我效能的关系。研究发现：1）情感投入和认知投入对行为投入有直接显著的正向影响；2）情感投入对认知投入有显著正向的预测作用；3）网络自我效能在情感投入与行为投入之间起调节作用。研究结果有助于了解二外法语在线学习投入内在结构的作用机制，为改善相关教学提供参考。

来源：《外语教学与研究》，2023 年第 3 期，第 385—396 页

文化对外传播视域下高校外语专业学生文化自信现状调查研究——以法语专业为例

李海南　曹帅

摘要： 本研究基于文化自信的生成机制，从文化认知、文化认同、文化行为实践三个维度，对国内 9 所高校的 436 名法语系学生进行问卷调查，以了解在文化对外传播视域下高校外语专业学生的文化自信现状。结果表明：1）学生文化自信现状总体情况良好；2）学生在文化自信各个维度的表现并不均衡，呈现"认同高、认知不足、行为实践能力弱"的特点，其中，学生"情感认同"最为强烈，"语言传播"能力最弱；3）性别、学生干部任职经历、政治面貌、院校类型、成长环境均会对学生的文化自信表现产生影响。基于以上发现，本文从教学素材、教学方法、师资培养等方面提出可行性建议，着力于加强培养学生行为实践层面的能力，进一步促进文化对外传播，"让世界读懂中国"。

来源：《外语电化教学》，2023 年第 5 期，第 32—39 页

基于依存树库的中国德语学习者书面语句法复杂度发展研究

李媛 郑雅文

摘要：句法复杂度可以有效预测写作质量，是衡量外语学习者书面语产出的一个关键指标。本文依托依存语法理论，采用平均依存距离作为句法复杂度测量指标，从自建的中国德语学习者语料库（CDLK）中选取初一至高二五个年级学生的180篇记叙文，通过标注建立研究用依存树库，计算具有依存关系的词汇间的线性距离，以探究学习者书面语句法复杂度的发展路径并试析其原因。研究表明，在初中阶段，学生书面德语的句法复杂度随年级升高进步显著，但高中阶段不再有显著变化。这与德语教学输入直接相关，同时也体现了复杂动态系统下语言发展从一个吸态到另一个吸态的非线性变化过程。本文建议，在高年级阶段，师生仍应对句法结构加以重视，注重句法复杂结构的练习、积累和运用。

来源：《德语人文研究》，2023年第2期，第50—59页

网络英语学习者行为建模：大数据视角下的学习分析
——基于20000多名学习者的数据分析

罗红卫 杨育均 傅龙

摘要：教育大数据为大规模开放教育背景下的网络英语学习行为的精细化分析提供了可能。本研究从网络英语学习者的个性特征出发，发掘网络英语学习者学习偏好、学习交互、学习绩效等特点，建立由个人信息、学习方式、交互活动、学习绩效四部分组成的网络英语学习者行为模型。基于此模型，本研究针对24,528名网络英语学习者展开大数据分析。研究发现，经济较为发达地区的网络英语学习者平均年龄普遍降低，移动学习成为年轻一代的网络英语学习者所推崇的学习方式，且学习者更乐意接受视（音）频形式的学习内容。如何设计更具吸引力的互动话题、在线互动方式和手段，以及如何加强对网络英语课程重修的学习支持仍然需要深入探讨、反思。

来源：《山东开放大学学报》，2023年第3期，第4—12页

在线学习环境与俄语学习动机和学习成效的特征及关系

王钦香　韩佶颖

摘要：本研究以基于云虚拟技术的同步在线学习环境为背景，探究俄语专业大学生所感知的在线学习环境与学习动机和学习成效的特征及关系。本文通过对 387 名俄语专业大学生进行问卷调查发现：学生对同步在线学习环境下师生互动、同伴互动和学生参与度有较高认可度，对自我效能感、主动学习和自主学习能力的评价也较高；自我效能感、主动学习和自主学习能力与师生互动和学生参与度呈正相关，与同伴互动呈负相关。本研究可为有效提升俄语在线学习成效、提高在线教学质量提供参考和借鉴。

来源：《中国俄语教学》，2023 年第 4 期，第 88—95 页

英语结构化新知的认知机制与生成路径

俞聪妹　黄远振

摘要：英语结构化新知即围绕主题意义在已知与新知之间建立关联而构成的新知识。结构化新知的认知机制由"建构—内化—使用"三要素搭建而成，三要素之间存在递进性、关联性和整体性。在主题探究与分类思维中建构新知、在词义概括与循证学习中内化新知、在写我所读与致知践行中使用新知，是结构化新知内化于心、外化于行的教学路径。

来源：《中小学外语教学（中学篇）》，2023 年第 10 期，第 9—14 页

中国日语学习者屈折词加工中的词缀位置效应

张鹏　朱虹

摘要：词缀位置影响派生词加工已形成共识，但其是否也影响屈折词加工以及如何影响则尚待验证。本研究以日语动词中、后缀为对象，旨在通过对比词汇加工机制及其神经表征，探讨中国日语学习者屈折词加工中的词缀位置效应。结果表明：1）日语中、后缀屈折词的加工速度及正确率无差异，词缀位置不影响加工机制；2）中、后缀屈折词加工均诱发了 N/P150 和 N250，显示它们的神经表征一致趋向形态分解。N250 激活脑区的扩大进一

步说明，形态分解可能不仅源自程序性记忆系统激活，同时也与陈述性记忆对显性规则的提取有关。研究明确了语言特征对词缀位置效应的影响，也为研究二语记忆系统的形态—句法加工机制提供了新证据。

来源：《现代外语》，2023年第6期，第841—852页

基于时间词联想场的汉俄语言意识和时间认知模式对比研究

赵秋野 陈美玉

摘要：语言意识具有民族性，反映了不同民族的语言文化特点和认知方式，是揭示不同民族语言文化独特性的研究手段。由于各个民族的时间认知存在差异，本文依据俄罗斯心理语言学框架下的语言意识理论，借助自由联想实验方法，表征中俄大学生语言意识中汉俄时间词联想的民族文化特点，尝试揭示其联想内容异同并阐释原因，描写中俄大学生时间认知模式，以期为民族心理语言学、认知语言学、语言文化学、语言类型学研究提供启示。

来源：《解放军外国语学院学报》，2023年第4期，第93—101页

【教师类】

The emotions of teachers teaching German in Chinese secondary schools

Fei Lian, Yuan Li & Jian Tao

Abstract: As part of the continued effort to advocate multilingual education, China has recently included German, French, and Spanish as subjects in secondary education. Secondary teachers teaching these languages other than English (LOTE) may confront new challenges and opportunities, potentially making their professional lives emotionally intense. We therefore take teachers teaching German in Chinese secondary schools as examples and examine their emotions, including the emotion types and the reasons behind those emotions. Using a mixed method, the study surveyed 136 Chinese German teachers nationwide, and then conducted follow-up interviews with 20 participants. The study reveals that Chinese German teachers experienced more positive emotions than negative ones. The positive emotions were mostly associated with positive interactions in their school settings, followed by their teacher knowledge, interests, and personality, while opportunities created by the development of the German subject constituted an additional factor. Implications for how to enhance LOTE teachers' emotional experiences are discussed.

来源: *Porta Linguarum*, 2023, 8: 151-168

Exploring contradiction-driven language teacher identity transformation during curriculum reforms: A Chinese tale

Kailun Wang, Rui Yuan & Icy Lee

Abstract: The existing literature in TESOL has revealed the multilayered, dynamic, and situated nature of teacher identity, but how language teachers construct their identities during curriculum reforms receives relatively limited attention, particularly in the context of teaching English for specific purposes (ESP). Theoretically anchored by the notion of contradiction in activity theory, this study investigates an ESP teacher's identity transformation in a Chinese university. Drawing on data from semi-structured interviews, classroom observations, and artifacts (policy documents and course materials), the findings reveal that the participant constructed her identities including "a skiff drifting in the dark", "an optimistic warrior", and "a nonconformist" through the teaching reform mediated by the corporatized culture and accountability system in higher education. The process of identity transformation was accompanied by her identity-driven efforts to resolve various contradictions and seek the delicate equilibrium between her agency and object-oriented reform. The study offers practical recommendations on teacher development and curriculum reforms for both language teachers and other stakeholders (e.g., teacher educators and school leaders) in different educational contexts.

来源: *TESOL Quarterly*, 2023: 1-32

Chinese EFL university teachers' perceptions of culture teaching and their pedagogical practices

Lihua Qian

Abstract: The paper investigates Chinese university EFL teachers' beliefs about culture teaching and their instructional practices in classrooms. A qualitative approach, combining interviews and classroom observations, was conducted with a group of 38 university EFL teachers in Shanghai, China. The findings reveal that culture teaching is perceived mainly as presenting factual information relating largely to products, less to practices and, in particular, perspectives, that the role of culture in EFL varies, depending on the nature of the course, students' language competence, and teachers' cultural awareness and competence, and that teachers lack explicit knowledge of culture theory as well as pedagogical skills.

来源: *Language and Intercultural Communication,* 2023: 1-14

Understanding English-as-a-foreign-language university teachers' synchronous online teaching satisfaction: A Chinese perspective

Peijian Paul Sun & Xinran Luo

Abstract: In a context where synchronous online teaching has become a new trend of instruction for online education due to the COVID-19 pandemic, it is valuable and insightful to examine what factors contribute to teachers' satisfaction with synchronous online teaching. Informed by the technology acceptance model (TAM), this study investigated English-as-a-foreign-language (EFL) university teachers' synchronous online teaching satisfaction in China from social (i.e., subjective norms), institutional (i.e., facilitating conditions), and individual (i.e., self-efficacy, attitudes toward use, perceived usefulness, and perceived ease of use) levels during the COVID-19 pandemic. A total of 250 in-service EFL university teachers participated in this study. An online questionnaire was adaptively developed to measure teachers' perceptions of and satisfaction with synchronous online teaching. The structural equation modelling (i.e., path analyses) was performed to find out a model that can best represent EFL university teachers' synchronous online teaching satisfaction. The results showed that facilitating conditions, self-efficacy, attitudes toward use, and perceived usefulness are direct contributors to EFL university teachers' satisfaction with synchronous online teaching. Whereas, perceived ease of use, self-efficacy, and subjective norms are indirect contributors through the mediation of attitudes toward use. Moreover, different from previous TAM research, facilitating conditions have been found to be the most significant direct factor positively contributing to satisfaction. The findings of this study are expected to shed light on how to enhance teachers' synchronous online teaching satisfaction.

来源: *Journal of Computer Assisted Learning*, 2023, 40: 685-696

Becoming feedback literate: A case study of a Chinese university EFL teacher

Xiaosa Li & Ping Ke

Abstract: Teacher feedback literacy (TFL) is an important aspect of teacher professional development and can exert a huge impact upon student learning. However, it has not received sufficient attention from higher education researchers or feedback researchers. This study reports a novice Chinese university EFL teacher's efforts to develop her feedback literacy as both feedback provider and feedback receiver. Data from multiple sources reveal that the subject teacher's feedback-receiving and feedback-giving practices underwent an evolution over the course of five years, and that the evolution was a product of teacher agency, workplace support, reflective practice, community-based learning and individual learning. This study contributes to feedback research and teacher further education by highlighting the interconnectedness between feedback-receiving and feedback-giving and the interplay between individual, contextual and social cultural factors in TFL development.

来源: *The Asia-Pacific Education Researcher,* 2023, 33: 471-479

英语教师心理韧性结构的个案研究

褚文秀 刘宏刚

摘要: 随着积极心理学的发展, 心理韧性近年来成为外语教师心理研究的新议题。本研究以八位高中英语教师为研究对象, 采用质性个案研究方法探究教师心理韧性的结构特征和影响因素。研究发现, 英语教师身处复杂的教育形势, 会发挥韧性回应和处理教学挑战和压力, 在专业、情感、社交和动机维度上展现出多维具体的韧性特征。教师心理韧性受教师价值追求、情感态度、教育目标及其所处环境中重要他人、高考、英语课改等多种因素的影响, 在回应社会文化价值观念带来的潜在压力过程中逐渐显现和发展。

来源:《外语研究》, 2023 年第 5 期, 第 71—76 页

研究型优秀中学外语教师的养成: 拓展学习理论视角

崔琳琳 杨鲁新 雷霞辉

摘要: 如何提升优秀中学外语教师的科研素养已经成为教师教育领域的重要议题, 然而相关实证研究非常有限。本研究以拓展学习理论为指导, 以一位参加北京市中小学名师发展工程的高中英语教师——慧老师为个案, 历时近四年半, 收集了访谈、课堂观察以及文本资料等多种数据, 旨在挖掘慧老师在做科研课题的过程中遇到的矛盾与挑战及其应对策略, 探究其科研素养的养成过程。本研究发现, 研究型优秀教师科研素养的提升是突破重重困境, 反思至行动至再反思至再行动的拓展循环历程。本研究表明, 助推一位优秀教师成为科研型教育者的因素是多重的, 包括教师的能动性和反思探究能力、关键人物的引领以及学习共同体的推动。

来源:《基础外语教育》, 2023 年第 4 期, 第 22—28 页

中国高校多语教师信念与教学实践研究

范临燕

摘要：本研究通过半结构式访谈，对中国 10 位高校多语教师进行了深度访谈，旨在探究他们对多语能力和多语教学法的信念，以及这些信念如何影响其教学实践。研究发现：1）教师普遍视多语能力为语言学习的重要资源，认为该能力能有效促进学习者建立跨语言的联系。但他们同时强调，只有在学习者具有良好的多语意识时，这些优势才能得到充分发挥。2）教师支持在多语教学中利用学习者已有的语言知识，认为这对解释词汇和复杂的语法规则、维持课堂纪律以及减轻学习压力均十分有益。然而，他们不主张将第一语言和第二语言的学习策略和方法直接迁移至第三语言学习中，而是更倾向于对这些策略和方法进行重新评估和调整。3）尽管教师对多语能力和多语教学法持有相对积极的态度，但在教学实践中，这些信念与行为之间仍存在明显差距。本研究揭示了多语教学的发展潜力，并为多语教师教育的深化和完善提供了重要的启示。

来源：《外语与外语教学》，2023 年第 6 期，第 73—85 页

中国高校外语教师数字素养的信念与实践研究

胡杰辉　张铁夫

摘要：提升外语教师的数字素养是外语教育数字化转型的关键一环。本研究基于教育部在 2022 年发布的《教师数字素养》国家标准，结合我国高校外语教学实际情况，利用问卷、课堂观察和教师访谈等多种研究手段，探究外语教师数字素养的信念与实践特征及二者的复杂关系。结果表明，高校外语教师具备较强的数字化意识，但数字化信念并没有完全转化为高效的数字化教学实践。其中，数字化测评和人工智能外语教学模式变革是数字化应用的薄弱环节。外语教师数字化信念与实践之间的关系和互相转化会因师、因时而变，并且受到教师的学科教育理念、技术运用的熟练程度及情感体验等多种因素的影响。

来源：《外语与外语教学》，2023 年第 5 期，第 73—85 页

高校英语教师行动研究的现状、问题与对策（1999—2022）

李春梅

摘要：本文对我国高校英语教师行动研究文献（1999—2022）进行整理和分析。根据发展特点，这一时期可分为初步发展阶段（1999—2010）和加速发展阶段（2011—2022），总体呈现研究数量增长趋势明显，但质量发展不均衡的态势，主要存在以下问题：1）研究数量不足，研究范围有限；2）研究问题不够聚焦，理论基础缺乏适切性；3）研究范式/方法使用不够规范；4）研究的反思性及循环性不足。本文倡导研究者注重理论与实践结合，构建本土特色理论，坚定行动研究信念，加强反思性；同时拓展研究主题和扩大研究者群体，形成"高校英语教师＋"的行动研究共同体。

来源：《外语教育研究前沿》，2023年第2期，第85—91页

我国高中日语教师群体新特征研究

李杨　余桂琴

摘要：自1977年恢复高考日语以来，我国的高中日语教育发展一路波折、几经风霜。近十年以来，我国高中日语教育又出现了许多新变化，高中日语教师群体也开始逐渐发展壮大。本研究以我国普通高中日语教师群体为主要研究对象，针对目前我国普通高中日语教师的群体性特征以及现状展开分析。通过本文对我国高中日语教师整体发展规模、学历水平、性别比例、事业编制及持证上岗等教师关注的切身问题进行整体剖析，借此希望能够给我国高中日语教育研究提供一些帮助。

来源：《中等日语教育》，2022年第二辑，第270—279页

新文科建设中高校外语教师专业身份建构研究

马洁　任学柱

摘要：基于"洋葱反思型教师发展模型"和"教师专业身份建构四象限示意图"，本研究采用质性方法对12位高校外语教师开展了深度访谈，挖掘新文科建设中外语教师专业身份建构的时代内涵、特征及促成因素。研究发

现，新文科建设主要赋予高校外语教师理念和方法的创新者、跨学科知识能力的培养者和研究者、外语学科人文性发展的促进者、中国文化传播者的专业身份时代内涵。外语教师的专业身份描述涵盖国家外语类专业教学相关标准对教师素质的要求，呈现出理智取向、实践—反思取向、生态取向的阶段特征和旁观者、独行者、成长者的类型特征。外语教师专业身份建构的促成因素包括社会需求、师长及同伴影响、师生互动和教师个人品质。研究结果能为新文科建设中高校外语教师专业发展提供一定启示。

来源：《外语界》，2023 年第 5 期，第 73—80 页

"学—研—教"模式下高职院校外语教师学习共同体的实证研究

马瑜　李霄翔

摘要：本文以成人学习理论和建构主义为指导，针对当前高职院校外语教师教学科研能力的实际情况，构建了基于"学—研—教"模式的高职院校外语教师学习共同体，旨在从机制创新和激发主观潜能两个维度，钻研和吸纳前沿知识的创新成果，结合高职院校人才培养的实际需求，引导、促进高职外语教师向高素质、专业化和创新型的方向发展。通过对为期一年的实证研究结果进行定性和定量分析，本文发现该模式下的教师学习共同体能够从拓展专业知识结构、创新应用研究和提高教学效能三个维度，有效改善当前高职院校外语教师职业发展所面临的困境，也能为新时代高职院校外语教师职业发展和确保高职教学质量提供有益的参考和借鉴。

来源：《江苏高教》，2021 年第 5 期，第 80—84 页

中小学英语教师职前语言能力框架建构及发展策略
——基于一线资深教师的质性研究

孙二军　李诗萌

摘要：语言能力是英语教师专业素养的本体性要素，也是中小学英语教师职前培养的前提与基础。本研究基于扎根理论的研究范式，通过对 21 位中小学英语资深教师进行深度访谈及数据分析，在"产出导向"视角下构建

了英语教师语言能力框架。知识、能力、文化、思维、实践五个要素集及14个核心子要素，呈现出语言能力发展的交融多样性、动态复杂性和综合实践性。职前语言能力框架的内在逻辑，赋予中小学英语教师语言能力发展的现实路径，也助推了中小学英语教师职前阶段人才培养的综合改革。

来源：《教师教育研究》，2023年第6期，第92—99页

云共同体教师学习形成性评估框架与应用

文秋芳　毕争

摘要：本文聚焦云共同体教师学习的形成性评估，基于三年辩证研究构建了云共同体教师学习形成性评估框架。该框架由确立评估目标、收集学习证据、解析证据、给予反馈和调整后续行为五要素构成，以评估目标为指引，各要素相互联系、相互作用，合力发挥形成性评估效果。该框架强调，确立评估目标要将目标任务化、任务问题化，收集学习证据要全过程、多渠道，解析证据要全范围、多角度，给予反馈要全方位、多主体、多层次，调整后续行为要全覆盖、多种类。实践证明，云共同体教师学习形成性评估框架具有可操作性和可行性。

来源：《外语界》，2023年第2期，第8—15页

大学英语教师课堂情绪调节策略使用调查与研究

徐锦芬　杨昱

摘要：本研究通过定性定量相结合的方法对来自全国不同地区、不同类型高校的694位大学英语教师开展课堂情绪调节策略使用调查研究，对不同性别、教龄教师的课堂情绪调节策略使用情况进行了对比分析，并探讨了课堂情境中教师情绪的触发因素。结果显示，大学英语教师课堂情绪调节策略整体使用水平较高，较多采用情境选择类策略，较少采用反应调节类策略；女教师在向外求助维度得分高于男教师，在反应调节维度得分低于男教师；不同教龄教师在课堂情绪调节使用水平上不存在显著差异，但情绪触发情况随教龄增长而减少。触发教师情绪的最常见因素为学生行为态度，课堂突发

情境因素能对教师产生短效性情绪影响，而产生间接影响的因素为教学组织因素。

来源：《外语教学》，2023 年第 1 期，第 54—60 页

高校外语教师教育者在教材编写中的专业发展研究

杨姗姗　束定芳　王蓓蕾

摘要：本文采用个案研究法探析七位高校外语教师教育者在教材编写项目中的专业发展情况及其影响因素，通过半结构化访谈、教师反思和文本资料采集数据，采用文本分析法进行数据分析。研究发现，外语教师教育者的专业发展体现在理论自觉、实践自觉、共同体自觉和身份自觉四个主要方面。影响因素包括个体、项目机制、学术机构和宏观因素四个层面。最后，本文基于研究结果提炼出高校教师教育者有效专业发展项目框架图，以期对教师教育和培训项目设计发挥一定作用。

来源：《外语教学》，2023 年第 6 期，第 49—55 页

高中英语教师写作评价素养现状的个案研究

张琳涛　杨鲁新

摘要：本研究采用质性个案研究方法，通过收集多种数据，基于 Lam (2019) 和 Xu & Brown (2016) 提出的分析框架，对两位高中英语教师的写作评价素养现状进行了深入探究。研究发现，教师写作评价素养呈现复杂性与情境性特征。丰富的写作评价实践性知识帮助教师获得了较高的自我效能，树立了以评促学的评价观念，使教师对写作构念有了较为正确的认识。受制于学生人数、考试频次等特定情境因素，教师的评价情绪较为负面。在实践方面，两位教师主导了评价实践，但都努力利用评分标准、学生范文等评价资源来促进学生的元评价认知发展，积极践行以评促学理念。本研究对外语／二语教师写作评价培训的设计与开展具有重要启示。

来源：《外语教育研究前沿》，2023 年第 3 期，第 64—72 页

基于课例研究的实践共同体对外语教师专业发展影响的案例研究

周洲

摘要：本研究聚焦高校与中学英语教师组成的长期性课例共同体，探索该共同体对外语教师专业发展的影响机制及理论启示，并构建基于共同体实践的教师专业发展模型。本研究的数据来自质性访谈、教师反思日志、课堂观察和共同体实践过程的话语。数据分析采用主题分析和话语分析。研究发现，课例共同体有助于优化外语教师的专业理念、增长专业知识、提升专业能力。教师以共同体的行动目标为导向，以交互参与为核心介质、以共享智库为坚实依托、以意义协商为动力保障，在"调节至内化至转变"的过程中实现专业发展。

来源：《山东外语教学》，2023年第6期，第64—73页

【教材类】

改革开放以来我国职业教育英语教材建设回眸与展望

李亮

摘要：本文系统回顾了改革开放以来我国职业教育英语教材建设的三个发展阶段：改革开放开始之后二十年，随着职业教育慢慢恢复，职业英语教材建设步入正轨；20世纪和21世纪之交至党的十八大，高等职业教育异军突起，职业英语教材建设提质增速；中国特色社会主义新时代，职业教育迎来空前发展机遇，职业英语教材建设蓬勃发展。在此基础上，本文梳理上述三个阶段中我国中等职业教育和高等职业教育英语教材，尤其是国家规划教材建设取得的历史性成绩，总结经验、分析问题、展望未来。

来源：《中国职业技术教育》，2022年第23期，第72—77页

韩国英语数字教材的编制特点与启示

廖晓丹　陈坚林

摘要：本研究探讨韩国如何从内容、工具、技术三个维度编制促进自主、合作、探究学习的英语数字教材。研究以课程一致性理论为基础，依据韩国《国家中小学课程标准（2015 年版）》和《数字教材制作指南（2012 年版）》等搭建分析框架，采用内容分析法，对韩国 11 个版本的《初中英语（第 1 册）》数字教材进行一致性分析和共性分析。研究发现，韩国英语数字教材的技术一致性水平高于内容和工具一致性水平；韩国英语数字教材在差异化学习内容、定制化学习过程、自主合作探究学习工具方面极具特色；韩国英语数字教材各版本风格统一。最后，本研究为中国英语数字教材编制提出建议。

来源：《外语教育研究前沿》，2023 年第 2 期，第 69—77 页

新时代基于形成性评价理念的大学英语教材建设
——以《领航大学英语》为例

刘建达

摘要：大学英语教学的新背景对大学英语教材编写提出了诸多新要求。新型大学英语教材编写既需贯彻党的二十大精神，实施课程思政，落实《大学英语教学指南（2020 版）》和《中国英语能力等级量表》，又需运用形成性评价理论，充分利用现代信息技术，体现数字教育精神。本文在概述大学英语教学新背景的基础上，以《领航大学英语》为例，从教材编写理念、教材框架和内容、教学方法等方面探讨新时代大学英语教材建设的新路径。

来源：《外语界》，2023 年第 3 期，第 2—8 页

对现代中国中等教育日语教科书的考察
——以 1980 年代后的教科书为中心

刘力玮

摘要：本研究先整理了现代中国（1949 年以后）有实体留存或文献记载

的中学日语教科书；然后考察教科书编写和使用的外部环境。中国中等日语教育的发展受外部环境与教育政策等因素影响，呈现动态变化，但教科书的编写在持续进行，且由地区教材向全国统编教材变化发展。目前，中学日语学习者人数正处于增长阶段，但由于应试是最主要的学习目的，教科书的使用状况也较为复杂。接着，本研究对教科书编写的基准——课程标准进行文本考察，主要是将国际交流基金会制订的用于指导国际日语教育的《JF日语教育标准》作为框架性工具，考察20世纪80年代至21世纪第一个十年的八版课程标准，并在这一统一框架下考察了基于课程标准编写的八套中国中学日语教科书。结果显示，八版课程标准体现出中国日语教育的时代变迁。

来源：硕士学位论文，2023年，上海外国语大学

高中与大学的日语教材衔接研究
——以《普通高中教科书日语》和《新世纪大学日语》为例

马琳

摘要：近年来，高中日语学习者人数激增，但对于大学日语的关注度却未随之提升，相关研究较少。本研究关注高中与大学的衔接问题，以日语教材为研究对象，旨在通过考察代表性教材《普通高中教科书日语》和《新世纪大学日语》，从语篇、听力、词汇、语法四个方面总结高中与大学日语教材间的衔接情况与特点，望为高中与大学日语衔接提供些许参考性建议。本研究首先根据所要考察的内容选取教材中相应的部分录入计算机；然后基于维果茨基的"最近发展区"理论，结合《普通高中日语课程标准（2017年版2020年修订）》及《大学日语教学指南（2021版）》中的相关要求对文本进行分析，并使用Wordless2.2.0和Excel完成数量统计、词汇密度分析以及重复项提取工作。通过对数据进行分析得知：一方面，高中与大学教材在语篇主题与文体的丰富性、语篇视角、听力题型、生词、语法解释与知识点的选择等方面存在衔接问题；另一方面，两套教材本身在不同册的衔接方面也存在些许不足之处，如重复出现的生词与语法、不规律的听力编排。因此，本研究认为，要更好地在教材建设层面将高中与大学日语衔接，首先要加强指

导性文件——《普通高中日语课程标准（2017 年版 2020 年修订）》与《大学日语教学指南（2021 版）》的衔接研究，增设衔接的概念与章节；其次，不仅要关注教材间的衔接问题，还需兼顾教材本身内容的层次性；最后，还需增强不同学段教师间的交流，发挥主观能动性，引导学生更好地进行日语学习上的衔接。

来源：硕士学位论文，2023 年，哈尔滨师范大学

新课标新教材背景下我国中学法语教材文化呈现研究
马小彦　潘鸣威

摘要：教材是开展跨文化交际能力培养的重要媒介。近年来，教材建设已列入我国教育领域的顶层规划，其研究的重要性也日益凸显。本研究基于 Risager（2018）的外语教材文化呈现理论分析框架，考察新课标新教材背景下我国中学法语教材文化呈现的内容特点和方式。研究发现，中学法语教材呈现了目的语文化、中华文化和世界多元文化；在呈现方式上以多模态课后练习的隐性呈现为主。基于上述发现，本研究针对中学法语教材应如何平衡文化内容和优化呈现形式展开讨论，并提出建议。

来源：《西安外国语大学学报》，2023 年第 1 期，第 66—70 页

外语专业高年级精读教材编写实践与启示
——以《新经典法语》（5—6）为例
田妮娜　傅荣

摘要：精读课是我国外语专业高年级阶段的重要课程，然而对应的教材建设却相对滞后。就高年级法语教材建设而言，目前存在国外引进教材选择少、国内本土教材比较老旧的现状。本文基于《新经典法语》（5—6）的编写实践，探讨新形势下高年级外语专业精读教材如何回应时代发展的需求，体现特定阶段的人才培养目标，承载新的教学理念。本文重点呈现了教材编写在育人导向、学习中心、能力培养和中国特色四个方面的实践和反思。

来源：《外国语文》，2023 年第 3 期，第 133—139 页

引进版中小学德语教材《快乐德语》中的国家形象：分析与启示

王佳懿

摘要：外语教材是建构和传播国家形象的重要载体与阵地，其性质、内容、功能和受众决定了它在国家形象塑造和传播上具有特殊性。《快乐德语》是目前德语原版引进教材中使用最广的青少年德语教材，且重视对国情知识的介绍和跨文化能力的培养。该教材中，德国的国家物质形象主要体现在国家自然人文景观和城市介绍；国家社会形象以校园作为社会场景，构建青少年群体的社会身份和社会关系；国家文化形象则突出价值观的塑造。《快乐德语》较好地完成了德国形象的海外构建和传播，我国在外语教材建设与国家形象塑造方面可借鉴其先进经验，包括合理选择素材、科学编写教材和突出使用主体，以更好地应对我国外语教材建设的新挑战。

来源：《西部学刊》，2023 年第 24 期，第 108—111 页

新时代我国外语教材建设的使命、任务与展望

王铭玉　袁鑫

摘要：教材建设是国家事权，我国外语教材建设任重道远。本文在分析新时代外语教材内涵的基础上，探讨我国外语教材建设的使命、机遇、挑战与任务，并展望未来外语教材建设方向，期望能对国家外语教材建设与管理提供借鉴和启示。

来源：《外语界》，2023 年第 6 期，第 2—6 页

构建大学外语教材编写理论体系

文秋芳

摘要：本文报告了在实践基础上凝练的大学外语教材编写理论体系。该体系包括五个要素：1) 国家与社会要求；2) 外语教材文化范畴；3) 外语教与学的理论；4) 外语学习者成长特点；5) 编写管理规范。"国家与社会要求"是外语教材编写的指南针。"外语教材文化范畴"是落实"国家与社会要求""外语教与学的理论"和"外语学习者成长特点"的内容载体。"外语

教与学的理论"是设计教材语言实践活动类型、内容和顺序的依据。"外语学习者成长特点"是选择教材内容和设置育人目标的理据之一。"编写管理规范"是落实前面四个要素的必要保障。每个要素有自身特点，但又互相关联。从初始操作程序上看，它们有先后顺序，但在编写过程中，这五个要素须协同发挥作用，才能保证外语教材编写的高质量。

来源：《外国语》，2023年第6期，第2—11页

共同体视阈下职业教育规划教材编写逻辑理路探索
——以《新标准职业英语教程》为例

肖潇　周俊华　孟庆尉　王凤云

摘要：规划教材建设是加快教育强国建设、落实国家新课标、推进高质量发展的重要举措，而共同体理论又是教材建设的重要理论基础。职业英语规划教材开发需铸牢"中华民族共同体"意识，构建"课堂学习共同体"形态，推进"产教融合共同体"协同，打造"数字实践共同体"生态。在创新编写的实施策略中，要精准定位思政目标、紧扣课标设计内容、聚焦职场服务专业、多元一体打造数字资源，形成教材精品。

来源：《中国职业技术教育》，2023年第32期，第28—34页

十二套"国家级规划"大学英语教材中思辨元素的特征分析

张军　刘艳红

摘要：《大学英语教学指南（2020版）》将培养学生的"思辨能力"列为我国大学英语的教学目标之一。教材为语言学习提供主要学习资源，同时是国家教育方针政策的重要载体。鉴于此，本研究运用语料库方法，对我国"国家级规划"大学英语教材中的思辨元素进行探究。研究发现，整体上教材语篇思辨元素指征显著，涵盖大量思辨性认知技能元素，如议题确定、概念澄清、分类、对比、证据呈现、观点评析等；以及能够激发学习者在认知活动中触发情感体验从而做出自我调节的"情感特质"思辨元素。教材语篇

有望为学习者的思辨能力训练提供有效途径，并提供较为充分的学习资源。

来源：《外语教育研究前沿》，2023年第4期，第73—81页

中日两国日语教材研究的现状对比与启示

朱鹏霄　于栋楠

摘要：本文以检索自中日两国文献数据平台的975篇与日语教材研究相关的论文为对象，以量化研究方法对比发文趋势、研究主题、数据来源和分析方法。结果显示：中日两国相关研究均呈增势，但中国增速低于日本；日本偏重内容分析，探讨编写设计时多基于自身经验，少见评论介绍，中国偏重编写设计，多见对他人编写教材的分析，评论介绍类文章占比突出；中日两国的相关研究在数据收集方面虽有局部差异，但各方法的整体使用序位及与研究主题间的匹配呈现趋同倾向；中日两国相关研究整体以质化研究为主，但日本的量化研究呈现反超之势，中国的质化研究始终占压倒性多数。

来源：《外语学刊》，2023年第1期，第87—96页

【课程类】

高等职业院校英语校本课程体系构建研究

曹兰　肖桂兰　李霄翔

摘要：本文以《高等职业教育专科英语课程标准（2021年版）》和课程建设相关理论为指导，从社会需求和高职学生发展目标出发，设计并论证了服务专业集群人才培养的"两阶段、三层次、三模块"校本高职英语课程体系，并在校本实践的基础上，对于如何落实课程体系中的课程目标、课程内容、课程实施和课程评价等基本要素提出了具体的指导思路和实施建议，以期为新时代高职院校落实《高等职业教育专科英语课程标准（2021年版）》、培养具有国际视野的高等职业技术技能人才提供参考和借鉴。

来源：《外语研究》，2022年第4期，第48—52，58页

《高等职业教育专科英语课程标准（2021年版）》课程实施部分解读
常红梅

摘要：本文从教学要求、学业水平评价、教材编写、课程资源开发与利用、教师发展和教学管理六个方面对《高等职业教育专科英语课程标准（2021年版）》的课程实施部分进行解读，以期帮助高等职业院校英语教师和教育管理者理解落实课程标准的相关要求，深化高职专科英语教学改革，提高外语教育教学质量。

来源：《中国外语》，2021年第5期，第16—20页

高等职业教育专科英语课程标准的历史沿革与新版课程标准的实施建议
常红梅　刘黛琳

摘要：本文梳理了高等职业教育专科英语课程标准的历史沿革，把握课程标准的研制历程和核心理念。在此基础上，本文从落实立德树人根本任务、培养学科核心素养、组织分类分层教学、加强师资队伍建设等方面提出了2021年版高职英语课程标准的实施建议，以推动高职英语教学深化改革和提高质量。

来源：《外语界》，2022年第5期，第29—33页

非通用语种课程思政的难点和解决方案
董希骁

摘要：新中国的非通用语种高等教育始终以服务国家战略需要为宗旨，具有鲜明的思政目标。本文对非通用语种课程思政中存在的典型问题进行分析，并从三方面提出解决方案：1）确立与学生语言能力相匹配的思政子目标；2）通过教材建设培育和锻炼师资队伍；3）通过智库建设和人文交流拓展实践平台。

来源：《外语教育研究前沿》，2023年第3期，第35—40页

新文科背景下开放大学公共英语课程思政建设研究

高尚

摘要：新时代新使命要求文科教育必须加快创新发展，发挥文科教育知识性与价值性相统一的特点，全面推进高校课程思政建设。国家开放大学全面贯彻党的教育方针，将思想政治教育融入人才培养方案和专业课程，整体推进课程思政，探索具有国家开放大学特色、满足人才培养需要的课程思政模式。在新文科建设背景下，开放大学公共英语课程思政内涵和课程思政建设应遵循三大原则，围绕课程目标、教学内容、教学方法与手段、课程评价四个方面构建课程思政建设框架，全面推进公共英语课程思政建设，以培养新时代文科人才，服务国家软实力提升和文化繁荣新需求。

来源：《湖北开放大学学报》，2023年第3期，第11—17，60页

服务高教强国建设，重构大学外语课程体系

何莲珍

摘要：高等教育高质量发展的核心是提升人才培养质量，课程建设、教材建设和教师队伍建设是提升人才培养质量的重要抓手。本文聚焦课程建设，指出新形势下大学外语课程建设的重心是重构服务高教强国建设的大学外语课程体系，主要可从三方面着力：1）培育家国情怀，2）服务国家战略与学生专业学习，3）注重技术创新。

来源：《外语界》，2023年第5期，第2—7页

新工科背景下的大学外语课程建设理念与策略

胡杰辉

摘要：外语教育可以在新工科人才培养中发挥不可替代的重要作用。本文首先基于"四新"建设协同发展的理念，梳理新工科建设的内涵，重点分析了工程教育认证和新工科人才培养质量标准对学生外语能力提出的新要求，进而提出新工科外语教学必须着力培养学生就复杂工程问题进行跨文化沟通、交流、竞争、合作所需的外语能力和全球胜任力。这就要求大学外语

课程必须坚持系统思维，积极借鉴新工科育人理念，系统优化课程内容、教学模式、资源建设和教师发展等课程生态的各个维度，真正助力学生讲好中国工程科技故事，为参与全球治理、构建人类命运共同体贡献力量。

来源：《中国外语》，2023 年第 5 期，第 4—10 页

人工智能赋能教育背景下高职课程结构嬗变探究——以外语类课程为例

金靓　杨劲松

摘要：在人工智能技术赋能教育背景下，高职院校人才培养目标发生了变化，引发了高职课程结构的嬗变。在课程横向结构上，教学资源呈现多元化的趋势，表现为专业知识＋职业技能＋信息素养的课程群，学生自主选课比例加大，课程模式逐步从群体性课程向个性化课程转变，弹性学分制将成为未来趋势。在课程纵向结构上，信息技术的赋能打破了班级授课制度，课堂教学转向线上与线下、校内与校外有机结合的混合式模式，学习方式由直线型、灌输式向螺旋型、体验式转变。

来源：《职教论坛》，2022 年第 5 期，第 65—70 页

《高等职业教育专科英语课程标准（2021 年版）》中的学业质量研究

李霄翔　吴寒　韩茂源

摘要：本文探讨了《高等职业教育专科英语课程标准（2021 年版）》中学业质量的定位和功能，并从校本教学实践的视角，围绕基于学业质量的课程设计、教学策略、教学评测、教学管理机制创新等四个方面，就如何落实课程标准中的学业质量提出具体的参考和借鉴意见。

来源：《中国外语》，2021 年第 5 期，第 21—25 页

《高等职业教育专科英语课程标准（2021 年版）》课程结构的理据和要点

马俊波　王朝晖　凌双英　周瑞杰

摘要：高职院校贯彻《高等职业教育专科英语课程标准（2021 年版）》时，面临的首要任务可能是根据新课标的课程结构要求，改造和完善校本英

语课程体系。新课标课程结构的设置建立在职业类型定位、素养方向引领、多元需求满足和客观条件兼顾等理据之上，内涵要点包括高职英语的必要性、学时安排、课程类型和课程体系建设。课程结构应和课程内容、课程目标、学业质量等协同落实，才能最大限度地发挥新课标的作用。

来源：《外语界》，2021年第5期，第10—15页

外语课程思政视域下价值引领的实践路径
苗兴伟

摘要： 在课程思政背景下，外语教学应重视外语课程和课堂教学的价值引领功能。作为外语课程思政建设的灵魂，价值引领是实现思想政治教育与知识体系教育有机统一的重要抓手。在外语课堂教学中，教师应充分挖掘教材中的思政元素，将价值观引领落实到课堂教学的过程中，以达到潜移默化、润物无声的育人效果。本研究基于价值观的语篇分析框架，通过课文分析和课堂活动设计，探讨外语课堂教学中价值观引领的实践路径，引导教师设计和组织以语篇为依托的主题意义探究活动，促进外语课堂教学中知识传授、能力培养和价值塑造的有机融合。

来源：《外语与外语教学》，2023年第6期，第20—27页

多模态教学模式下课程思政元素的融合与应用
——以公共英语课程思政实践探索为例
穆思融

摘要： 远程开放教育作为高等教育的分支，由于其面对的教育群体主要来自社会各阶层，因此肩负着重要的育人使命。本文以开放教育必修课公共英语课程为研究对象，以公共英语课程多模态教学模式为背景，分析在教学过程中融入"课程思政"元素的必要性，并基于分析提出以教学大纲为抓手、以提升公共英语教师团队思政意识为途径、以精心设计思政教学为策略、以学生反馈效果为教学评价标准的公共英语课程的"课程思政"教学思

路，使公共英语课程在教学过程中融人文性、工具性、思想性于一体，以达到协同育人的效应。

来源：《河北开放大学学报》，2023 年第 2 期，第 24—28 页

面向新工科的校本特色大学英语课程体系建设：框架设计与内容拓展

王宗华　肖飞

摘要：新工科背景下，推动我国复合型、创新型工科人才培养，推进外语教育创新与跨学科融合，是新时代赋予大学外语教育的重要使命。本文从大学英语课程标准与课程设置要求、课程体系框架设计、专门用途英语课程群构建、教材编写、教学方法与教育技术应用等方面，探讨面向新工科的校本特色大学英语多元课程体系建设。

来源：《外语界》，2023 年第 5 期，第 16—22 页

《高等职业教育专科英语课程标准（2021 年版）》
核心素养的确立依据及其内涵解读

文秋芳　张虹

摘要：高等职业教育专科阶段的英语学科核心素养包括职场涉外沟通、多元文化交流、语言思维提升和自主学习完善。这四个核心素养既相互联系、相互促进，又相互区别，构成了职业教育落实立德树人任务的具体指标。本文介绍了《高等职业教育专科英语课程标准（2021 年版）》核心素养确立的根本遵循，说明了各核心素养确立的理由及其相互之间的关系，并着重阐释了核心素养的正确价值观、必备品格和关键能力三个要素及其发展目标。

来源：《外语界》，2021 年第 5 期，第 2—9 页

《高等职业教育专科英语课程标准（2021年版）》阐释
——研制背景、过程与特色
文秋芳　张虹

摘要：本文梳理了《高等职业教育专科英语课程标准（2021年版）》的研制背景和过程，在此基础上，重点介绍了该课程标准的三个鲜明特色：1）突出高职专科英语的育人性；2）体现不同学段英语教育的衔接性；3）彰显高职专科英语的职业性。

来源：《中国外语》，2021年第5期，第4—11页

学科交叉融合背景下俄语经贸类高阶课程的改革与创新
——以俄语外贸谈判课程为个案
吴梅　马琛　王炳鑫

摘要：在学科交叉融合背景下，以俄语外贸谈判课程为代表的俄语经贸类高阶课程，面向大学俄语专业四年级经贸类方向的学生而开设。本文对俄语外贸谈判课程进行概述，把准教学痛点，从课程多学科交叉融合的属性与教学实施的结合、"以学生发展为中心"教学理念的落地、定形和定向教学评价的制定等方面进行了改革与创新，为相关课程建设提供了有益经验。

来源：《中国俄语教学》，2023年第3期，第88—95页

基于OBE理念的开放教育公共英语课程思政教学模式
章婷婷　陈彦彦　陈圆圆

摘要：本文介绍了OBE教育理念的发展历程及基本原则，分析了开放教育公共英语课程思政教学现状及问题，提出了从提升教师课程思政能力、丰富教学内容思政元素、进行混合式教学改革和采用多元化评价手段四个方面，构建开放教育新型公共英语教学模式。实践结果表明：运用新模式能充分发挥公共英语课程育人作用，真正实现立德树人的根本目标。

来源：《安徽开放大学学报》，2023年第2期，第64—69页

【学科类】

法语专业对区域国别学的赋能作用

戴冬梅　王鲲

摘要：当今世界面临百年未有之大变局，中国的区域国别学应时而生，成为交叉学科门类一级学科。法语专业作为外语学科的重要组成部分，可以直接或间接充当中国特色区域国别学的学术资源的探知者、研究视角的拓展者和核心人才的培养者及输送者。法语专业有望通过革新课程体系，构建法语国家与地区研究学术共同体，应对区域国别学学科建设的挑战，为中国区域国别学学科建设贡献力量。法语专业将为区域国别学赋能，区域国别学的勃兴也会促进法语专业的发展，两者的协同发展势在必行。

来源：《外语教学与研究》，2023 年第 2 期，第 288—296 页

中国与中东欧国家文化关系史研究的十个基本问题

丁超

摘要：本文从方法论角度梳理了中国与中东欧国家文化关系史研究的十个方面：核心概念与研究疆界厘定、研究基础与研究范式回溯、拓展研究与学术创新空间、研究方法选择、作为研究前提的新史料发掘、专题编目工作的意义与类别、口述史料搜集与高端访谈、文字与风格、多元文化对话的视界与本质、文化关系史研究之鉴往知来等。

来源：《国际汉学》，2023 年第 3 期，第 42—52 页

外语学科的国别与区域研究：概念、内涵、定位与内容

郭英剑

摘要：国别与区域研究是外语学科的五大学科领域之一。"区域国别学"成为一级学科在外语界引起极大反响。如何平衡这两者关系？外语学科如何为"区域国别学"作出独特的贡献？本文在阐明外语学科复杂性与多样性的同时，首先讨论了国际关系学科中的国别研究与区域研究的主要研究内容；

其次分析了历史学科和国别与区域研究的渊源；接着着重探讨了外语学科建立国别与区域研究的必要性、差异性与合法性；最后给出了外语学科主导的国别与区域研究的概念、内涵、定位与内容等。国别与区域研究作为新兴的研究领域，不仅是外语学科内涵的延伸和拓展，也是对接国家需求、服务国家战略、寻求学科发展新的增长点的学科使命。

来源：《外语教育研究前沿》，2023 年第 1 期，第 23—29 页

区域国别学学科建设的多维探索：以上海外国语大学为例

张维琪　孙志伟　忻华

摘要：本文把上海外国语大学的区域国别学学科建设划分为学科初建、蓬勃发展和深度融合三个阶段，并探讨了上海外国语大学区域国别学的教学特色，回顾其探索历史，以及相关课程建设和思政建设情况。

来源：《国际观察》，2023 年第 2 期，第 132—156 页

【 测评类 】

向着"解决问题"推进的日语高考试题命制
——浅析高考日语新课标卷的新变化

林洪

摘要：本文基于《普通高中日语课程标准（2017 年版 2020 年修订）》的要求，从"解决问题"的视角出发，从理解、表达两个维度分析适应性试题的各个部分。听力部分总题数从原来的 15 题增至 20 题，分值仍为 30 分，对一线教学而言，这意味着需要用比以往更多的时间、方法提升学生的听力理解能力；阅读理解部分仍为 4 个语篇，主要涉及《普通高中日语课程标准（2017 年版 2020 年修订）》中的生活、社会两个主题范畴，且每个语篇基本涉及两个主题及示例，提升了语篇内容的丰富性，增加了语篇的可读性。就体裁而言，包括 3 篇议论文和 1 篇记叙文。其中，第一篇和第二篇文章最后的设问涉及"解决问题"，第三篇和第四篇文章最后的设问涉

及"关键信息"。语言运用部分放弃了以句子为单位的旧模式，改为基于语篇情境的新模式，分值从原来的 40 分减至 30 分。这一调整是落实"减少单纯记忆、机械训练性质的内容"要求的具体体现。写作部分新增应用文写作（如写邮件），同时保留与原题型大致相当的命题写作，总分值从 30 分增至 40 分。

来源：https://mp.weixin.qq.com/s/Ol0ZNnlOiWhFKZdim4Fm_Q，2024 年 2 月 3 日读取

聚焦核心素养，立足语言基础，培育多语人才
——2023 年高考日语全国卷评析
皮俊珺

摘要：在语言学科的试题命制中，包含了主题、情境和内容的语篇是核心要件，高质量的设问则是核心素养测评的有效渠道。2023 年高考日语全国卷总体具有题型稳定、语篇多样、设问聚焦等特点，较好地体现了基础性和选拔性功能。高考日语的命题特点和趋势进一步对中学日语教学提出了立德树人、素养导向的要求，有助于形成"教考和谐"的良性互动。

来源：《基础教育课程》，2023 年第 Z1 期，第 93—99 页

以核心素养为导向构建与英语新课标相适应的新型学业评价
王蕾　蒋京丽

摘要：《义务教育英语课程标准（2022 年版）》绘制了新时代中小学英语课程的全景育人蓝图，明确了课程目标、课程内容和学业评价的内涵及其相互之间的关系。课程标准中提出"教—学—评"一体化设计的评价理念，为破解考试评价难题提供了思路，也为将课程美好愿景转化为教学评协调一致的生动实践创造了条件。本文从日常教学评价和考试评价两个维度出发，探讨了如何构建与英语新课标相适应的新型学业评价机制，为发挥好考试评价在实施育人工程中的重要作用提供参考。

来源：《中国考试》，2023 年第 1 期，第 67—73 页

【技术类】

英语教师视角下人工智能与教学的融合发展：机遇、挑战与提升路径

安欣 沈希 周颖 白荐楠 李玉顺

摘要：随着技术的飞速发展，人工智能（AI）与教学的融合正面临着机遇与挑战。作为智慧教育示范区，北京市东城区以英语学科为抓手，推动AI与教学的深度融合，回应智能技术赋能学科教学创新发展路径的探索需求并取得了一定的成果。基于此，本文首先探究了AI与英语学科教学融合的发展现状；然后对北京市东城区的163位高中英语教师进行了开放性问卷调查，并对其中15位教师进行了半结构化访谈，基于TPACK理论模型，揭示了高中英语教师在AI融入教学过程中的机遇与挑战；最后结合北京市东城区智能技术与学科教学融合发展多方合作机制，提出AIET模型，从多方协同合作视角总结了AI与学科教学融合实践的发展路径，以期为进一步推动AI与学科教学的深度融合提供未来行动依据。

来源：《现代教育技术》，2023年第2期，第71—79页

ChatGPT赋能新时代日语教学：场景、问题与对策

毛文伟 谢冬 郎寒晓

摘要：以ChatGPT为代表的AI工具的普及给外语教育带来深远影响。它们能够辅助教师高效完成备课、授课和作业批改，拓展思维，激发创意，也能为学习者创造个性化学习和训练环境，及时高效反馈，提升学习效果。但是，ChatGPT并非万能。它擅长解答假名写汉字、汉字注音、词汇题和短文读解题，能够充当完成句子、汉译日以及作文等的解题助手，但语法、长文读解和完形填空题的答题准确率却偏低。因此，对ChatGPT的适用场景和输出结果应有所研判。此外，ChatGPT的输出具有一定随意性，使用者难以精确规定输出的内容和难度，有时还会产出虚假或过时信息。过度使用AI工具可能形成行为依赖，削弱人际交往能力，造成学术不端。对此，广大师生应秉承大胆探索、小心求证的开放思维，不断开发AI工具的使用场景，

探索恰当的使用策略。同时，坚持人机协同、以人为主的主体意识，密切师生联系，仔细审查、取舍和整合 AI 工具的输出信息，确保其全面充分、准确及时、难度适当，且符合教学整体设计。此外，建立和完善 AI 工具使用规范，培养学术诚信意识，改革课程评价方式，实现以评促学，推动新时代日语教学转型发展。

来源：《外语学刊》，2023 年第 6 期，第 25—33 页

基于慕课的外语专业课混合教学模式探索
——以"德语语言学导论"为例
齐冬冬　高磊

摘要：慕课给当今的外语教学带来了深刻变革。如何使用慕课改善教学效果？怎样实现慕课和面授课堂的融合？学生对"慕课＋面授课"的混合式课堂持怎样的态度？这些都是广大外语教师关心的问题。本文以德语专业高年级学习阶段的专业课"德语语言学导论"为例，探讨"慕课＋面授课"混合课堂的运行机制，并采取问卷调查和访谈法在学生中调研教学效果，总结经验和心得，以期为新形势下外语专业课教学模式的改革起到抛砖引玉的作用。

来源：《德语人文研究》，2023 年第 1 期，第 66—72 页

人工智能辅助二语写作反馈研究——以 ChatGPT 为例
魏爽　李璐遥

摘要：智能时代知识社会和外语学习信息化共同推动了移动外语学习快速发展，但其基本内涵取向、定义、要素与实践方式等仍有待探究。本文从"他者、解释、背景、具身"的人际关系视角出发，重新梳理移动外语学习内涵取向等层面发展阶段的对应关系，明确移动外语学习的定义及其关键要素，并构建以学习内容、学习者、促进者为核心的移动外语学习质量评价指标框架，从而为相关研究提供可借鉴的概念视角、分析框架和评价实践路径。

来源：《中国外语》，2023 年第 3 期，第 33—40 页

语言智能视角下的日本人机对话系统研究
——以语言学知识的融合与应用为核心

毋育新 李瑶 于富喜

摘要： 语言智能是人工智能的关键核心技术之一，人机对话系统是语言智能的典型应用。本文论述了语言智能与自然语言处理紧密相连的关系，介绍了日本语言智能政策中涉及自然语言处理的内容，梳理了日本学界近20年来的人机对话系统研究成果，探讨了日语与人机对话系统的适配性问题。本文指出，日本语言智能研究存在未平衡好应用性研究与展望性研究的关系、未解决好日语与人机对话系统的适配性问题、未注意到不同人群的语言使用特征等问题。

来源：《日语学习与研究》，2023年第1期，第84—95页

终身语言学习发展框架及数智资源建设研究

徐梦真

摘要： 终身语言学习与人民、社会和国家的全面发展息息相关。建成学习型社会和语言强国，有必要尽快探讨终身语言学习的理论框架和话语体系，为相关学术和教育领域的问题解决提供"中国方案"。本文在回顾理论发展现状及现实局限性的基础上，聚焦"终身语言学习"，从国家战略资源、社会治理路径和国民语言能力等角度描述其中国式内涵，即基于个人全面发展和共建共享现代化社会的需求，不受时空形态限制地自主学习母语或外语，持续发展不同年龄阶段和社会身份所需要的基础语言能力、领域语言能力和元语言能力，以及基于语言参与社会治理，并尝试提出终身语言学习资源的数字化、智能化建设路径。

来源：《终身教育研究》，2023年第3期，第21—28页

【语言类】

Etimologías que tienen en común las lenguas siníticas y las romances en las palabras en español can, pan, caño, manar, mano y sano

Jingyi Gao & Bowen Ding

摘要：本文运用语源学方法，共鉴定了六则汉语与罗曼语言的共同语源单位：犬、饭、管、满、挽、全。研究发现，原始印欧语词根 kuōn 以及拉丁语单词 panis、canna、mānāre、manus、sanus 的语源单位最近被鉴识于汉语。

来源：*Estudios filológicos*, 2023, 72: 53-65

《翻译老乞大》与《老乞大谚解》的比较与解析

金永寿　金熙晶

摘要：《老乞大》是朝鲜半岛高丽王朝末期编撰的汉语学习教材。朝鲜王朝取代高丽王朝后，曾多次修改并翻译出版了《老乞大》系列文献。由于《老乞大》系列文献体现了元、明、清时期汉语口语的变化和 16 世纪以后朝鲜语的发展脉络，因而该系列文献是研究这一时期汉语和朝鲜语接触、发展、变化的重要史料。本文从朝鲜语历史演变的角度，以历史语言学和接触语言学的视角，比较分析 16 世纪初出版的《翻译老乞大》和 17 世纪后半叶出版的《老乞大谚解》所呈现的朝鲜语书写规范、语音、词汇、语法等方面的差异。

来源：《民族语文》，2023 年第 4 期，第 119—129 页

中俄应急场域符号景观构型对比

刘丽芬　焦敏　黄忠廉

摘要：应急符号景观是在突发事件特点、行动者资本、权力等多重力量作用下构建的，体现为文字、图形和色彩及其组合，以"文字＋图形＋色彩"为主。应急场域事件不定性决定符号景观的程式化，提示、提醒危险时，汉俄均用标记词，"当心""小心"等汉语标记词一般与提示项直接组

构，俄语则用空格或标点与提示项分隔；表禁止时，汉俄表述也相同，但汉语语气比俄语缓和。事发突然性规约符号景观结构的简洁性，汉俄多用名词、名词短语、动词短语或简单句，各结构有差异，非语言符号呈同质化。危害复杂性决定应急信息的精准性，汉俄紧急撤离符号景观多由图文组合，紧急疏散图各有特色。本研究旨在为我国应急场域符号景观撰写与设置提供指导，为中俄符号景观建设互鉴及互译提供参考。

来源：《中国外语》，2023 年第 5 期，第 47—56 页

A cross-cultural genre analysis of leadership statements in Italian and American university sustainability reports

Danni Yu

摘要：本研究采用跨文化体裁分析框架，旨在揭示意大利大学可持续发展报告中校长声明的修辞策略与交际目的等层面所存在的跨文化异同。研究结果表明，两国校长声明均有构建可持续形象的交际目的，但两者所施加的话语力度以及具体修辞策略有差异。

来源：*IEEE Transactions on Professional Communication*, 2023, 1: 26-47

【文学类】

凝视理论视域下 19 世纪巴尔干女性的悲剧命运
——以安德里奇小说《情妇玛拉》为例

碧莲娜　柯静

摘要：本文从施暴人对女性的凝视和周围人对女性的凝视两个角度，解读《情妇玛拉》中女性的生活境遇和不幸人生。研究发现，小说中男性凝视不仅来自男性本身，还来自内化了男性凝视的女性，强权、暴力、排斥性惩罚以及女性自我规训，则是父权制运作的重要手段和策略。

来源：《外国文学》，2023 年第 6 期，第 16—24 页

文艺复兴"桂冠诗人"及其图像生成
潘源文

摘要：文艺复兴时期，《神曲》中的古代诗人和基督教圣人为但丁加冕，确定了其史诗诗人和神学家诗人的身份。彼特拉克在《加冕演说》中总结了桂冠的诗歌意象，薄伽丘则确定了桂冠的公共文化与政治内涵。在《神曲》图文经纬交错的注疏传统中，"桂冠诗人"从文学正典进入瓦萨里的《六位托斯卡纳诗人》，其图像生成是文学与艺术的合力。

来源：《文艺研究》，2023 年第 11 期，第 117—133 页

将自我铭写于世界：西班牙语文学中的世界文学观念
魏然

摘要：美洲很多国家摆脱了西班牙的殖民统治获得独立，但仍将西班牙语作为文学书写的媒介。19、20 世纪的帝国兴替，拓展了跨大西洋西班牙语文学共同体想象的空间，而西班牙语文学研究承担了文化母体和延伸体文化之间相互协商的功能。20 世纪初西班牙语美洲文学显示出提升自身现代性的能力欠缺，达里奥等拉美现代主义作家选择拥抱以巴黎为中心的世界文学共和国，希望借重法国文学形式的普适性在世界文学版图上获得席位。20 世纪六七十年代，受到古巴革命激励的拉美"文学爆炸"转向了凸显特殊性的进路，在文化冷战的时代结构中实现了 20 世纪初现代主义者的世界期望。在世界文学话语中，西班牙语美洲的世界性与特殊性此消彼长，互为表里。

来源：《中国比较文学》，2023 年第 2 期，第 24—44 页

【国别与区域研究类】

"人类命运共同体"思想在西班牙语文化圈的传播与接受研究
曹轩梓 何明星

摘要：西班牙语国家是我国开展文明互鉴、贸易互通、政治互助全面合作的国际伙伴，尤其是拉美地区 19 个将西班牙语作为官方语言的国家，是

我国实现经济一体化、建立全球治理体系、构建人类命运共同体的重要战略支点。本文通过探究"人类命运共同体"思想在西班牙语文化圈传播与接受的状况，提出中国特色思想国际传播的优化建议，希冀为"传递好中国声音""讲好中国故事"，构建中拉命运共同体贡献力量。

来源：《现代出版》，2023年第2期，第101—114页

共建"一带一路"框架下的中国—沙特合作
丁隆

摘要：习近平主席赴利雅得参加"三环峰会"并对沙特进行国事访问，这是新中国成立以来中国面向阿拉伯世界规模最大、规格最高的外交行动，具有里程碑式的重要意义。沙特倡议并承办峰会彰显其"向东看"外交思路和对外经济新战略。中沙是共建"一带一路"的天然合作伙伴，在元首外交引领下，"一带一路"倡议与沙特以经济多元化为目标的国家转型进程实现历史性对接，助推中沙双边关系与战略合作进入快车道。峰会达成的中沙建设全面战略伙伴关系和发展战略对接实施方案，为中沙高质量共建"一带一路"提供行动指南，为双方加强战略协同与务实合作开辟了广阔前景。

来源：《当代世界》，2023年第1期，第53—58页

Constructing a transnational childcare bricolage: Chinese migrant families in Italy coordinating transnational mobility and childcare
Ru Gao

摘要：本文基于斯特劳斯的bricolage概念，探讨旅意华侨家庭协调跨国流动与儿童照护的过程，分析来自不同背景的华侨家庭如何应对家庭—国家—跨国复合结构中的复杂因素与不确定性，实现儿童照护需求和家庭照护能力之间的动态匹配。

来源：*European Societies*, 2023, 10: 1-28

阿拉伯世界动荡的文化解读

李兴刚　周烈

摘要：阿拉伯文化在人类文化发展与多样化中，成就辉煌，贡献甚巨。在中世纪时期，阿拉伯文化对人类进步的贡献巨大，它不仅在古希腊罗马文化与文艺复兴文化之间起传承之功，而且首显人类真正意义上的全球文化形态。阿拉伯字母是除拉丁字母外世界上使用最广的一套字母。得益于伊斯兰教，阿拉伯文化传播的速度、广度和韧性，更是其他文化难以企及的。然而，辩证言之，游牧文化相关特性虽助推阿拉伯历史辉煌，增强阿拉伯人对殖民压迫和剥削的抵抗，但无助于国家和地区的和平稳定。部落文化盛行不利于建构和增强国家共同体意识。误读甚至曲解教义易滋生宗教极端思想和行为。社会文化中潜藏的盲目服从、专制主义、崇洋媚外等特性掣肘国家发展与进步，且为外来干涉提供了可能。过度尊古，不仅排斥理性思维，阻碍创新，而且敌视现代化与世俗化。从阿拉伯世界动荡教训可知，21世纪阿拉伯世界要实现团结、稳定和繁荣，需要有一种更包容、开放且与时俱进的阿拉伯文化。

来源：《西亚非洲》，2023年第1期，第3—19页

拉美左翼政党联盟——理论、模式与经验

李紫莹　邵禹铭

摘要：20世纪80年代末以来，拉美国家的左翼政党联盟多次参选并获胜，为该地区现代化进程作出重要贡献。研究发现，内部纷争、政治排斥、碎片化的政党格局和高门槛的选举制度使拉美左翼政党走向团结。马克思主义、社会民主主义和民众主义为拉美左翼政党联盟的多次执政提供了理论武器。虽然各国左翼政党联盟的初衷相似，但在温和左翼执政的国家，联盟大多呈现广泛联合、妥协合作、温和稳健、发展成熟的特点；而在激进左翼执政的国家，朝野关系更加紧张，政策的可持续性也有待提升。通过政党联盟参与竞选已经成为拉美多国左翼力量上台执政的主要方式，如何实现联盟的有效运作是当前拉美左翼面临的最大挑战。

来源：《当代世界与社会主义》，2023年第3期，第41—50页

全球能源转型与中阿能源合作的立体化发展

刘冬

摘要： 阿拉伯地区油气资源富集国家的经济发展高度依赖油气出口。随着气候变化成为全球关注的重要议题，能源供给向"绿色"转型，这给阿拉伯国家原有经济发展模式带来了巨大挑战。面对国际能源转型压力，阿拉伯国家在继续挖掘油气资源潜力的同时，也积极通过应用CCUS技术、提升能源供给多元化水平、实施节能和能效提升行动等措施，实现"碳中和""碳减排"目标。近年来，阿拉伯国家将深化对外开放作为经济转型的重要内容，进一步提升其与中国推进高质量对外开放的政策互通性。上述变化推动中阿能源合作逐渐从油气合作为主向油气与"低碳"合作双轮驱动，由贸易与基建合作为主向贸易、基建和投资合作共同推进的方向转变。然而，全球融资成本上升、国际油价波动以及阿拉伯国家能源补贴改革的复杂性，或将给中阿能源合作的立体化发展带来不利影响。

来源：《阿拉伯世界研究》，2023年第6期，第9—29页

阿拉伯国家数字经济发展现状与中阿数字经济合作机遇

刘磊

摘要： 在当前全球经济数字化转型快速发展的趋势下，数字经济是各国寻求可持续发展的重要机遇，也是促进传统产业转型和经济增长的主导力量。中国与阿拉伯国家在数字发展战略上高度契合，都致力于推动数字经济的发展和促进数字经济国际合作。阿拉伯各国经济发展水平和信息化程度差异较大，海合会国家在信息与通信技术指标方面处于与发达国家相当的先进水平，而其他阿拉伯国家则大多属于中低收入经济体，处于数字化发展起步阶段。在开展数字经济国际合作过程中，中国注重针对各国的具体情况采取不同的合作模式。经过多年的努力，中阿双方已在数字基础设施、电子商务、移动支付、智慧城市、人才培养等合作领域取得了令人瞩目的成就，推动了阿拉伯各国数字经济协调发展。同时，与阿拉伯国家的务实合作也为中

国与其他国家高质量共建"数字丝绸之路"作出了重要贡献，促进了中国内外双向融合新发展格局的构建和完善。

来源：《阿拉伯世界研究》，2023年第2期，第25—46页

克罗地亚耶稣会士邬若望生平行事考略

彭裕超

摘要：耶稣会士邬若望于1616年抵达中国澳门，是第一位踏足中国的克罗地亚人，也是中东欧地区最早的来华传教士。本文通过梳理相关文献，对新旧材料加以勾连、分析和运用，力求详细而准确地还原邬若望的生平和在华经历，展示其作为克罗地亚人参与中国与中东欧文化交流的过程，为学界进一步认识和研究邬若望提供参考。

来源：《国际汉学》，2023年第3期，第61—69页

当前西方民粹主义主要表现、诱因及趋势

钱颖超

摘要：当前，民粹主义及其政党在西方多国强势兴起并产生多重影响，冲击乃至重塑西方国家政治和社会生活，改变所在国的政党结构和政治生态。民粹主义及其政党强势兴起表明西方民主体制日渐衰微，民粹主义势力成为西方政党政治中长期存在并发挥重要作用的政治力量，探析民粹主义之变是洞察西方国家未来政治演进的重要视角。

来源：《当代世界》，2023年第7期，第63—68页

当前国外一些大党面临的突出难题与成因探析

钱颖超 钟连发

摘要：当前国外不少大党在各种主客观因素催化下遭遇了影响力空前下滑、波动性快速增大、行动力严重弱化、疲惫老态趋势不易扭转、集中统一性遭遇多重挑战、战斗力明显下降等难题，表明多党制环境下的国外大党陷

入了调整转型道路上的新困境。本文总结了国外经验教训，对中国共产党解决大党面临的独有难题具有借鉴意义。

来源:《当代世界与社会主义》，2023 年第 6 期，第 114—121 页

A meteoric strategic partnership? The still long march of mutual understanding and trust between China and the Czech Republic

Fangxin Qin

摘要: 2012 年中东欧 16 + 1 合作平台推出后，中捷双边关系在 2015—2017 年升温，此后由于中国投资平淡、捷克的安全关注等，双边关系出现下滑。本文分析了中国和捷克在处理合作伙伴关系时所存在的问题。

来源: *Asia Europe Journal*, 2023, 1: 43-59

日本主流报纸中环境风险话语的批评认知语言学分析

孙成志 王成一

摘要: 本文将认知语言学的意象图式理论应用于日文新闻社论的批评认知语言学分析，以《朝日新闻》福岛核污染水排放事件相关社论为语料，探讨环境风险话语中复合意象图式的常用类型，分析语篇生产者如何借助意象图式划分"群内""群外"关系，实现"我者"主张的合法化。研究发现: 以核污染水排放事件为代表的环境风险话语中，出现的主要意象图式包括路径类复合意象图式与容器类复合意象图式。语篇生产者多借助路径类意象图式明晰施事行为，并通过隐喻手段将其映射至目标域来实现合法化目的；而容器类意象图式则通过隐喻映射功能，引导读者区分环境风险语境下的"群内—群外"身份概念，间接实现语篇观点的合法化。

来源:《日语学习与研究》，2023 年第 5 期，第 89—101 页

中东欧地区的疑欧主义趋向与欧洲一体化的未来

王弘毅

摘要: 本文选取 2015 年后中东欧地区执政党或执政联盟中具有疑欧主

义趋向的七个政党作为案例，并以经济疑欧主义、文化疑欧主义和主权疑欧主义为中心提出理论分析框架，将中东欧地区的疑欧主义分为三类，即基于"文化—经济—主权"的多重混合模式、基于"文化—主权"的双重混合模式、文化疑欧主义单一模式。

来源：《国际展望》，2023 年第 6 期，第 81—100 页

大变局下中东地区新发展：特征、挑战及前景

王林聪

摘要：自主、发展、和解是当前中东地区局势演变的新特征，中东正迎来破解地区安全困境、推动全面发展的历史性机遇。然而，中东地区经济上结构性问题突出，安全上多重风险叠加，外部势力干预频仍，其发展进程仍面临长期性挑战。展望未来，本文提出以中东"和解潮"为契机，以人类命运共同体理念为指引，共同推动落实全球发展倡议、全球安全倡议和全球文明倡议，着力破解地区安全和发展困境，以便塑造一个持久繁荣、共同发展、和平稳定的"新中东"。

来源：《当代世界》，2023 年第 10 期，第 52—57 页

推动人类命运共同体建设 促进中东繁荣发展与持久和平

王林聪　李绍先　孙德刚　唐志超

摘要：把握当前人类所处历史方位，应对世界面临的严峻挑战，关乎人类发展的前途。在全球性问题尖锐复杂、大国博弈日趋激烈、地缘政治竞争加剧的背景下，世界的稳定和发展充满不确定性，因此，推进人类命运共同体建设是实现中东乃至世界繁荣发展和持久和平的根本出路。中国—阿拉伯国家峰会的成功举办为中东地区发展和稳定开创了新的机遇和前景。在中东地区高质量共建"一带一路"，全面落实全球发展倡议和全球安全倡议，不仅契合中东国家和人民自主探索其发展道路，而且有利于推动中东地区逐渐破解安全和发展困境，共同塑造一个繁荣、发展和稳定的新中东。

来源：《西亚非洲》，2023 年第 2 期，第 3—24 页

21世纪以来中阿经贸合作发展的多维透视

王猛 王博超

摘要：在2001年至2021年间，中国与阿拉伯国家的经贸合作实现了跨越式发展，双边货物贸易额快速增长，贸易结构稳定，沙特和阿联酋等重点市场持续发挥领头羊作用。能源联系始终是中阿经贸合作发展的主轴，中国即将到来的能源消费峰值可能削弱中阿经贸的增长推力，但基于巨量油气进口的能源联系对中阿经贸合作的推动作用还将持续。除了阿联酋、利比亚和阿尔及利亚以外，中国对阿拉伯产油国都持有巨额逆差，对非产油国持有巨额顺差。中阿经贸合作整体平衡与个体失衡的背后是中国商贸产品的较短产业链和较低附加值。基础设施建设和相互直接投资是中阿经贸"1＋2＋3"合作格局的两翼，前者发展相对较快，后者则一直在低位徘徊。未来的发展方向是推动阿拉伯国家的工业园区建设，强化中阿在核能、航天、卫星、新能源等高新领域的合作，建立中阿能源命运共同体。

来源：《阿拉伯世界研究》，2023年第1期，第25—49页

丹麦政党格局的特点及其发展趋势

王宇辰 王明进

摘要：2022年大选前后，丹麦政党格局呈现出一些新的变化，议会中政党数量创新高，新的跨阵营多数派联合政府在多方面颠覆传统，议题型政党进一步削弱了传统主流政党的主导地位。总体看来，丹麦政党政治表现出政党格局的碎片化程度加深、意识形态的对立淡化和政治极化等新趋势。

来源：《当代世界社会主义问题》，2023年第2期，第137—149页

A interpretação da cultura confucionista do P. Nocolao Longobardo – uma análise da Resposta breve sobre as controvérsias do Xám Tí Tiēn Tí Lîm Hoên e outros nomes e termos sínicos

Minfen Zhang

摘要：本文根据意大利龙华民神父撰写的《关于"上帝""天神""灵

魂"以及其他中文名称和术语的简要回答》，分析其对中国古典文化、儒家思想、中国人的宇宙观等的理解，以及对万物一体的批判。

来源：*Revista de História da Sociedade e da Cultura*, 2023, 2: 37-63

【 翻译类 】

"一带一路"倡议下中国文学在匈牙利的译介与传播

李傲然

摘要：本文对自 21 世纪以来，尤其是"一带一路"倡议提出以来中国文学在匈牙利的译介出版现状与前景进行考察，认为应提高中国文学的创作质量以适应不同文化，探索译介与传播的有效举措，以期在质和量上实现全方位拓展。

来源：《国际汉学》，2023 年第 3 期，第 70—77 页

"人类命运共同体"俄文翻译与传播的话语实践研究

赵永华　赵家琦　Kalinina Natalia

摘要："人类命运共同体"作为中国特色政治术语，在俄罗斯收获了广泛的积极评价。但当这一政治术语深入俄罗斯社会时，其俄文翻译因"语际转换"存在有别于原义的差异化理解：在意义传达层面，俄语中对"共同体""命运""命运共同体"等词汇的本土化和宗教化理解，遮蔽了"人类命运共同体"的"世界性"与"行动性"意涵；在话语交往与价值协商层面，俄罗斯多将"人类命运共同体"视作"中国专属"的外交概念，"人类命运共同体"中"人类发展""合作共赢"和"责任担当"等共同价值在俄罗斯社会仍具深入对话的潜力。鉴于此，本文提出以 Сообщность судебчеловечества 作为"人类命运共同体"俄文翻译的替代方案，以减少差异化理解，提升"人类命运共同体"在俄罗斯的传播效果。

来源：《中国翻译》，2023 年第 4 期，第 104—111 页